基本はかんたん
配色のルール

好かれる配色は9つのルールでつくられる

内田広由紀

視覚デザイン研究所

CONTENTS

良い配色は…

色を選ぶ 編

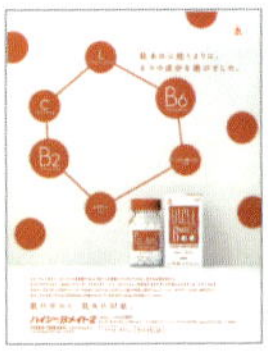

良い配色は…

爽やかで癒される

好感される配色、9つのルール

色を選ぶ

1. 色相 P16

涼しく爽やかな食卓は青色で表す

色相を青色にすると理性的でクールなイメージが表現できます。
涼しげな印象を表したいときは寒色を多く使います

2. トーン P32

健康で爽やかな朝の光を感じさせる明色

トーンを明色にすると爽やかでかげりのない明朗さが表現できます

3. 色相型 P50

自由で自然こだわりがない

様々な色を散りばめた微全相型は自然さを表します

4.色量率 P64

軽快でおしつけない自由さ

色量率は 4 でおしつけのない優しい元気さを表します

シャリシャリのベリーをスプーンですくいながらどうぞ。いちごで作るのもおすすめ！

フローズンラズベリーサワー

材料（1人分）
酢……大さじ1～2
ラズベリー（冷凍）……100g
砂糖……大さじ1～2
炭酸水……⅓カップ
あれば飾り用のハーブ（ミントの葉など）……適宜

作り方
フリージングバッグにラズベリー、酢、砂糖を入れ、空気を抜いてファスナーを閉じる。めん棒で細かくなるまでたたき、グラスに入れる。炭酸水を注ぎ、あればハーブを飾る。（79kcal）

粗くつぶしたバナナに牛乳を合わせたシェイク風のドリンクです。

バナナミルクサワー

材料（1人分）
酢……大さじ1～2
バナナ……1本（正味80g）
牛乳……½～¾カップ
あれば飾り用のハーブ（チャービルなど）……適宜

作り方
バナナは皮をむき、ボールに入れてフォークで粗くつぶす。酢を加えてざっと混ぜ、グラスに入れる。冷たい牛乳を少しずつ注ぎながら、スプーンでよく混ぜ、あればハーブを飾る。（143kcal）

にんじんとオレンジ、ダブルの甘みで飲みやすさ抜群！

キャロットオレンジサワー

材料（1人分）
酢……大さじ1½
にんじん……⅓本（約50g）
オレンジジュース（果汁100%）……½カップ
氷……適宜
好みではちみつ……大さじ1

作り方
にんじんは皮をむき、すりおろす。グラスに入れ、酢を加えてスプーンで混ぜ合わせる。氷を加えてオレンジジュースを注ぎ、かるく混ぜる。味をみて、好みではちみつを加えて混ぜる。（128kcal）

53　☆次号の発売日は8月17日（水）です（一部地域では発売日が異なります）。

（掲載書名・発行年月・発行元）オレンジページ 2005.8.17 オレンジページ AD（アートディレクション）:西川一男 C（料理）:小田真規子

様式を選ぶ

5. 配置３様式 P72

自由でこだわりがない

散開型の配置にすると縛りがないので自由な気軽さにあふれます

6. 背景３型 P80

優しく癒される

背景を淡いトーンのグラデーションにすると優しい癒される食卓が表れます

ルーツや野菜で
よりおいしく！

のどをスッと抜ける
爽快な飲みごこちが魅力。

ジンジャーサワー

材料（1人分）
酢……大さじ1～1½
しょうが……1かけ（約10g）
はちみつ……大さじ2～3
炭酸水……¾カップ
氷……適宜
あれば飾り用のハーブ（イタリアンパセリなど）……少々

作り方
しょうがは皮をむいてすりおろし、グラスに入れる。酢、はちみつを加えて、スプーンで混ぜ合わせる。氷を加えて炭酸水を注ぎ、かるく混ぜて、あればハーブを飾る。（130kcal）

キウィのフルーティな酸味で
さわやかな味わいに仕上げて。

キウィサワー

材料（1人分）
酢……大さじ1
キウィ（小）……1個
炭酸水……½カップ
好みではちみつ……大さじ1～2
あれば飾り用のキウィの薄い輪切り……1枚

作り方
キウィはへたを取り、皮をむいて縦半分に切る。包丁でV字に切り込みを入れて中心の白い部分を取り除き、すりおろしてグラスに入れる。酢を加えてスプーンで混ぜ合わせ、冷たい炭酸水を注いでかるく混ぜる。味をみて、好みではちみつを加えて混ぜる。あればキウィの薄い輪切りを飾る。（113kcal）

りんごは皮ごとすりおろして
その色みを生かします。

りんごサワー

材料（1人分）
酢……大さじ1
りんご……¼個（約80g）
はちみつ……大さじ1～2
炭酸水……½カップ

作り方
りんごはよく洗い、しんを取って皮ごとすりおろす。グラスに入れ、酢、はちみつを加えて、スプーンで混ぜ合わせる。冷たい炭酸水を注ぎ、かるく混ぜる。（104kcal）

52

P（撮影）:馬場敬子 S（スタイリング）:諸橋昌子

配色と調整

8. 配色―主役を明示

P90

いろんな色が散りばめられて自由さがあふれる

鮮やかな色を自由に並べるとどれもが主役になります

9. 調整―ひきたてとなじませ

P102

どのフルーツも生き生き

淡く優しい青色がどのフルーツも生き生きとひきたてます

この配色では…
寂しくてページをめくりたくない

赤色や黄色をなくすと開放感がなくなって寂しくなり楽しさがなくなります。このように類似型にすると開放感がなくなります

自然でのびのびした

色数を制限しないで自由にするとのびのびします

7. 色数

P84

★

★この図は解説のために元図を改作したものです

良い配色は…

元気が出て盛り上がる

好感される配色、9つルール

フロム
Ca
日本が誇るクラフトとプロダクトを探して、
フロム日本の旅が始まります！

万祝式大漁旗（制作者）小澤染工場 Casa BRUTUS 特別編集 フロム日本 2005.8.10 マガジンハウス P:Shinori Murayama

色を選ぶ

1. 色相
P16

大漁に湧きあがる
浜の賑わいが聞こえる

赤色を主色にすると活気に満ちた
積極的な元気さが表れます

2. トーン
P32

元気いっぱいな
活気に満ちている

鮮やかなトーンは積極的な
力強さを強調します

3. 色相型
P50

力強く
頼りになる旗印

赤色に対して強い対比関係の青色を
対抗色に選んでいます

4. 色量率
P64

積極的で
熱い気持ちになる

色量率はこれ以上の強さはない
という10です。
ロックのライブ会場のような
熱い大音量の空間です

様式を選ぶ

5. 配置3様式
P72

力強いのに開放感がある

対決型の配置型で表すと
激しい力強さと開放感が表れます

6. 背景3型
P80

熱い思いが伝わる

色みの濃い色で
背景全体を覆うと
熱い気持ちが全面に表れます

配色と調整

8. 配色—主役を明示
P90

自由な開放感にあふれる

主役を一つに絞らないので拘束感がなく自由な気分になります

9. 調整—ひきたてとなじませ
P102

激しいのになぜか落ち着きもある

鮮やかで激しい赤色と青色が対決して盛り上げているのに、なぜか全体が落ち着いています。これは群化とリピートでつくるなじませの効果です

この配色では…
盛り上がらなくてつまらない

力強い純色のトーンをやめて、明色のトーンにしたら、優しくソフトな印象になりました。大漁旗らしい元気さがなくなり白けて盛り上がりません

こだわりのない自由さ

色数を絞らないので様々な色が自由にあふれています

7. 色数
P84

★

★この図は解説のために元図を改作したものです

良い配色は…
華やかで楽しい気持ちになる

好感される配色、9つのルール

ELLE à table FRANCE 2006.5 Hachette Filipacchi Interdéco AD:Virginie Demachy
P:Edouard Sicot R（演出）:Valérie Lhomme

色を選ぶ

1.色相 P16

おいしそうな
クッキーに思わず手が出る

小麦を焼いたクッキーの色は暖色そのものです。
人は暖色を見ると自然に食物のおいしさを連想します

2.トーン P32

甘く優しい夢の中に
浸っているような気分に

淡いトーンは見る人の気持ちを優しく包み込み、
日常の生活空間を忘れさせ夢の世界を表します

3.色相型 P50

華やかで
開放的な印象

クッキーの黄色と、トランプの淡い紫色は
反対色の関係になります。
開放的な華やかさを表します

4.色量率 P64

上品な優しさに包まれる

色量率はかなり低い3です。
優しく上品な癒し感に包まれた印象になります

様式を選ぶ

5.配置3様式 P72

淡いトーンなのになぜか格調が高い

淡く夢のようなトーンなのに、格調の高さを感じさせます。
主役のクッキーを中心にした中心型配置の効果です

配色と調整

8. 配色—主役を明示
P90

優しく穏やかで
癒される気持ちに

主役は華やかなクッキーです。
主役をはっきりさせると安心感がわいて
穏やかな気持ちになります

9. 調整—ひきたてとなじませ
P102

クッキーの紫色が
不自然に見えないのはなぜ？

背景に紫色に近い色が散りばめられています。
クッキーの紫色を繰り返すことで
全体をなじませています

この配色では…
華やかさが消えて
楽しくない

トーンを暗くして反対色の紫色もなくして
みると、華やかさも楽しさも消えて寂しい
印象に変わってしまいました

★

6. 背景3型
P80

優しい癒しを表す

淡いグラデーションは
優しさを表します

7. 色数
P84

気高く都会的でスマート

色数を少なく制限するとこだわり
感が表れて、都会的でスマートな
イメージになります

★この図は解説のために元図を改作したものです

良い配色は人の心を動かす

美しい配色は気持ちを開かせる

魅力的で美しい配色とは、好感される配色のことです。単純すぎるようですが、配色のしくみを調べてみるとさまざまな要素が整ったときに好意が生まれ、心が開かれることがわかりました。好感されるかどうかが配色の決定的な最終評価なのです。好感された配色は人の気持ちを開いて、伝えたいメッセージを届け、嫌われた配色は心を閉じさせます。

好感はイメージの一致で生まれる

下のチョコレートとハミガキ粉の配色を比べてみましょう。両方とも美しく魅力的なのに、配色を入れ替えると途端に気持ちの悪い、好感されない配色になってしまいます。おいしいチョコでも、緑色のパッケージでは手にとってもらえません。イメージが一致しない配色はどんなにバランスが整っていても心をとらえず、価値がありません。

チョコレートには元気で楽しい赤色がよく似合う

**赤色は食品らしい
元気さと活気を表す**

暖色の赤色や黄色は、見る人の気持ちを温かくし、活気のある前向きな気分にします。

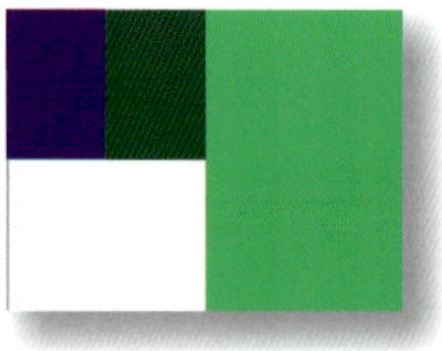

**ハミガキ粉の緑色に
変えると手が止まる**

チョコの中身がどんなにおいしくても、このパッケージでは手に取る気持ちがなくなります。

イメージは配色スケールで表す

イメージを的確に表すのは難しい、特別なセンスや経験が必要だ、と思っていないでしょうか。しかし、実はやみくもに難しいのではありません。配色には原則があり、確実に表現できるのです。色彩には色相やトーンなどの要素があり、これをスケール化して組み立てると驚くほど簡単に目指した通りのイメージが表れます。難しいと思い込んでいただけなのです。

配色には共感を生む文法がある

私たちは消防車の赤色を見ると頼もしく感じ、白色の救急車が到着すると安心します。しかし、救急車が赤色で、消防車が白色だと不安になります。自分のイメージに一致すると好感が生まれ、ギャップがあると違和感が生まれるからです。私たちは無意識のうちに、配色をコミュニケーションの道具として使い合っているのです。配色には、はっきりした文法があるのです。

ハミガキ粉には清潔で理知的な白色と緑色の配色がよく似合う

**医療らしさは
白色と緑色で表す**

白色はクリアな清潔さを表し、緑色や青色の寒色は理知を表します。白色と緑色を組み合わせると、医療にふさわしい清潔な理知が現れ、信頼できる気持ちになります。

チョコレートの赤色では気味が悪い

ハミガキ粉の中に、気味の悪いものが入っているように感じます。イメージが一致しないと不信感が生まれ、より悪いイメージをつくり出してしまいます。

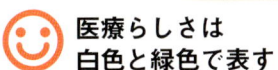

3段階9つの原則で配色する

手順通りに配色すれば目指した配色が楽につくれる

思いつきで配色を始めると、途中で混乱して収拾がつかなくなります。これは料理を作るときに、何を作るかを決めずにいきなり大根やジャガイモを切り始めるようなものです。手順を手抜きすると途中で迷いが大きく広がります。

配色は3段階9つの選択で進める

配色は複雑で直感と経験だけが頼りのように思われますが、整理すると９つの選択になります。３段階に分けて進めると、目指した通りの配色が楽につくれます。

中でも重要なのは第１段階の１：色相、２：トーン、３：色相型の選択です。実験の結果、この３つをマスターするだけでも、驚くほど魅力的な配色がつくれることがわかっています。

色を選ぶ

1. 色相を選ぶ
2. トーンを選ぶ
3. 色相型を選ぶ
4. 色量を選ぶ

基本色の色相やトーンを選ぶ

配色に使う色は大きく基本色と補助色に分かれます。基本色は配色の骨組みになる色で、さらに主色と対抗色に分かれます。配色の第１段階ではこの基本色と補助色を選びます。
配色は主色１色だけでもできますが、対抗色と組み合わせると特徴がはっきり表れ、補助色を加えると微妙な表現が生まれます。

様式を選ぶ

5. 配置３様式を選ぶ
6. 背景３型を選ぶ
7. 色数を選ぶ

基本色

主色のみ

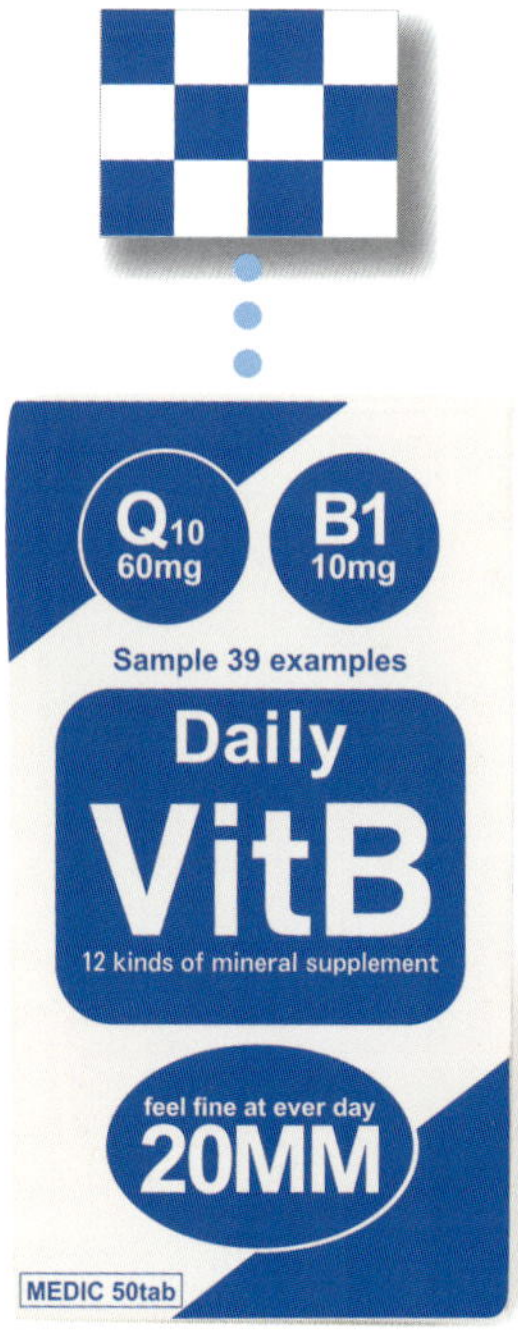

主色十対抗色

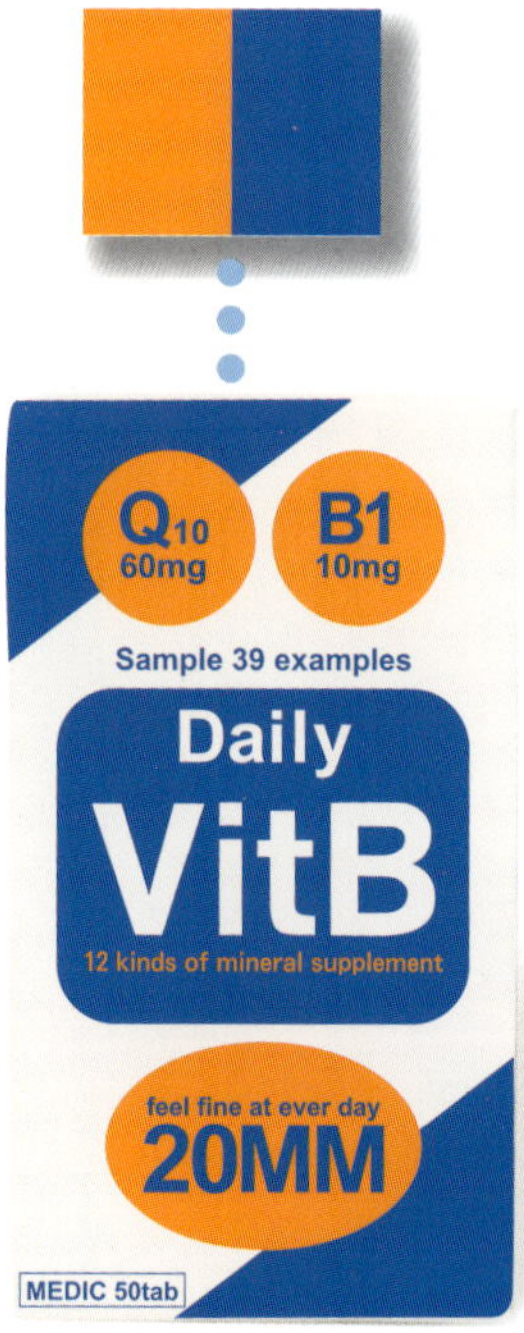

目指すイメージを言葉にする

最初にすることはイメージをはっきりさせることです。前ページで見たようにイメージがふさわしくないと、どんなに工夫しても魅力的な配色になりません。ふさわしさが、配色の成功と失敗を決定します。

目指すイメージは言葉で表します。次にふさわしくないイメージもチェックすると表裏両面から目指す方向がはっきりします。

主色は鮮やかな赤色です。
料理をおいしそうに見せる
色で元気さを盛り上げます

7つの選択でイメージを表す

イメージを決定づけるのは下表で紹介する中でも１から７の選択です。イメージに合った色彩や様式を選ぶと、イメージが決定します。

最後に色彩を図柄に合わせて配置します。配色全体の中でもっとも手間取るのはこの段階ですが、準備の１から７の選択を無視すると、この段階でどんなに努力しても、決して魅力的な配色にはなりません。

3つの様式を選択する

目指すイメージに合った色をイメージ通りの様式で組み立てると、配色全体が盛り上がり共感を呼ぶ魅力的な配色が完成します。第１段階で選んだ色と第２段階で選ぶ様式が一体になることで、配色が生き生きして説得力が生まれます。様式を無視すると色が目立ちすぎて不自然な表情になります。

配色と調整

8 配色ー主役を明示する

9 調整ー引き立てとなじませ

配色を完成させる最後の仕上げ

第３段階が一般的に配色といわれる仕事です。主役とその他をはっきり区別して色を配置していきます。第１，２段階で色と様式を選んでおけば迷いなく進められます。最後に、一通り終えた配色には必ず未整理なところがあるので全体をチェックして調整します。

主色＋対抗色＋補助色

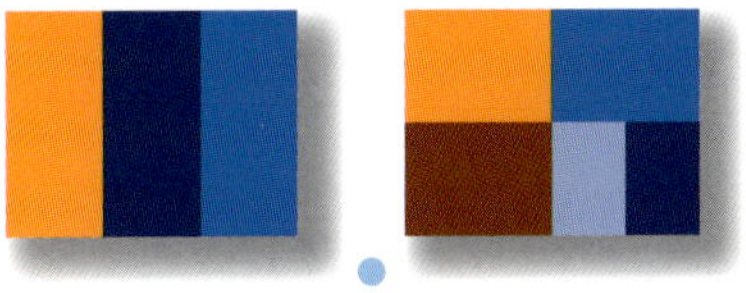

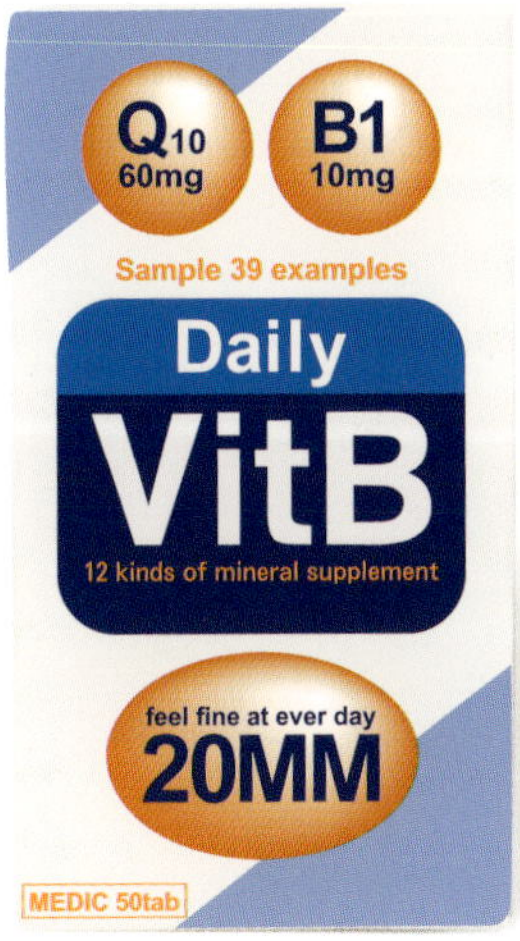

元気な方向に調整する

主役の商品以外の色も強い色調にして、全体を元気で力強い方向に調整する。

この配色の主役は中心に置かれた白抜きの商品名です。明暗コントラストが強いので、他の色を強めても混乱が起きません

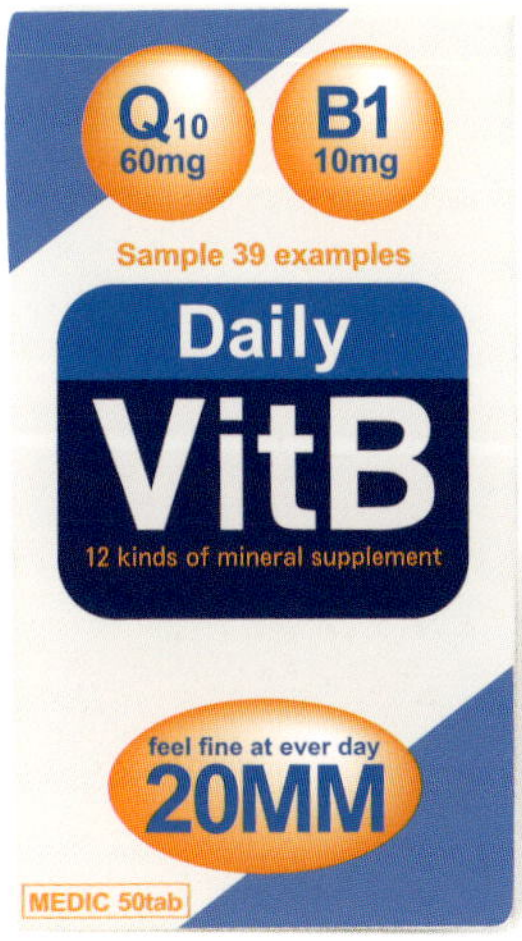

穏やかな方向に調整する

配色全体を穏やかで上品な方向に調整してみました。まず、主役の色を一段階明るくして弱いトーンにしました。これに合わせて、周辺部の色も明るく弱いトーンにして、主役と脇役の強弱関係は崩さないように調整します

イメージチェックリストの使い方—もっとも表現したいイメージに絞り込む

このイメージチェックリストはこの編や次編の各ページにあり、基本色や配色様式を選ぶときの基準を表にしたものです。配色でもっとも大切なことはイメージの表現ですが、このリストを利用すれば、目指す基本色や様式が確実に選び出せます。

CHECK LIST

プラスイメージ
目指すイメージと一致したら活用

□ 力強い・頼りになる
□ 元気が出る
□ 活発・開放的
□ 激情・ドラマチック
□ 食品らしさ

マイナスイメージ
マイナスと一致したら控える

□ 冷静・落ち着いた
□ 洗練された
□ さわやか・涼しい
□ エレガント・奥ゆかしい
□ 緻密・理知的

紹介した配色作品の出典
雑誌やカタログなど、私たちの身の回りにある優れた配色を紹介しました。これらはアートディレクター、デザイナー、スタイリスト、カメラマンなどの専門家によって、考え抜かれた配色です。カメラマンをはじめとするアーティストの皆様に感謝申し上げます。なお、商品名、会社名等が一目瞭然である広告の出典は省略させていただきました。

色を選ぶ 編

イメージに合った基本色の選び方を学ぶ

良い配色の最も大切な条件はイメージに合っているかどうかです。合っていないと好感されません。イメージに合った配色の第一歩は〈基本色〉から生まれます。基本色は主色と対抗色に分けられ、これを正しく選び出せば、目指した通りのイメージが表れます。

この編では、基本色について色相やトーンなど4項目の選び方をチェックします。

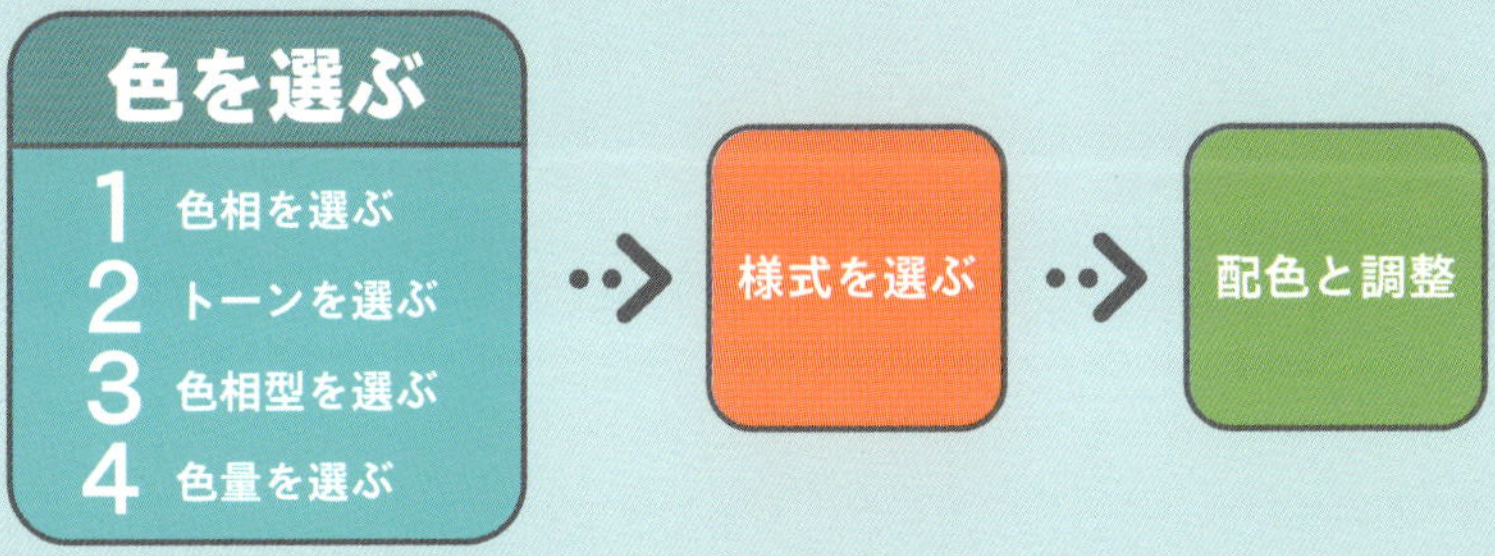

1 基本色の色相を選ぶ

主色の色相で、配色イメージの大半が決まります。主色とは基本色の中でもっとも大きな面積を占める色で、配色全体を支配します。色相は大別すると7色に分けられますが、まず大まかに暖色にするか寒色にするかを選びます。

色相の種類

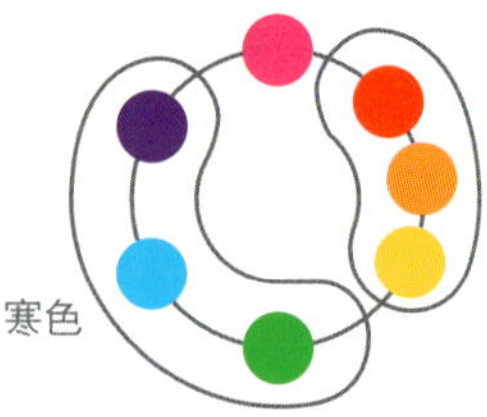

7色相の中から1色相を選ぶ

この本では基本6色に橙色を加えて計7色に絞って説明しています。各ページの解説を参考にしてもっともイメージが一致する色相を1色だけ選んでください。また、同時に避けたい色相をチェックします。1色に絞れないときは、もう1色を補助色としてプールしておきましょう。

まず暖色か寒色を選ぶ

7色からいきなり1色を選ぶのは難しいかもしれません。そんなときはまず暖色か寒色かを先に決めます。それからゆっくり1色に絞れば楽に、確実に選べます。

暖色か寒色か

表現したいイメージに近い言葉をチェックすると暖色か寒色かに分かれます

暖色 一致したら暖色を活用する	**寒色** 一致したら寒色を活用する
□ 暖かい・活力・力強い	□ 理知的・冷静・クリア
□ カジュアル・活発	□ 堅実・ビジネス情報
□ 積極的	□ ムダのない・落ち着いた
□ 食品・元気が出る	□ 医薬品・病院・薬局
□ 家庭的な暖かさ	□ 仕事の役に立つ

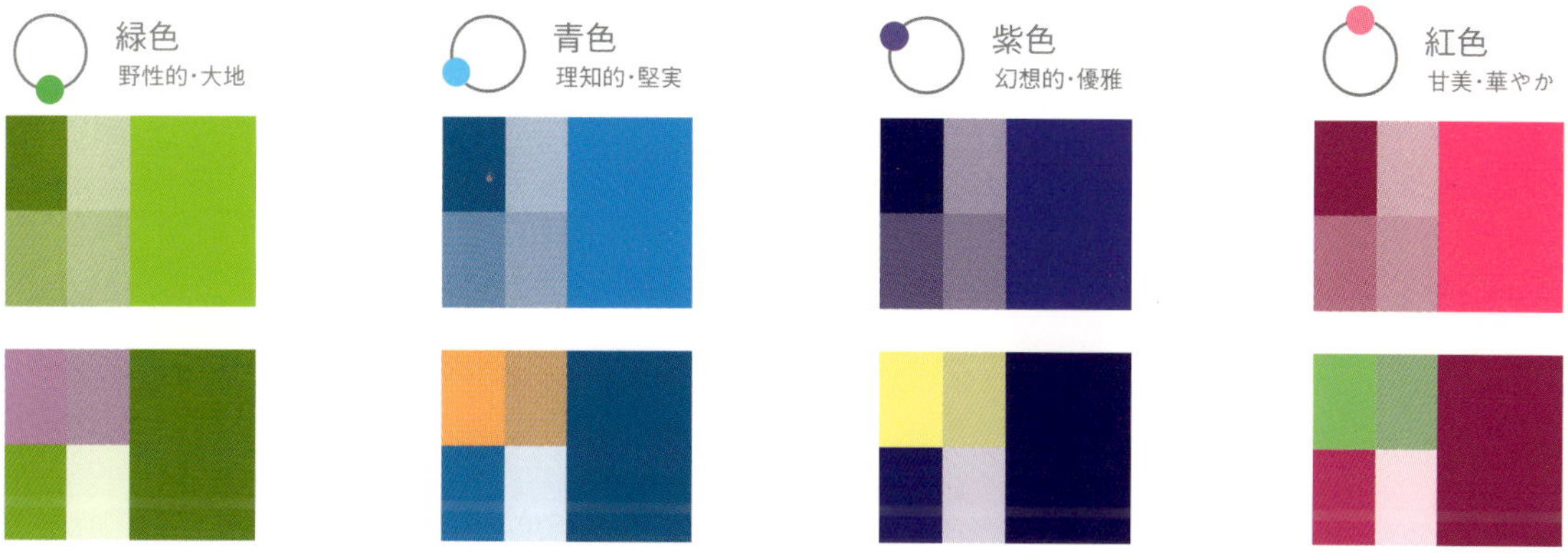

暖色は、食べ物など陽気さによく似合う

人は赤色やオレンジ色を見ると、食事をするときの元気な気持ちを思い出します。暖色を見たときに感じる陽気な気分は、寒色ではどんなに工夫しても表現できません

寒色は、涼しげで理知的

寒色は冷静で理知的なイメージを表します。寒色を白色と組み合わせると理性的なクリアさが表れ、医薬品等にぴったりのイメージになります

一杯の涼

ハーブ研究家 桐原春子さんにハーブティーを教わる

夏といえば麦茶。これはもう定番中の定番。でもこの夏は、西洋の涼茶も取り入れてみませんか。ハーブには、身体に優しい薬効もいろいろとあるのです。

胸のすくような香りを一杯に。ひと口ふくめばさっきまでの汗がすっとひくよう。

ホワイトペパーミントやジャーマン……イスに。

薄く淹れたハーブティーを型に入れて凍らせ、それをまた薄めのハーブティーに浮かべる。氷がとけてゆくほどに緑が鮮やかに。青はボリジの花。ペパーミントと同様に強壮作用がある。カモマイルは気を落ち着かせてくれる。強いレモンの香りを放つレモンバームを加え、元気をくれるアイスティー。

協力／福田典子

58

1

1-1 赤色

赤色は食べ物には欠かせない色です。健康的な活力を表し、アクセントとして効かせるだけでも元気さが表れます。特に鮮やかなトーンの赤色は明朗で素直な元気さを表します。

赤色は健康で元気の出る食品色

鮮やかな赤色は健康的な元気さをストレートに表し、見る人を元気づけ、活発な気持ちにさせます。反対色の緑色を少し添えると赤色の開放感が強められて健康的なイメージがより引き立ちます。

青色に変えたら元気さが消えた

主色を青色にすると爽やかなイメージになりましたが、活気がなくなりました。

赤色の範囲は

この本で説明している赤色は厳密に区分せずに感覚的に赤っぽく感じたら赤色とします。薄い赤色の一斤染も、茶色の栗色も赤色とし、紅色やオレンジ色に見える色は範囲外としました。

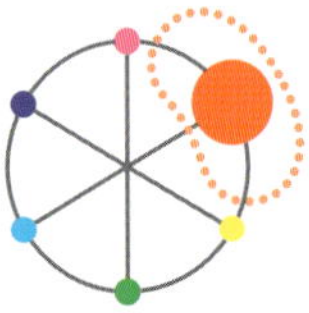

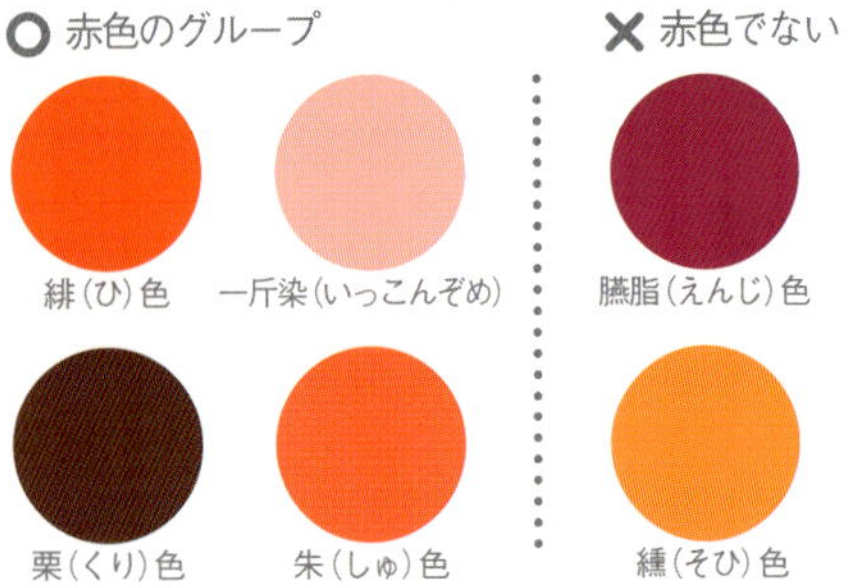

緋(ひ)色　一斤染(いっこんぞめ)　臙脂(えんじ)色
栗(くり)色　朱(しゅ)色　纁(そひ)色

赤

赤色は生命の始まりを暗示します。赤色は可視光線の虹の7色の中で、真っ先に見える色です。赤を含む言葉には、闘牛士の赤い布、真っ赤な嘘の赤、血液の赤、赤ん坊の赤などがあり、生命の始まりを連想させる刺激的な色です。

実験によれば、平衡感覚や小脳に疾患のある人が赤い色の服を着ると症状がひどくなったり(Goldstein)、健常者でも手のふるえが大きくなるなど覚醒効果が最大であることが報告されています。赤色は活発なイメージを表しますが、単にイメージというだけでなく表現の枠を越えた超刺激的な性格があります。

一方、赤色は女性を意味します。男性をイメージさせる寒色の青色に対し、女性を赤色で表現して〈赤い気《き》焔《えん》〉といいます。他にも、女性用トイレは赤色で表します。しかし、実は赤色は女性限定ではなく、むしろ男性的な激しい力強さを表します。サッカーのユニフォームや自動車を赤色にすると、男性的なイメージが表れます。

赤色はお客様を歓迎する積極的な気持ちを表す

真っ赤な服は勝負服の典型で、やる気に満ちた積極性が素直に表れます。これに花束とリボンを添えると女性らしい優しさが添えられます。リボンの曲線が繊細さを表しています。

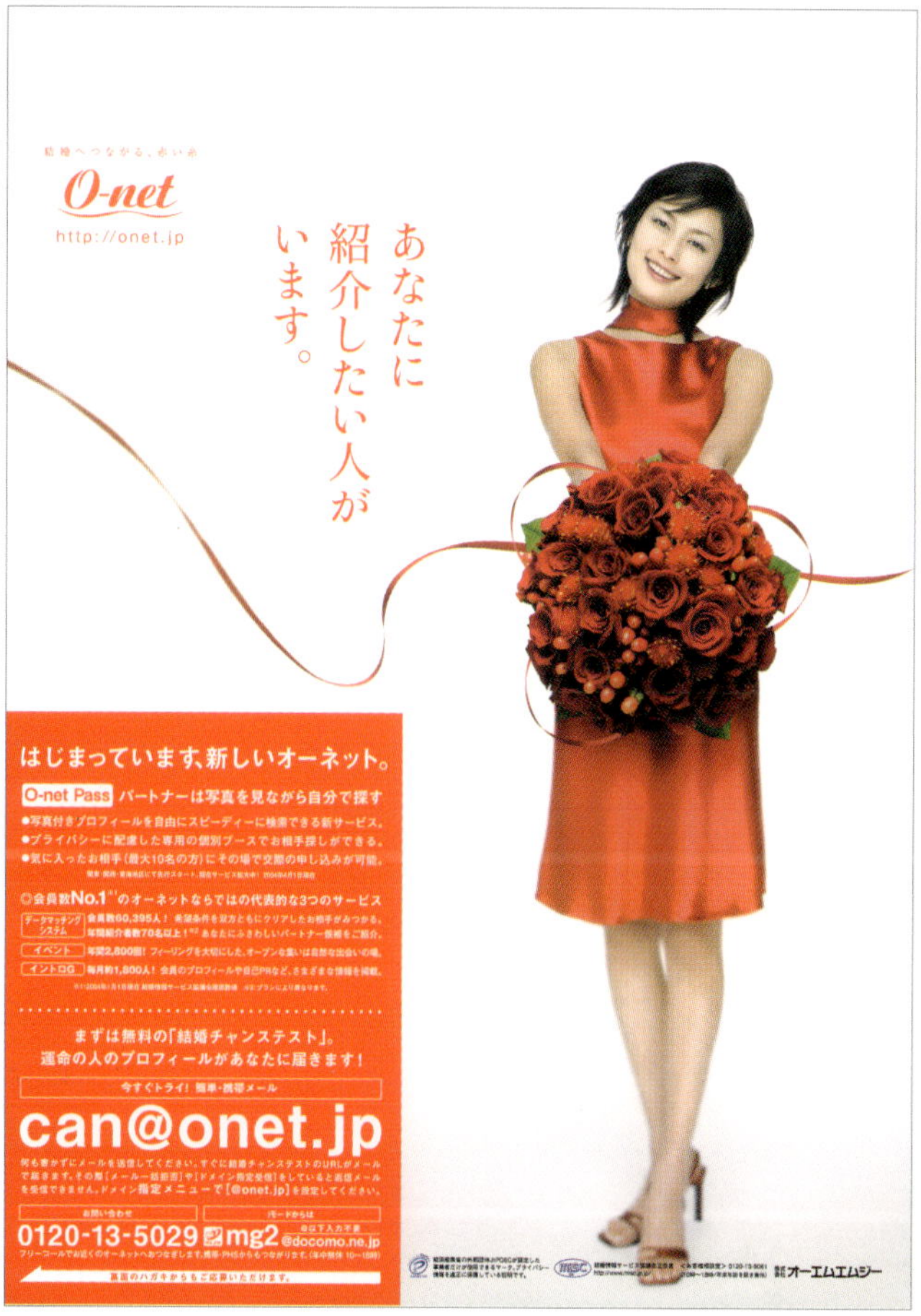

落ち着きすぎて積極さがなくなった

緑色に替えたら寂しくなりました。地味で積極さがなくなったので、見る人の気持ちをとらえる元気さがなくなりました。

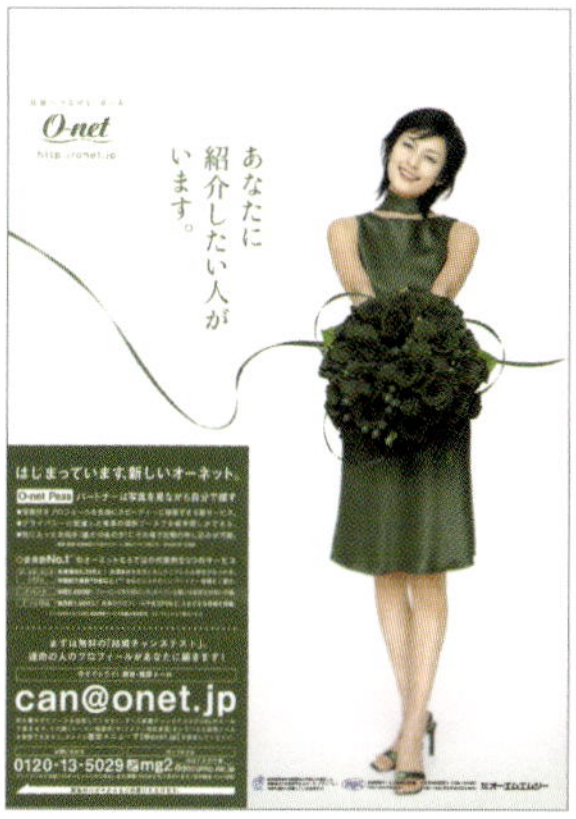

力強さと積極性が頼りになる

赤色は消防車にふさわしい力強く頼もしい色です。赤色は〈火〉を連想させるだけでなく、積極的な力強さを表します。これを寒色の紫色に替えると積極性が消えて、手堅い堅実さだけが残り、頼りがいのないイメージになってしまいます

COLOR SCHEME

赤色は活気と積極さを表す最強の色

赤色は明色でも暗色でも、暖かく開放的です。淡いトーンにすると、力強さが弱まって優しい印象になりますが、開放感は消えません。暗色のトーンにすると力強さに落ち着きが加わり、より力強くなります。

0	0	0	0	0
100	100	75	100	100
90	75	100	50	90
40	90	0	10	40

50	0	0	100	0
0	0	0	0	100
100	0	0	100	50
20	100	100	20	10

80	60	23	0	0
60	0	0	0	80
0	80	90	0	50
0	0	0	10	0

C:	0	0	0	0	0
M:	85	56	52	32	90
Y:	85	56	52	32	90
K:	49	39	19	13	25
	①	②	③	④	⑤

0	0	0	0	0
100	100	100	100	75
100	100	100	100	75
60	90	20	50	80

80	0	0	0	0
8	25	80	0	80
0	10	0	0	60
0	100	0	10	0

カラー印刷で色を再現するにはC（青）、M（紅）、Y（黄）、K（黒）の4色を重ね刷りします。色票下の数字は上から順にC－M－Y－Kの指定%です。色票に記入されている数字を読み取れば各々がどのような色のバランスで混色されているかがわかります。また、数字をそのまま転記すれば、カラー印刷の色指定としても使えます。

CHECK LIST

プラスイメージ
目指すイメージと一致したら活用

- □ 力強い・頼りになる
- □ 元気が出る
- □ 活発・開放的
- □ 激情・ドラマチック
- □ 食品らしさ

マイナスイメージ
マイナスと一致したら控える

- □ 冷静・落ち着いた
- □ 洗練された
- □ さわやか・涼しい
- □ エレガント・奥ゆかしい
- □ 緻密・理知的

1・2 橙色

橙(オレンジ)色はカジュアルで日常的な快活さを表します。同じ暖色でも赤色のような激しい強さではなく、穏やかで明るい家庭的な商品によく似合い、見る人を幸福な気持ちにします。

暖かな幸福をイメージさせる

オレンジ色はカジュアルで陽気です。赤ちゃんの明るい笑顔を連想させ、平和な気持ちにさせます。くせがなく、気軽な気持ちにさせ、何げなく気楽に使ってみたくなります。

寒色にすると陽気さが消える

寒色の緑色や青色にすると、爽やかさや清潔感が強くなりすぎます。赤ちゃん用品にふさわしい暖かなカジュアルさがなくなります。気軽な暖かさがなくなり、少し改まった気持ちになります。

オレンジ色の範囲は

赤色と黄色の中間にある色みをオレンジ色としています。ほとんど赤色に見える色や黄色に近い色もオレンジ色とします。ひと目で黄色とわかる色や赤色の弁柄色は範囲外としました。

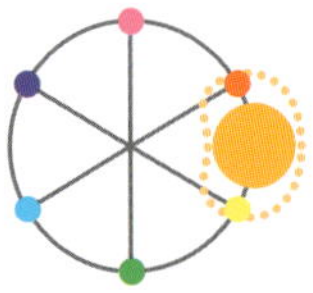

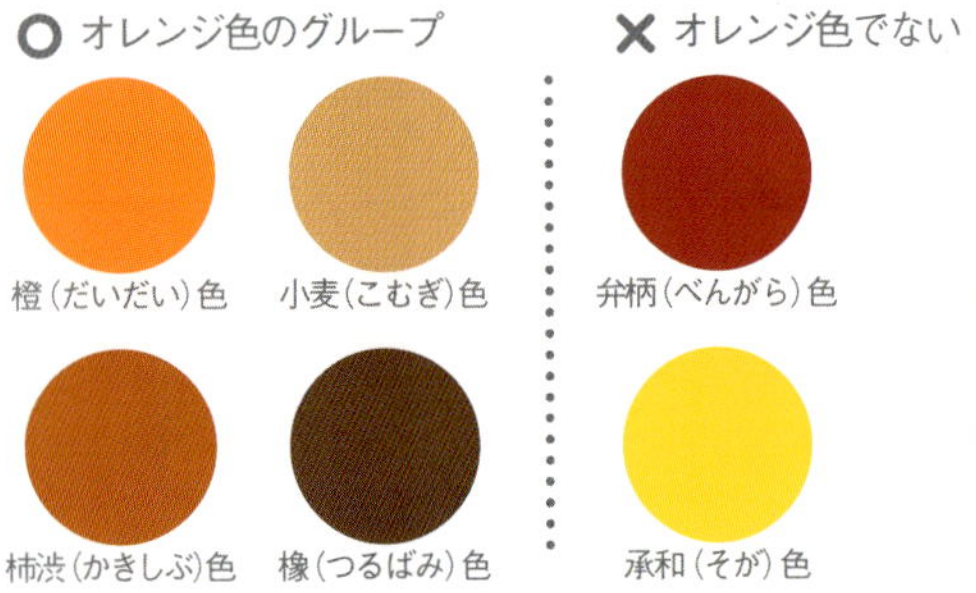

橙

オレンジ色はバランスが良すぎて存在感が弱いのが欠点です。

オレンジ色は赤色の活気と黄色の陽気さをあわせ持っています。赤色はキツく、黄色はうわついたイメージがあるのにオレンジ色には欠点がありません。あまりに欠点がなさすぎて〈平凡〉というイメージになるところが面白いところです。

ところで、こんなにバランスが良い色なのに、オレンジ色には固有の色名がありません。赤色や黄色、黒色などは、その色そのものを表す固有の名前があるのに、オレンジ色は橙《だいだい》ともオレンジともいい、どちらも果物の名前から借りてきた色名です。

もっとも、実は固有色名があるのは赤、黄、緑、青、紫、紅、白、黒などのごく基本的な色に限られています。白と黒の中間にある灰色や、日本人が好きな茶色も借用名です。他にも自然の中からさまざまな色みを感じとって、山吹色、杏色、柿色、琥珀色と多様な名称がありますが、これらもすべて借用名です。古代の日本人が鋭い感性を持ち、基本色とそのほかの色をしっかりと差別していたことに驚かされます。

FUTÉES, LES MINI TOMATES saveol !

Depuis toujours, on les aime à la croque au sel, depuis 10 ans, elles réjouissent nos papilles à l'apéritif. Avec Saveol, les tomates n'ont pas fini de se faire croquer. En version mini, leur saveur reste maxi. Leurs bienfaits aussi. A toute heure de la journée.

On ne le sait pas toujours, mais la tomate est d'abord un fruit. Tout au moins au sens botanique du terme, car elle contient des graines qui servent à sa reproduction. Peu calorique, elle est pleine de bonnes choses : vitamines, oligo-éléments, minéraux, antioxydants, fibres. Eh oui, elle a tout ça et d'origine ! Elle présente même des vertus apéritives. Apéritive signifiant ouvrir l'appétit, mais aussi faciliter l'assimilation du repas. Bref, à savourer sans remords !

Plein d'idées à croquer

Saveol, producteur spécialisé dans la tomate, nous invite chaque année à découvrir de nouvelles saveurs de mini-tomates, qui sont autant d'idées pour varier les plaisirs. Idée « salé sucré » avec des brochettes crevette-tomates cerises-mangue à l'apéritif. Idée ensoleillée avec des tomates cocktails crues farcies aux olives et au thon. Idée déco pour vos salades, en mélangeant des tomates cerises rouges et jaunes. Idée plein air pour le goûter des enfants. Et pourquoi pas idée minceur dès le matin pour combler le fameux petit creux de 11H ? Avec les mini tomates de Saveol, les idées viennent en mangeant.

MINI SAVEOL : EN VEUX-TU EN VOILÀ !

- **Cocktail :** la plus grande des petites, fraîche et désaltérante. A déguster crue, nature, en brochette ou fourrée.
- **Cerises :** une saveur légèrement acidulée à croquer à tout moment de la journée. Existe en rouge, en jaune et en duos chez Saveol.
- **Cœur de Pigeon :** d'une saveur très douce, les enfants l'adorent… et nous aussi. Très « tendance » avec sa forme originale et ses 2 variétés rouge ou orange.
- **Cerise rubis :** d'une saveur inégalée, un vrai bijou. Façon collier, ses petits fruits rouge rubis s'égrainent un par un. Une nouveauté Saveol à découvrir absolument.

saveol La saveur pour de bon.

カジュアルな幸福感を表す

オレンジ色のケイタイはカジュアルな親しみやすさがあります。形そのものはシンプルでスタイリッシュな印象でも、オレンジ色にすると幸福感があふれるようです。

明るく素直で健康によさそう

赤色と黄色のトマトを同じ容器に一緒につめこむと、オレンジ色になり、陽気な開放感を表します。こだわりのない素直さは明るく元気な気持ちにさせます。

COLOR SCHEME

オレンジ色は陽気で開放的、太陽の光あふれる世界

オレンジ色は、暖色の持つ陽気で明るい元気のよさを素直に表します。オレンジ色を増やすほど陽気さが増えます。オレンジ色に対し、反対色の緑色や青色を添えると開放感が強くなり、類似色にあたる赤色や黄色だけで組み合わせると、穏やかな陽気さになります。

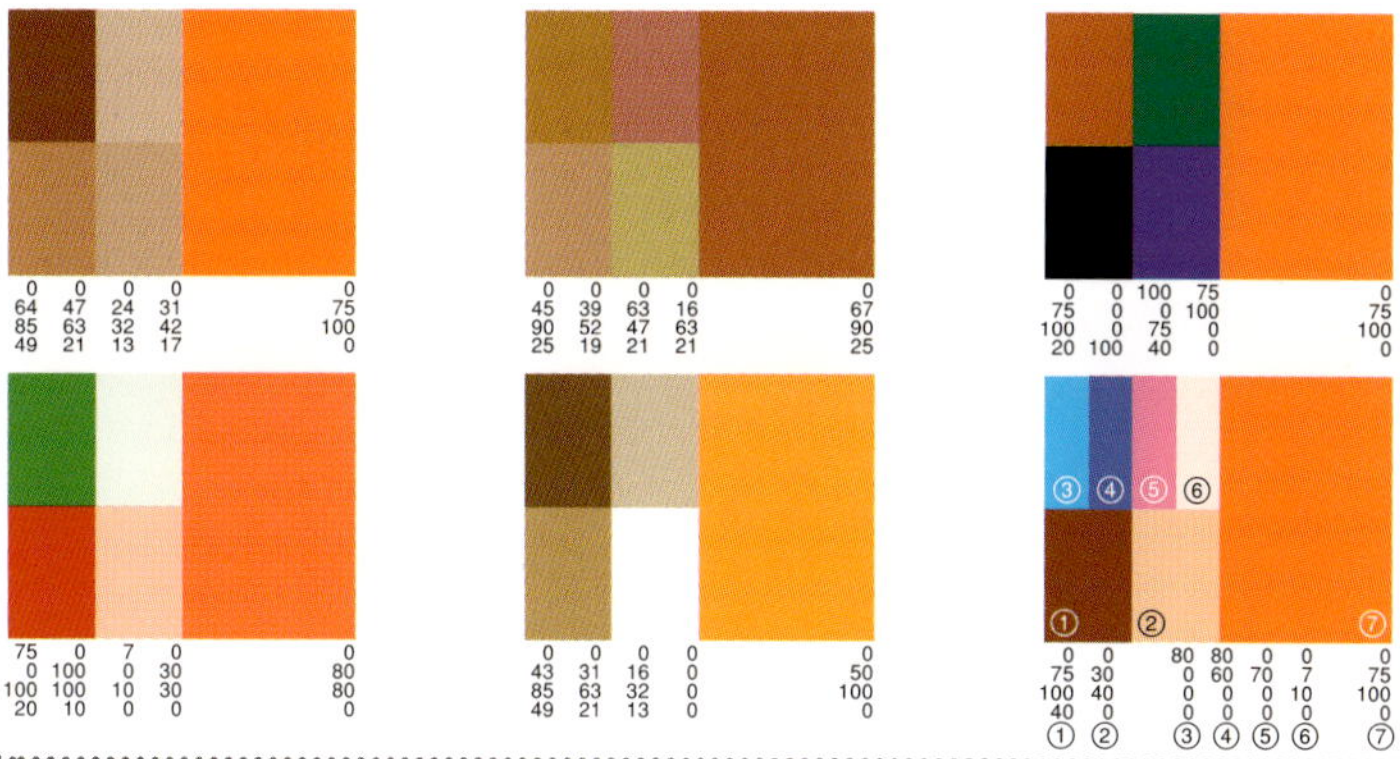

CHECK LIST

プラスイメージ
目指すイメージと一致したら活用

- □ 開放的・陽気
- □ カジュアル・気軽
- □ 家庭的・日常
- □ 活発・活動的
- □ 楽しい・快活

マイナスイメージ
マイナスと一致したら控える

- □ 神秘的・幻想的
- □ 優雅・おしゃれ
- □ 理知的・精密
- □ 冷静・クール
- □ 厳密な

1-3 黄色

黄色はすべての色の中で飛びぬけて目立つ明るい色です。工事現場や工場などで注意を呼びかける標識色や児童の安全服の定番です。しかし、黄色は単に目立つだけでなく、見る人の気持ちを明るく開放的にします。

子どもらしい素直な陽気さをイメージさせる

黄色は最も目立つ色で、子どもの安全を確保します。しかし、それだけでなく裏表のない素直な活発さを表し、見る人の気持ちを明るくします。肩のこらない自然な明るさを表します。

明るく積極的な開放感がなくなってさびしくなった

寒色に替えると遠くから目立たなくなっただけでなく、子どもらしい快活さが消えてしまいました。黄色の効果は安全確保だけでなく、裏表のない素直な陽気さを表す効果が強いのです。

黄色の範囲は

黄色に赤みが加わると暖かい黄色になりますが、さらに増やすとオレンジ色の範囲に入ります。一方、黄色は中間色にあたるので、わずかでも青みが加わると緑色となります。

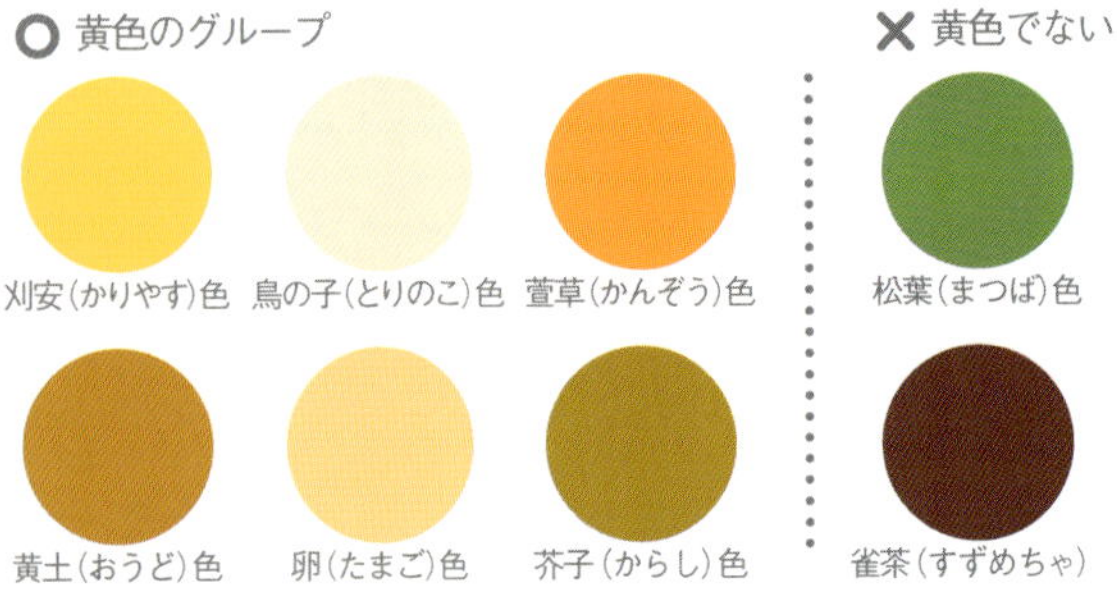

黄

黄色はおもちゃにも楽しい食卓にも欠かせない開放的で愉快な色です。

配色が重苦しくなったとき、少量の黄色が特効薬になります。黄色をほんの少し加えるだけで、開放感が表れて息苦しさがうそのように消えます。開放的な明るさが求められるテーブルウェアやおもちゃ、選挙ポスターなどの配色には、黄色が欠かせません。

一方で、黄色はしっとりと落ち着いた、情緒たっぷりのシーンには似合いません。配色全体のバランスをとるのに黄色がどうしても必要なときは、トーンを濁色や暗色にして気軽な印象を消して使います。そうすれば、全体の雰囲気は崩れず、色相のバランスは保てます。高級さや、歴史の深さを表したい場合も同じ方法で黄色の騒がしさを落ち着かせます。

黄色のイメージは楽しく気どらない
気軽でユーモラス

1

気どらない日常の明るさを表す

黄色はすべての色相の中で、最も気軽で肩のこらない快活さを表します。若々しく、朗らかで、裏表やこだわりのない明るさを表します。このイスに座っていると、自然にリラックスできそうです。

気軽さがなくなった

寒色の紫色に替えると落ち着きと冷静さが表れて、黄色の気軽な愉快さはなくなってしまいます。寒色は理性的なので、その分だけ気軽さが消えます。

爽やかな明るい気分にさせる

黄色の観光バスは街の中で明るく目立つだけでなく、親しみやすい印象を与えます。この黄色は赤みが少なく、レモンイエローと呼ばれる寒色に近い黄色なので、暖かさが抑えられて街の中にあっても爽やかさを表します

2

濃く強いトーンにしても陽気

黄色を落ち着いたトーンに替えても、気どらない朗らかさは変わりません。落ち着いた雰囲気の中から、にぎやかな会話が聞こえてきそうな陽気さがあります

COLOR SCHEME

黄色は目立つだけでなく開放的な楽しい気分にする

黄色を増やすほど開放感が広まります。下図のように反対色の強弱を変えるとさまざまな表情に変わります。黄色の同系色だけでまとめると穏やかな明るさを表します。黄色の中に反対色を少し添えると華やかになります。反対色をはっきり効かせると力強く引き締まります。

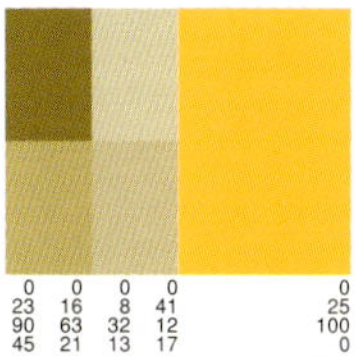

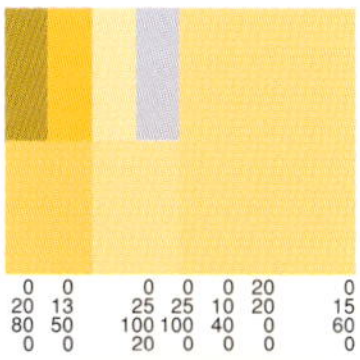

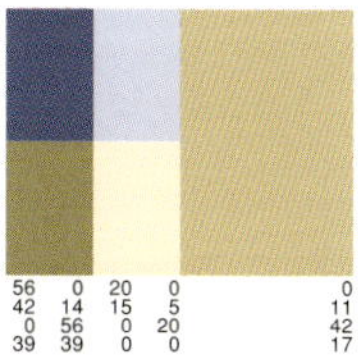

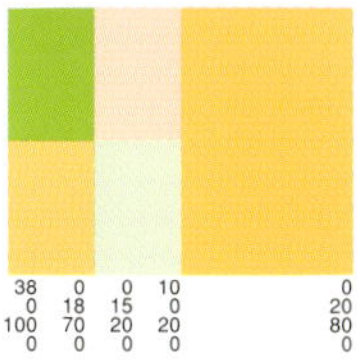

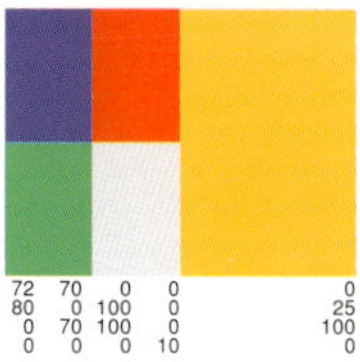

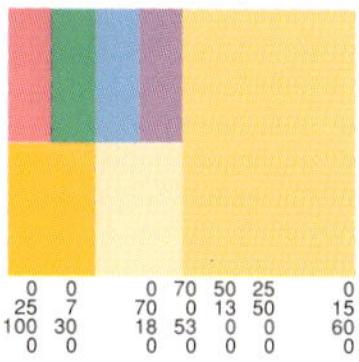

CHECK LIST

プラスイメージ

目指すイメージと一致したら活用

- ☐ 気どらない・気軽
- ☐ ユーモラス・ほがらか
- ☐ にぎやか・開放的
- ☐ 楽しい
- ☐ なじみやすい

マイナスイメージ

マイナスと一致したら控える

- ☐ 騒がしい・落ち着かない
- ☐ 安っぽい・下品
- ☐ 頼りない・堅実さがない
- ☐ 弱々しい・うわついた

1 ナショナル ノンフロン冷蔵庫広告部分　2 婦人画報 2005.3 アシェット婦人画報社 AD:岡孝治 P:atsu Artworks:Blue Heaven Books

1·4 緑色

緑色は自然のエネルギーをストレートにイメージさせます。緑色を強調すると自然の恵みと活力を感じさせます。緑色は寒色なのでそれ1色だけでは派手さはありませんが、反対色の赤色と組み合わせると思いがけないパワーが表れて主役にもなります。

力強い生命感を表す

緑色は、自然のイメージを強調します。人間の生命に欠かせない、食品にふさわしい信頼感が強まります。緑色の力強さは反対色の赤色を組み合わせるとより強く表れます。

自然の活力がなくなった

背景色を紫色に替えると自然のイメージがなくなり、健康的な食品らしさが消えてしまいます。紫色の背景は自然のイメージと結びつかず違和感が生まれるからです。

緑色の範囲は

黄色と青色を混ぜ合わせると緑色ができます。黄色と緑色の境界ははっきりしていますが、青色との差は微妙です。ここでは青色に近い浅葱色も緑色としていますが、青色のグループに入れてもかまいません。

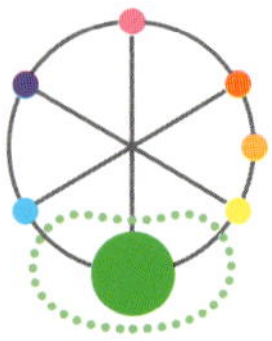

○ 緑色のグループ

- 若草(わかくさ)色
- 柳(やなぎ)色
- 浅葱(あさぎ)色
- 水浅葱(みずあさぎ)
- 海松(みる)色
- 緑青(ろくしょう)色

✕ 緑色でない

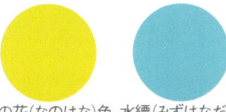

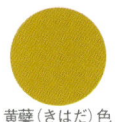

- 菜の花(なのはな)色
- 水縹(みずはなだ)
- 黄蘗(きはだ)色
- 藍(あい)色

緑

緑色は生命の源泉、エネルギーを表します。緑児《みどりご》や緑の黒髪といった言葉に代表されるように、緑色は生命の力強さや秘めたエネルギーを暗示します。緑色の表す生命感は赤色やオレンジ色のようなほとばしる開放的なエネルギーではなく、地味で泥臭いけれどしっかりとした大地に根ざした生命の源泉を表します。一方で、緑色は成長を表す延長線上で、野心も暗示します。緑色は青色や紫色と同じ寒色の一種で、冷静沈着さを表しますが、それだけにとどまりません。青色と比べると能動的、積極的な元気さを表す暖色に近い色相です。このため〈活力〉や〈エネルギーの強さ〉を秘めた〈野心〉というイメージが表れます。

穏やかで平和な時間を表す

お茶は穏やかで平和な時間によく似合います。緑色の持つ素朴な自然の安らぎのイメージと、お茶を飲みたい、自然から活力を得たいと思う気分が一致して共感が生まれます。

大自然から生まれた穏やかなパワー

緑色の畑は地平線の消えかかるところまで続き、この商品が自然を大切にしていることを暗示します。画面全体を緑色と青色に統一しているので、商品色の赤色と黄色のマークがひきたちます

癒しの気分がなくなった

ラベルを紅色に替えると、お茶に求められる平穏な休憩のイメージがなくなって、落ち着かない気分になります。

COLOR SCHEME

冷静さと活力の両面をあわせ持つ

緑色は青色と黄色を混ぜてつくります。黄色の多い黄緑色は明るい印象を表し、開放的です。一方、青色の多い青緑色は冷静さが強くなります。緑色の類似色だけで組み合わせると穏やかな印象になります。逆に反対色の赤色や紅色と組み合わせると急に生き生きしてきます。

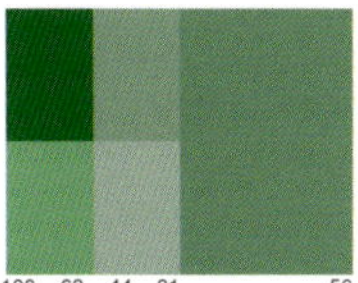

100	63	44	31	56
0	0	0	0	0
100	63	44	31	56
60	21	34	27	39

25	16	8	11	25
0	0	0	0	0
100	63	32	42	100
40	21	13	17	0

0	85	56
64	0	0
85	64	42
49	60	39

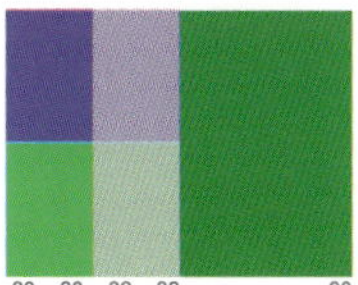

80	80	32	32	90
80	0	32	0	0
0	80	0	32	90
0	0	13	13	25

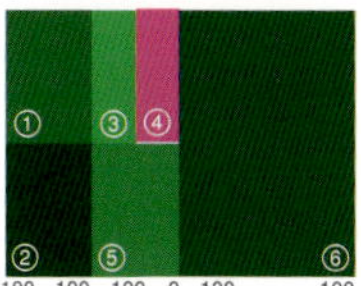

100	100	100	0	100	100
0	0	0	100	0	0
100	100	100	0	100	100
60	90	20	20	40	80
①	②	③	④	⑤	⑥

53	75	63
70	100	0
0	0	100
0	40	0
①	②	③

CHECK LIST

プラスイメージ
目指すイメージと一致したら活用

- □ 野性的・自然・大地
- □ 平和な安らぎ
- □ 夏・若々しい
- □ 健康的・食品
- □ 素朴・田園
- □ 質素・丈夫

マイナスイメージ
マイナスと一致したら控える

- □ 泥臭い・やぼったい・田舎
- □ 陰気・暗い
- □ 寒い・重い
- □ 硬い・渋い

1·5 青色

青色は寒色の中心になる特に純粋な色相で、冷静さと理性を表します。緑色や紫色も寒色ですが、黄色や紅色が混じっているので複雑なイメージを表します。しかし、青色には何も混じらず、最も寒色らしいシンプルな冷静さを表します。

1

青色は爽やかさを表す

明るい青色と白色の組み合わせはクリアで爽やかな知性を表します。一方、皿に盛られた色とりどりの料理が明るい開放感を表し、このテーブル全体の華やかさを印象づけています。

すっきりした和風のテイスト

藍染めの蕎麦ちょこは、キリリと引き締まった蕎麦打ち職人の真面目な仕事ぶりを連想させます。暗いトーンはムダのない堅実なイメージをより強く表します

青色の範囲は

青色は寒色の中でも、もっとも純粋な寒色です。青色に黄色を加えると緑色になり、紅色を加えると紫色に変わります。下に紹介した菫色は紫色のグループに分けました。

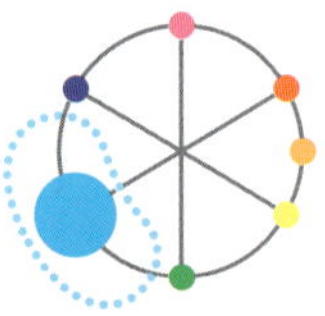

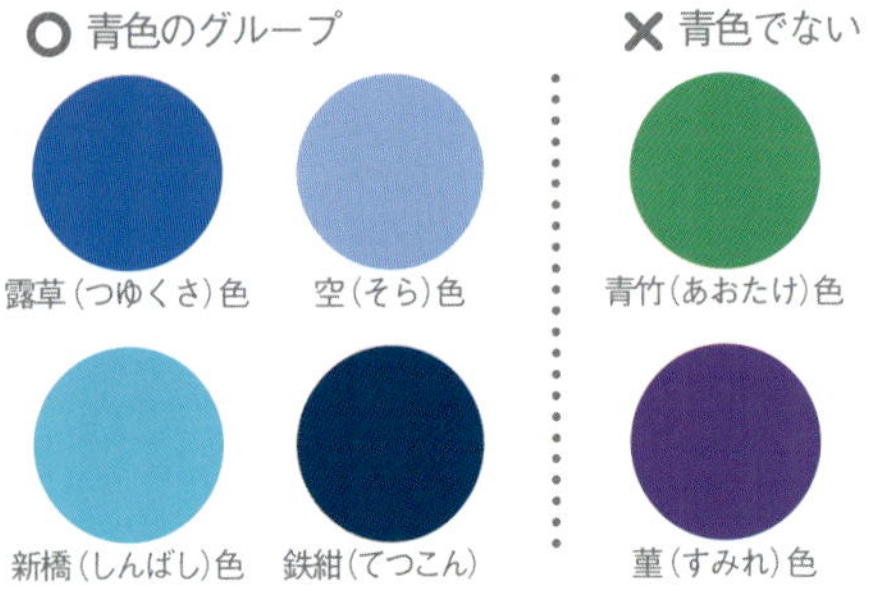

青

青色は日本人に好まれつづける色です。青色はさまざまな色彩嗜好調査で、常に上位に入ります。幸せの青い鳥、青い山脈、明るい青空…と青色は爽やかで誠実な希望や夢を表します。一方で青色は未熟さや貧しさも表します。青二才《あおにさい》、青臭い、青女《あおおんな》、青《あお》き宮《みや》などは未熟さを表し、熟したイメージの赤色と対比されます。青侍《あおざむらい》、青暖簾《あおのれん》、青息吐息《あおいきといき》、青白いなどはムダのない質素なイメージからひろがって、貧しいイメージを表します。昔から使われている日本語の中では青色はマイナスイメージがやや優勢です。

また、青をつかった言葉には、現代の私たちが認識している青色と違うものもあります。例えば、青馬とは白い馬を示すこともあり、宮廷の正月に行われた〈あおうまの節会〉の馬は白色を指します。また、果実が完熟したときを表す赤色に対し、未熟さを青色といい、色みの薄く淡い白色も青色と同じグループとして用いていました。

1 ELLE à table FRANCE 2006.5 Hachette Filipacchi Interdéco AD:Virginie Demachy P:Edouard Sicot R:Valérie Lhomme

青色のイメージは理性的 堅実 ムダのない
理知的 医薬品

メカニカルな理性を表す
青色の扇風機は精緻でメカニカルなイメージを表します。青色の理性的なイメージと、機械の精密なイメージが一体になります

医院や薬品の理性は寒色で表す
青色や緑色を白色と組み合わせると、明るく開放的な清潔感が表れます。医院への信頼が強まります

理知的で安心できる気持ちになる
この広告を見ると、ひと目で医薬品に関連していることがわかります。それは青色が持つ冷静で知的なイメージから生まれています。青色に白色を組み合わせるとクリアで開放的なイメージが加わります。

暖色は医薬品らしいイメージがなくなる
青色をなくすと医薬品らしさがなくなり、商品の性格が伝わらないので、手にとるのを避けたい気持ちになります。

COLOR SCHEME

冷静で理知的な医薬品に欠かせない色
青色は寒色の中心になる色で、良いイメージと悪いイメージがはっきりしています。医薬品やクリーニング店のようなクリーンさを表すときに青色は欠かせません。しかし、暖かさや気軽な楽しさを求める場面では青色の量を少なくします。

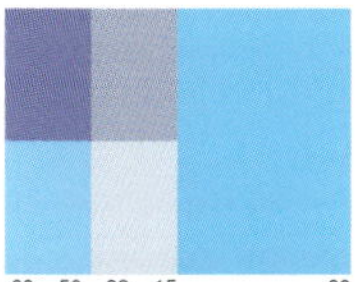

60	50	32	15	60
45	0	16	4	0
0	0	0	0	0
0	0	13	5	0

100	100	80	100	100
0	0	0	0	0
0	0	0	0	0
60	90	0	40	80

0	0	0	0	52
56	0	31	0	0
0	56	0	31	0
39	39	27	27	19

70	15	100	100	20
18	0	75	11	0
0	20	0	0	5
0	44	10	40	44

0	56	0	20	42
56	0	20	0	0
56	0	20	0	0
39	39	0	0	17

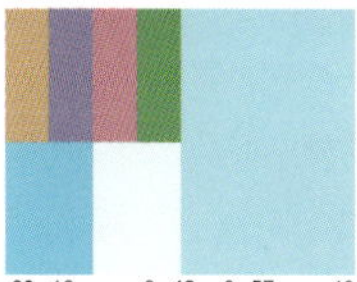

60	10	0	42	0	57	40
0	0	26	42	52	0	0
10	2	52	0	13	76	10
0	0	19	17	19	23	0

CHECK LIST

プラスイメージ
目指すイメージと一致したら活用

- □ 理知的・理性的・知的
- □ 堅実・まじめ・質素
- □ 男性的・きりりと引き締まった
- □ 合理的・ムダのない
- □ 落ち着いた・冷静
- □ 精密・緻密

マイナスイメージ
マイナスと一致したら控える

- □ 寂しい・冷たい
- □ 暗い・陰気
- □ 堅苦しい・つまらない
- □ 悲しい・孤独

1·6 紫色

紫色は日常生活の中で、もっとも目にすることが少ない特別な色です。特別な日の特別な色として、古くから優雅で高貴な色として女性に愛されてきました。

紫色は女性だけの幻想世界

紫色で全面を被うと男子禁制の優しく妖しげな世界が表れます。紫色の女性限定の特別な空間に、反対色にあたる黄色をさりげなく添えると優雅なイメージに華やかさが加わります。

女性らしさがなくなった

緑色に替えると優雅さが消えてワイルドな世界に変わりました。同じ写真なのに、幻想が消えて不自然な様子に変わりました。

紫色の範囲は

紫色は青色と紅色の中間の色相です。特に青色との境界線があいまいで区分がはっきりしません。この本では群青色は青色のグループに入れました。

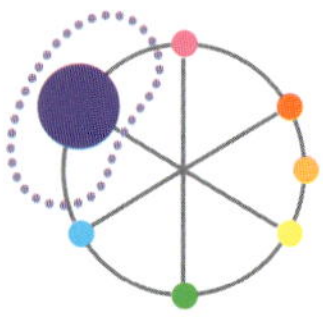

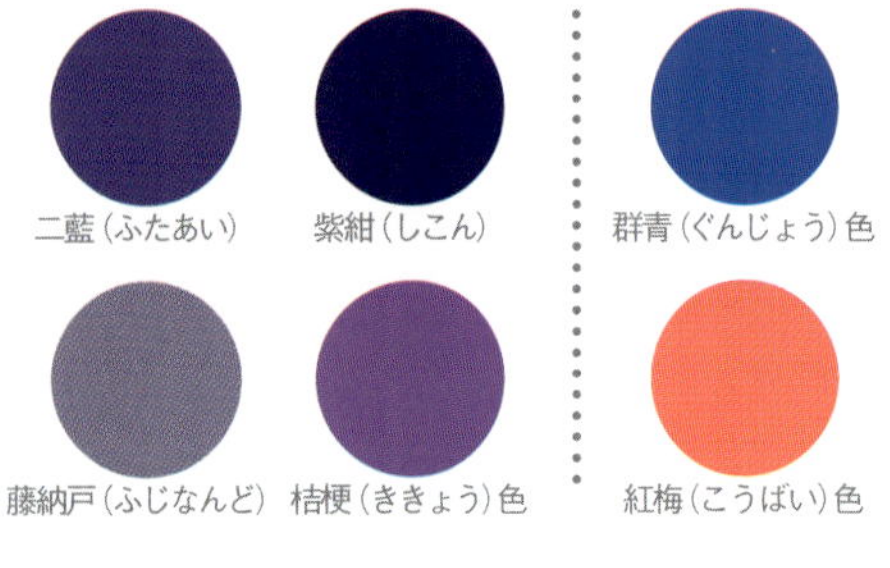

二藍（ふたあい） 紫紺（しこん） 群青（ぐんじょう）色
藤納戸（ふじなんど） 桔梗（ききょう）色 紅梅（こうばい）色

紫

紫色は可視光線の最後に位置する、危険界寸前の不安な色です。紫色は虹色の7色の中で最後の色相にあたります。P.121の波長図でみると、紫色の外側には紫外線があり、その先にはX線や水爆のガンマ線のある危険界があります。私たちが紫色に〈不安〉を感じとるのはこんな位置関係が影響しているのかもしれません。ちなみに、危険波長の赤外線や紫外線から最も離れた可視光線の中央に黄色と緑色があります。この黄色や緑色は日常的で平凡なイメージを表し、紫色とは対照的です。

紫色は女性を魅了し続ける高貴で優雅な色です。私たちはドラマの中で紫色の袴を見ると明治時代の女学生を連想します。事実、紫色は当時の女学生に愛された定番色でした。また、江戸前期の女性たちの間では晴れ着姿と紫色の足袋という組み合わせが流行しました。紫色は源氏物語の紫の上を始め、女性をとりこにし続けています。正式な場面でも紫色は高貴な身分を表す色として使われていて、紫《むらさき》の袖《そで》とは四位以上の特別に高位な身分の人だけが着用を許された色です。

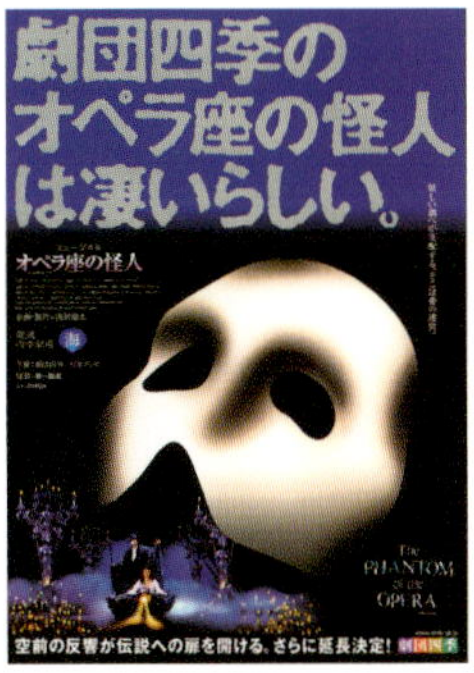

非日常のドラマチック感を表す

濃い紫色には力強さがあります。劇団ポスターにふさわしい幻想感と積極的なイメージの両面が表れます

世紀末の幻想感を表す

猥雑で混乱した光景でも、紫色を強調すると非日常の幻想的な光景が表れます。ゆったりと優雅な光景ではなく、騒然としたドラマチックな幻想です。日常そのものの雑然としたシーンと、幻想的な紫色というミスマッチな組み合わせが、かえってアジアの神秘を印象づけます。

平凡な日常の風景に戻る

紫色をなくすと、幻想感が消えて、ありふれた市場の片隅に変わりました。

穏やかな大人の華やかさ

紫色は淡く渋いトーンであっても優雅さを表します。淡く渋いトーンにすることで、控えめで穏やかな大人のイメージが表れます。そこに反対色の金色を組み合わせると華やかさが添えられます

COLOR SCHEME

幻想的で優雅な優しさを表す

紫色は幻想的で優雅な世界を表します。他の色で優艶な女性らしさを表すのは難しく、紫色を少し加えるだけでも女性らしさが表れます。紫色の同系色だけでまとめると穏やかで静かな優しさが表れます。反対色を少しだけ添えると静けさの中に開放感が加わり、華やかになります。

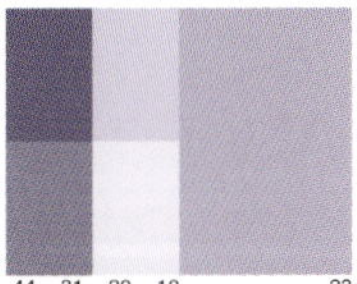

44	31	20	10	23
44	31	20	10	23
0	0	0	0	0
34	27	0	0	9

0	56	0	20	42
0	56	0	20	42
56	0	20	0	0
39	39	0	0	17

100	60	20	0	10	40
100	60	20	0	10	40
0	0	0	60	0	0
0	0	0	0	0	0

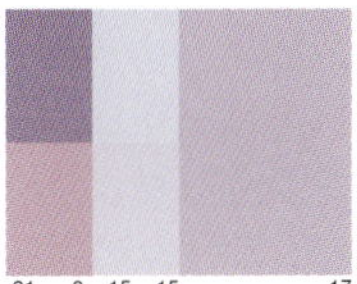

31	8	15	15	17
42	32	11	15	23
0	0	0	0	0
17	13	5	5	9

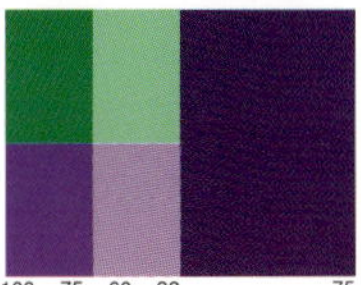

100	75	60	38	75
0	100	0	50	100
75	0	45	0	0
30	0	0	0	40

0	40	0	20	22
30	0	15	0	30
40	30	20	15	0
0	0	0	0	0

CHECK LIST

プラスイメージ
目指すイメージと一致したら活用

- ☐ 幻想的・非日常
- ☐ 優雅
- ☐ 女性的
- ☐ 高級・深みのある
- ☐ 大人
- ☐ 荘厳・神聖

マイナスイメージ
マイナスと一致したら控える

- ☐ 役立たない
- ☐ 親しめない・気どった
- ☐ 気軽さがない・重い
- ☐ 暗い・冷たい

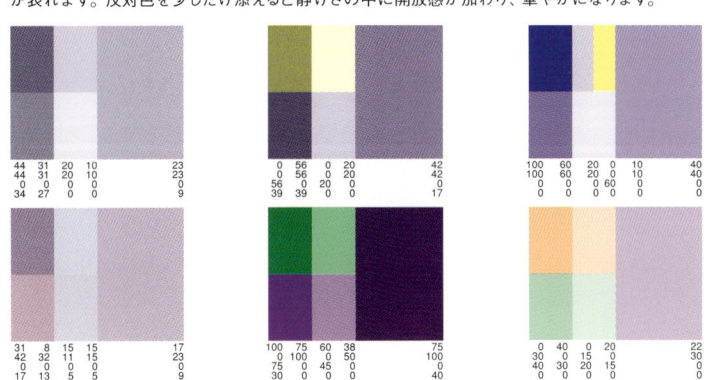

1・7 紅色

紅色は赤色と混同されがちですが、イメージの効果から見るとかけがえのない色相です。紅色なしでは都会的な華麗さは表現できません。紅色と混同される赤色は、男性的な激しさを表し、紅色のイメージとはまったく違います。

1

甘美な女性限定の楽しさを表す

みずみずしいイチゴは女性だけの甘い楽しみを演出します。背景や文字の色で紅色を印象づける工夫をしています。背景は少し紫色に近付け、タイトルの文字を紅色にすることで全体の印象を紅色にしています。

暗色のトーンで高級さを暗示する

暗色の紅色は格調高さを表し、華麗な大人の女性をイメージさせます。暗色のトーンはムダのない重厚さ、堅実さを表しますが、紅色と結びつくと格調高い華麗さとなって表れます。

紅色の範囲は

紅色は繊細な色相です。青色を加えると紫色に変わり、黄色に混ぜると赤色になります。特に紫色との区分けが難しく、下票の貝紫は紅色のグループに入れました。

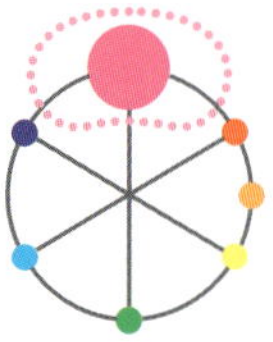

○ 紅色のグループ

- 桜(さくら)色
- 桃(もも)色
- 紅(べに)
- 貝紫(かいむらさき)

✕ 紅色でない

- 江戸紫(えどむらさき)
- 珊瑚(さんご)色

紅

紅色は存在感が薄く、はかなさと優しさを表します。紅色は赤色と混同されがちですが、実はかなり個性的な色です。紅色は色相環で見ると紫色と赤色の中間にあたります。また、可視光線の位置で見ると紫色の外側にあり、紫外線として消える寸前の最後の色です。紅色は「虹の7色」という言い方からも外されたはかない色で、実際の虹をよく見ても紅色は、意識して探さない限りほとんど見えません。

配色で鮮やかな赤色が欲しいときに赤色と混同して紅色を使うと力強さのないさっぱりとクールな印象になってしまいます。このように一見頼りない紅色ですが実は非常に特徴的で、女性らしい華やかさを表すには欠かせない色です。紅色は古代から女性らしさを表す色として使われています。紅白粉《べにおしろい》、口紅《くちべに》、紅緒《べにお》のかっこ、紅《べに》の筆《ふで》、紅文(恋文)と徹底的に華やかさを表します。他の色相は使い方によって男性的にも女性的にも変化しますが、紅色だけは女性限定です。

1 ELLE à table FRANCE 2006.5 Hachette Filipacchi Interdéco AD:Virginie Demachy P:Jean-Blaise Hall R:Marie Leteuré

穏やかで優しい気持ちにさせる

早春の爽やかな季節を彩るひな祭りには紅色がよく似合います。桜もちの淡く落ち着いた紅色は、赤色のような激しさと違って優しい上品さを表します。赤色は迫力のある力強い活力を表しますが、紅色はあくまでも優しく控えめな華やかさを表します。

2

華やかさが消えた

緑色に替えると、桜もちらしい春めいた華やかさがなくなります。

女性的な優しい華やかさ

化粧品には紅色がよく似合います。紅色を強調すると華やかで優しく、甘美な魅力が表れます。開放感があり元気いっぱいのカジュアルな商品でも、紅色にすると優しい印象になります。

1

開放感がいっぱいになった

紅色をなくしたら女性らしい優しさがなくなり気軽な軽快さが表れました。内向的で甘美な世界から、開放的な世界に変わりました。

COLOR SCHEME

女性限定の甘美さを表す

女性らしさをはっきりと表す色相は紅色以外にはありません。紅色を生かせば確実に女性らしさが表れます。明るい紅色は軽やかで優しい華やかさを表し、暗い紅色は格調のある大人の華麗さを表します。紅色に反対色や離れた色相を添えると優しさに開放感が加わって明るくなります。

0	0	12	0	0
40	44	23	23	60
30	0	0	6	0
0	34	9	9	0

0	0	0	60	16	32	0
80	15	60	60	0	0	60
0	0	80	0	32	8	0
0	5	0	0	13	13	0

0	0	0	75	25
100	0	0	0	100
50	0	0	100	0
40	100	100	20	20

11	25	0	50	11
100	100	80	100	100
0	0	0	0	0
80	90	0	20	40

0	0	42	42	0	42	0
85	31	0	56	21	0	56
22	8	56	0	42	0	14
49	27	39	39	17	17	39

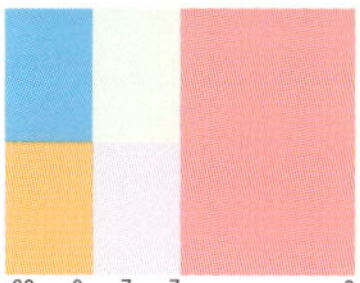

60	0	7	7	0
0	30	0	10	50
0	60	10	0	13
0	0	0	0	0

CHECK LIST

プラスイメージ
目指すイメージと一致したら活用

- ☐ 女性的・優しい
- ☐ 華やか・華麗
- ☐ 甘美・あでやかな
- ☐ 都会的・上品
- ☐ 春・あっさりした
- ☐ 高雅・洗練された

マイナスイメージ
マイナスと一致したら控える

- ☐ 役立たない・弱々しい
- ☐ 気どった・うわべだけ
- ☐ 深さのない
- ☐ 落ち着かない

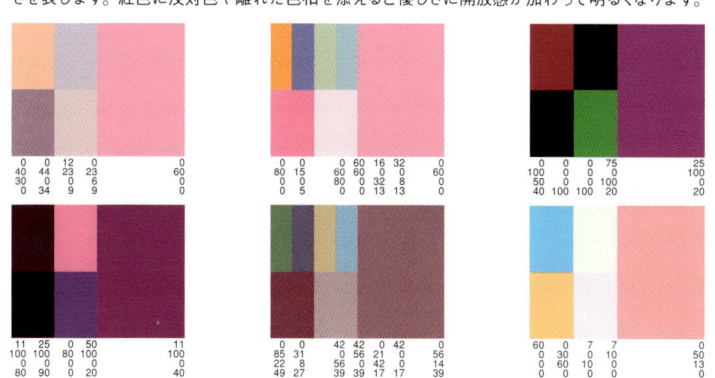

2 基本色のトーンを選ぶ

8種のトーンの中から目指すイメージに近いトーンと、それに次ぐトーンを選びましょう。これは、配色の中心になって大面積を占めるトーンと補佐的なトーンの2種類です。

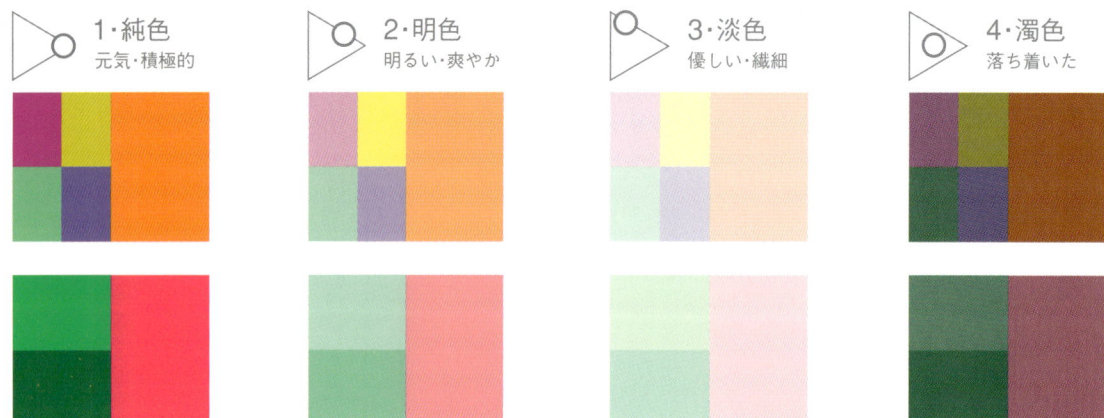

1・純色
元気・積極的

2・明色
明るい・爽やか

3・淡色
優しい・繊細

4・濁色
落ち着いた

8種のトーンから選ぶ

この本ではトーンを8種類に大別しました。実際に配色するときにはさらに細分化した23区分(P.140)の方が使いやすいのですが、まずは大まかに8種から選びます。

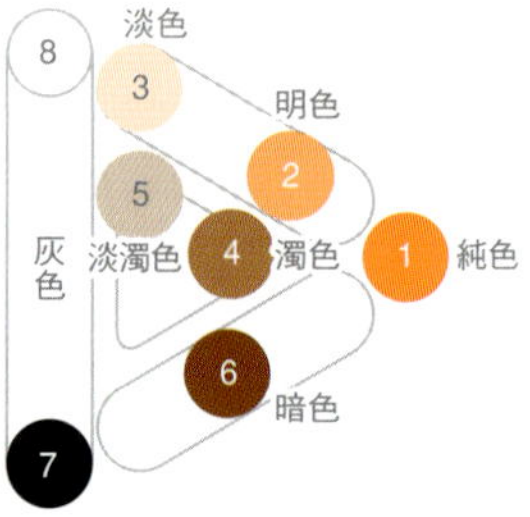

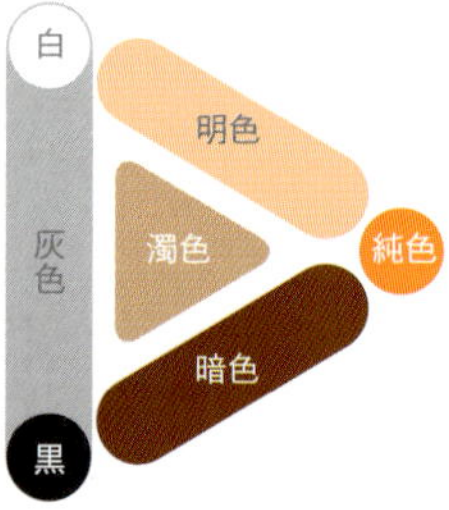

トーンとは明度と彩度の複合形

トーンとは上図のように、明度(色の明るさ、暗さ)と彩度(色みの強さ、鮮やかさ)を合体した状態のことです。トーンは大別して無彩色(白、黒、灰色)と有彩色(白、黒、灰色以外の色)の2つに分けられます。さらに有彩色は純色、清色(明色、暗色)、濁色の3つに分けられます。

トーンを8区分するこの本では、実際の配色で使いやすい区分を採用して、明色の中に淡色③を、濁色の中に淡濁色⑤を加え、計8区分にして解説しています。

1

優しい繊細さが赤ちゃんに似合う

淡いトーンは離乳食らしい繊細さを表します。淡いトーンを見ると優しい気持ちになり、安心します。

1 赤すぐ 2005.9 リクルート D:植田泰 P:大槻茂 S:服部祐子

トーンの効果は絶対的です

私たちはトーンについてはあまり意識することはありませんが、トーンの効果はかなり強力なのです。例えば下の色票にある純色は元気さを表します。ところが他のトーンではこのような元気さは決して表せないのです。また、次の明色は爽やかな明るさを表しますが、このような爽やかさは他のどのトーンでも表せないのです。

純色―元気・力強い・積極的
明色―明るい・爽やか・若い
淡色―繊細・優しい・乳児
濁色―落ち着いた・渋い・穏和
淡濁色―都会的・洗練された
暗色―誠実・力強い・格調高い
黒色―神秘的・幻想的・厳粛
白色―簡素・クリア・すっきり

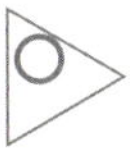

5・淡濁色
都会的・上品

6・暗色
誠実・格調高い

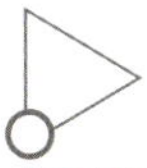

7・黒色
神秘的・幻想的

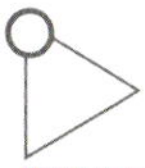

8・白色
クリア・すっきり

赤ちゃんに食べさせたくない厳しさ

暗色のトーンにすると厳しいイメージになり、赤ちゃんの身体に悪そうです。

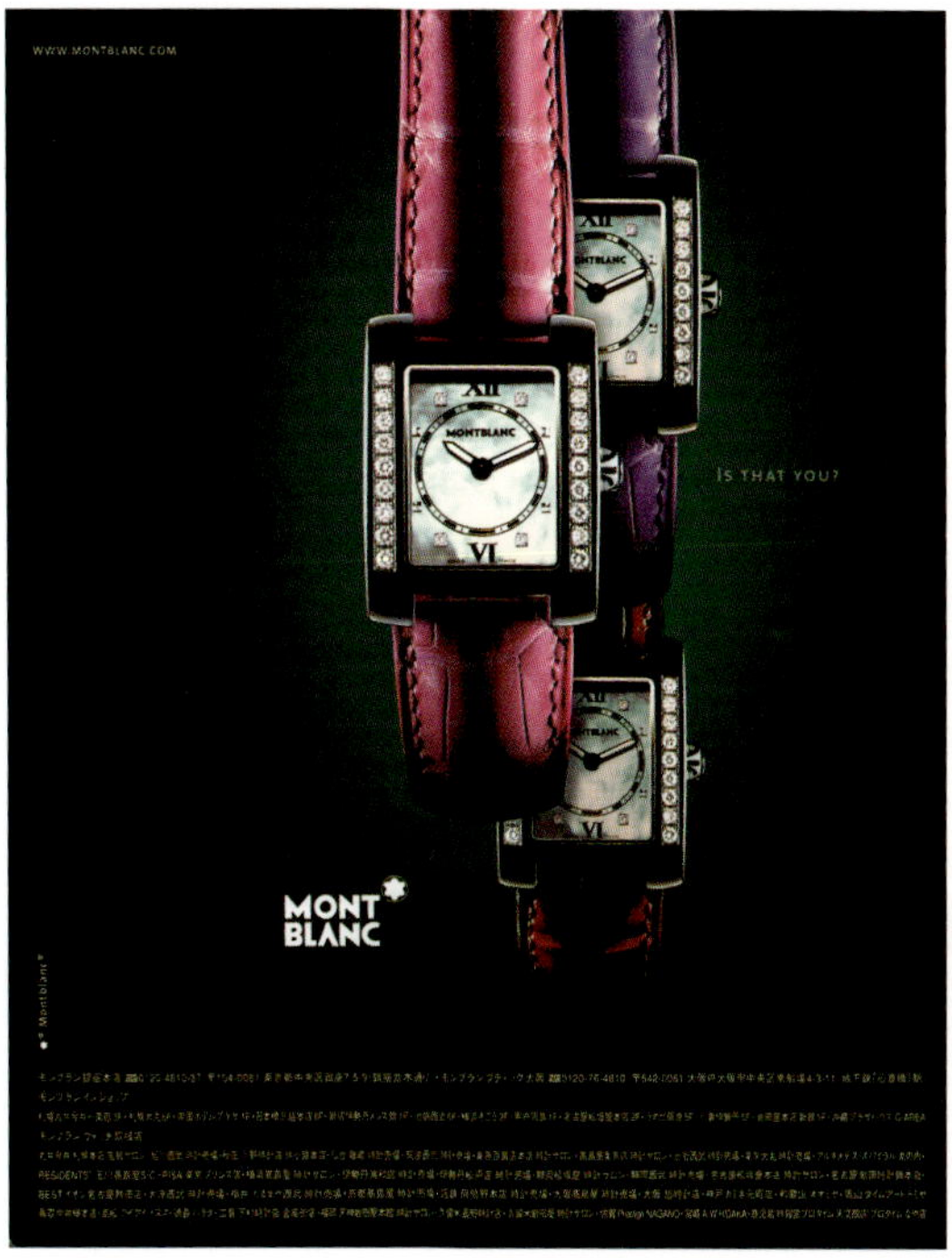

格調高い高級感

暗色のトーンは深みのある格調の高さを表し、時計の高級感を強調します。

明るくカジュアル

格調高さがなくなる。

2-1 純色

純色のトーンは白色も黒色も混じらない、最も純粋で鮮やかなトーンを指します。すべてのトーンの中でもっとも強く鮮やかです。何も混じらないのでストレートで裏表のない元気さ、積極性、開放感を表します。

1

素直で元気な気持ちを表す

真夏の開放感あふれる風鈴には、純色のトーンがよく似合います。かげりのない元気いっぱいのトーンは、爽やかな風鈴のイメージにぴったりです。

爽やかさがない

黒色が混じった暗色のトーンや、灰色が混じった濁色のトーンは、かげりやこだわりを表して、夏の素直さには似合いません。

子どもの元気さを表す

素直で元気いっぱいな子どものおもちゃには純色のトーンがぴったりです。純色を使って色みが強くなりすぎたら少量の白色を添えます。すると、しつこさが消えてさっぱりします

純色の範囲は

純色とは白色も黒色、灰色も何も混じらない、純粋なトーンをいいます。しかし、本書では少しだけ白色の入ったトーンも純色とします。カラー印刷のアミ点でいえばCMY（色み）100%～80%までを純色としました。

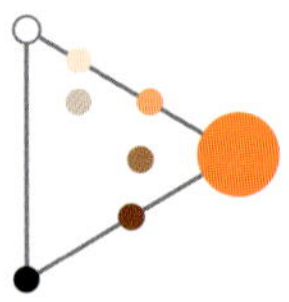

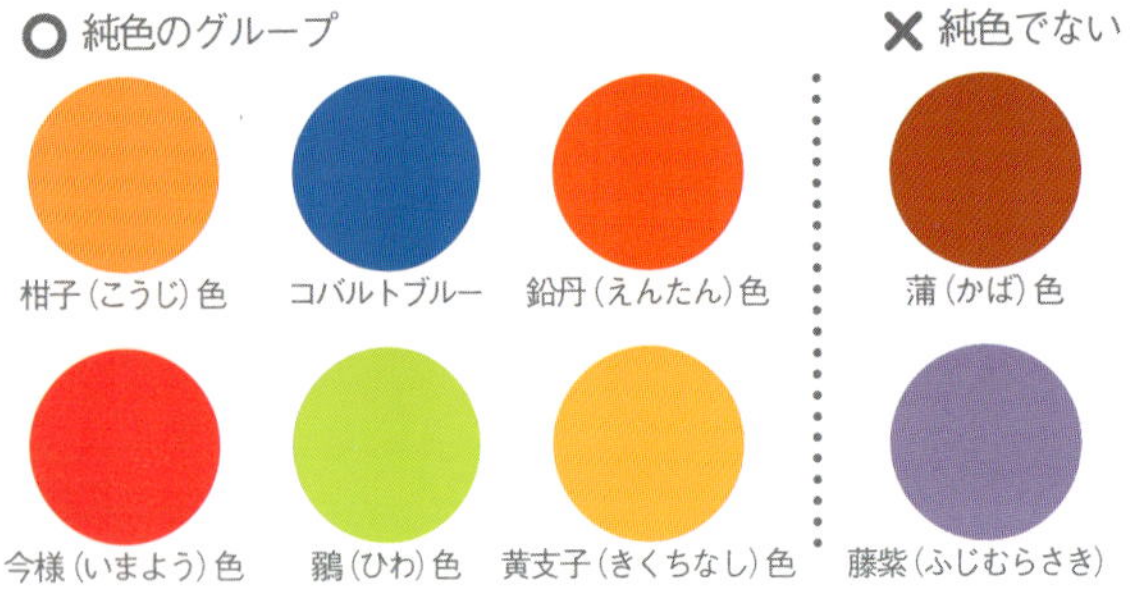

純

純色のトーンはこれ以上の熟成はない、生命のピークを表すトーンです。自然界の花や果物、動物は生命のピークに達するほど純色に近づきます。淡く薄いトーンだったつぼみは鮮やかな花を咲かせ、動物の毛並みもくっきりと変わります。人の頬や唇も生命のピークに達するほど鮮やかになり、時には化粧で補強します。そして、盛りを過ぎると黒みと灰みを帯びたくすんだトーンになり、やがて自然に還っていきます。純色のトーンは血気盛んな若者を表し、純色の程度が高いほど素直で力強く情熱的です。しかし同時に深みがない、こだわりがない、騒々しい、浮ついた、やぼったい、下品というイメージも表します。純色のトーンは真夏の盛りには好かれますが、夏を過ぎて秋になり優しさや穏やかさを求める落ち着いた気分のときにはマイナスイメージになります。

1 篠原風鈴本舗 Casa BRUTUS 特別編集 フロム日本 2005.8.10 マガジンハウス P:Shinori Murayama

真夏の元気なシーンには元気な純色がよく似合う

開放的でアクティブな夏の気分には、純色の持つ積極的で素直なイメージが似合います

力強くパワフルな純色

こだわりのない鮮やかさが純色のトーンです。自動車を純色で表すと、パワフルでエネルギッシュな力強さが表れます。見るからに力強い印象を与えます。

淡いトーンは弱々しい

白色が混じった明るいトーンは優しくソフトなイメージになり、エンジンのパワフルな力強さがなくなります。

COLOR SCHEME

積極的な元気さは純色で表す

純色はあらゆる色の中で、最も純粋で混じり気のない色で、裏表のない素直な積極性、力強さを表します。純色のトーンを使わないと元気さは表現できません。純色のトーンの間に白色を添えるとクリアでさっぱりした元気さが表れ、黒色を添えるとパワフルさがより強調されます。

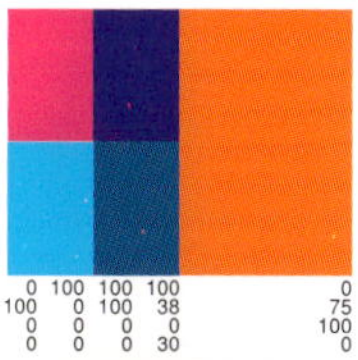

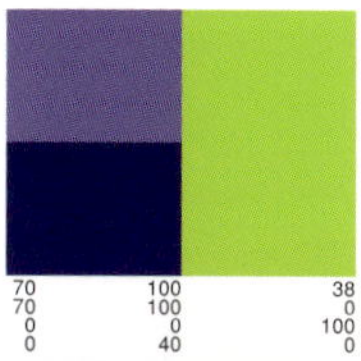

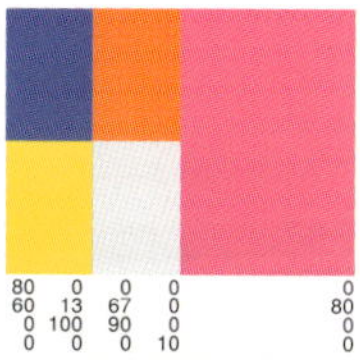

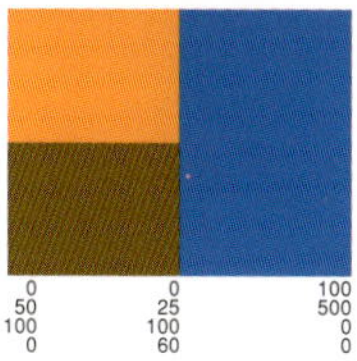

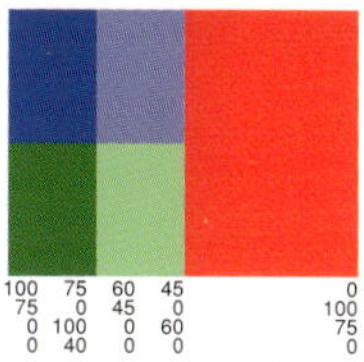

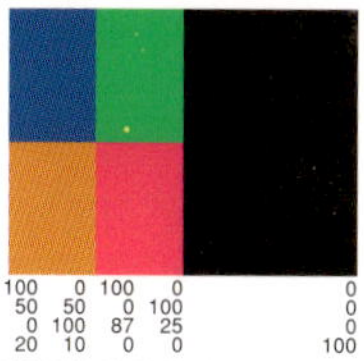

CHECK LIST

プラスイメージ
目指すイメージと一致したら活用

- □ 積極的・開放的・アクティブ
- □ 力強い・はっきり
- □ 元気・パワフル
- □ 素直・裏表のない
- □ 派手・真夏
- □ 情熱的・濃厚

マイナスイメージ
マイナスと一致したら控える

- □ 下品・粗雑
- □ 深みがない・うわついた・浅い
- □ どぎつい・しつこい
- □ やぼったい・暑苦しい

2·2 明色

明色のトーンは純色に少しだけ白色を加えたトーンで、純色のしつこさが消えてさっぱりします。こだわりや威厳とはもっとも縁遠い、裏表のない朗らかさが表れ、もっとも好まれるトーンです。

1

陽気でフレッシュ、素直な明るさ

明色のトーンはソフトで明るく、ジュースのフレッシュさとよく合います。純色のトーンの持つ積極性や元気さに白色を混ぜるとクリアさが加わり、バランスのとれた陽気なイメージを表します。フレッシュなジュースにぴったりの混じり気のない澄んだイメージが伝わります。

爽やかさが消える

こだわり感が表れ、フレッシュさが消えます。陽気な積極性から一転してジュースらしくないイメージになります。

明色のトーンの範囲は

純色に白色を加えると明色トーンになります。カラー印刷のアミ点でいえばCMY(色み)が80%〜50%の前後を明色とします。色彩学の一般的なトーン区分では90%〜10%までが明色ですが、この本では30%以下を淡色として区分しました。

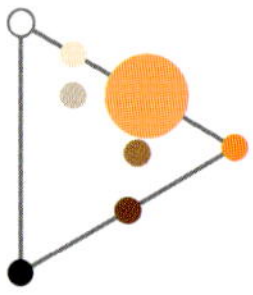

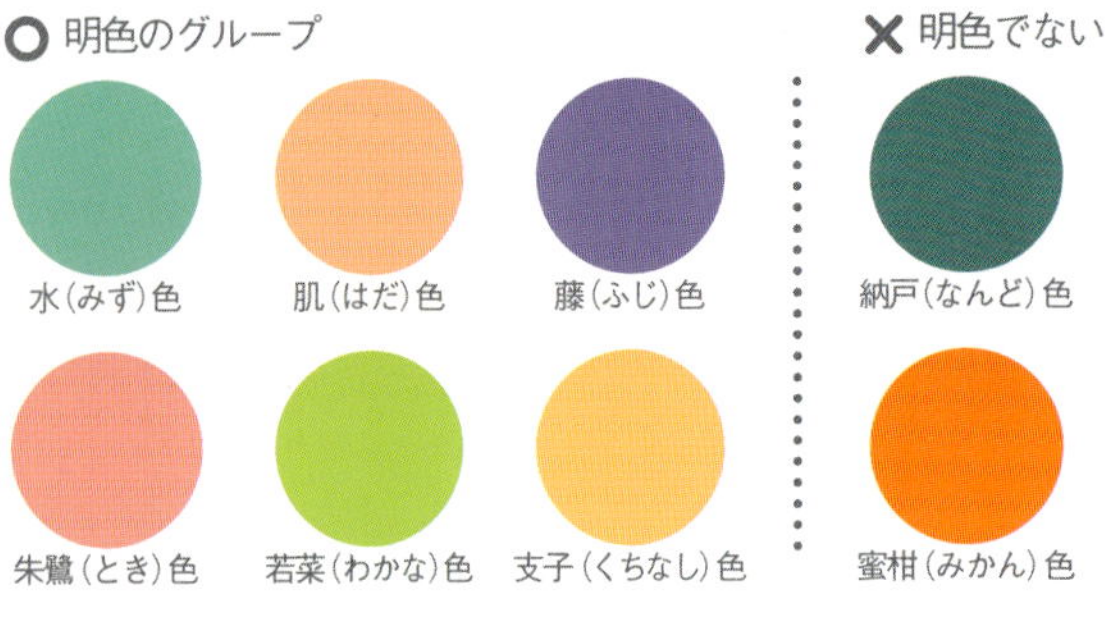

明

明色のトーンは最も好かれるバランスのとれた明朗さを表します。明色のトーンは明るく開放的で、誰からも好かれるトーンです。このため配色に失敗したときは特効薬になります。配色が重苦しく毒々しくなったとき、反対に淡く弱々しくなったとき、こだわりが強すぎたときなど、どんなときにも明色のトーンを加えるとそれぞれの持ち味が生かされつつ、開放感が補われます。明色のトーンには、かたよった配色を和らげ、バランスをとってくれる便利で不思議な効果があります。

反面、もちろんマイナスイメージもあります。素直でバランスがとれすぎているので、深みがなく、うわべだけで個性がない、子どもっぽいイメージになります。そのときは、他のトーンと組み合わせると明色の良さが生きてきます。

1 オレンジページ 2005.8.17 オレンジページ AD:西川一男 C:小田真規子 P:馬場敬子 S:諸橋昌子

優しさと元気さの両面を表す

ファミリーレストランを明るいピンク色と鮮やかな赤色で表すと、優しさと元気さの両面が表れます。2つのトーンで優しさだけではない元気の出る店だというイメージが表れます

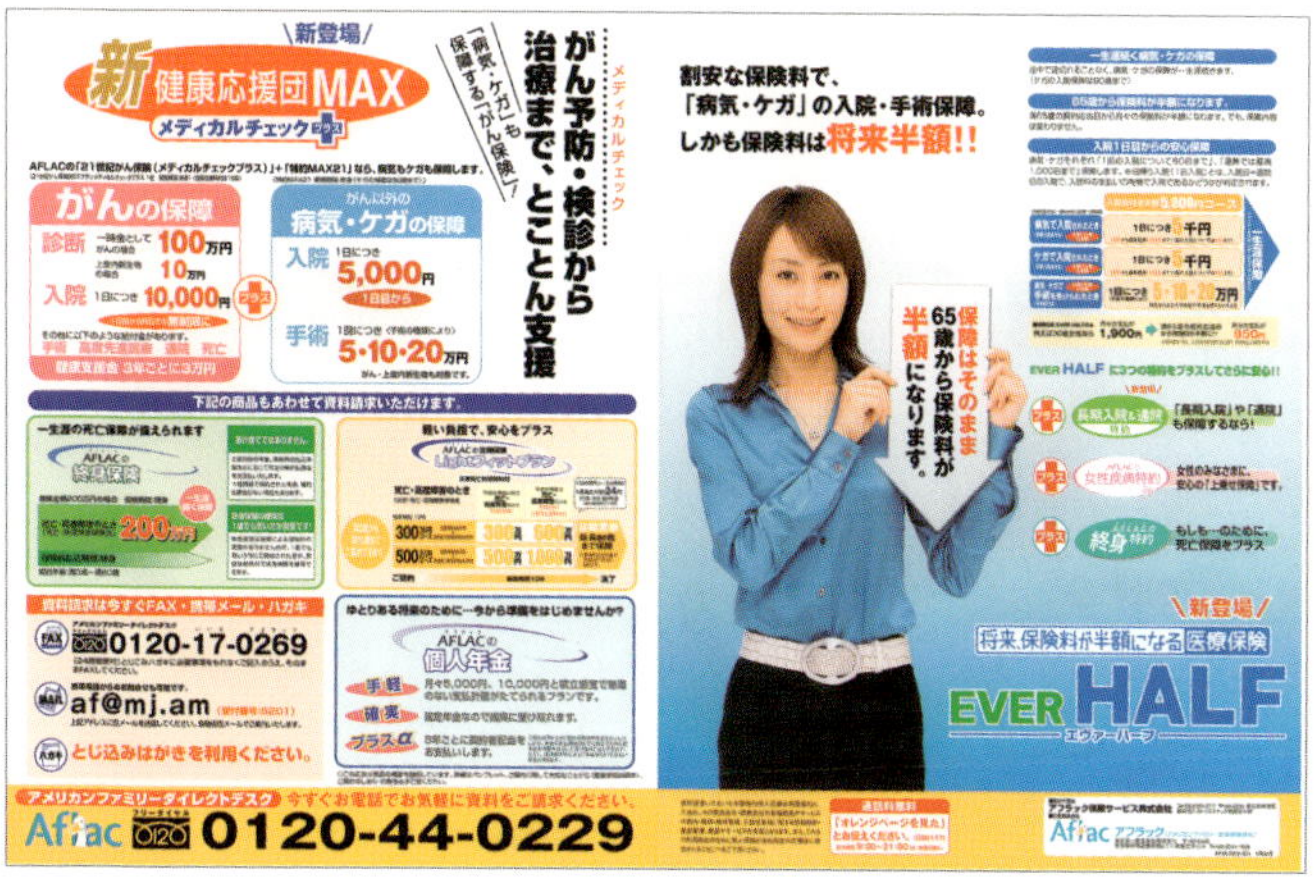

優しい明色で女性らしさを表す

色を明るくするほど優しくなり、女性らしいソフトな印象になります。本来、保険に期待するイメージは頼りになる力強さですが、明色のトーンを多くすると優しさが加わり、女性向けのイメージになります。

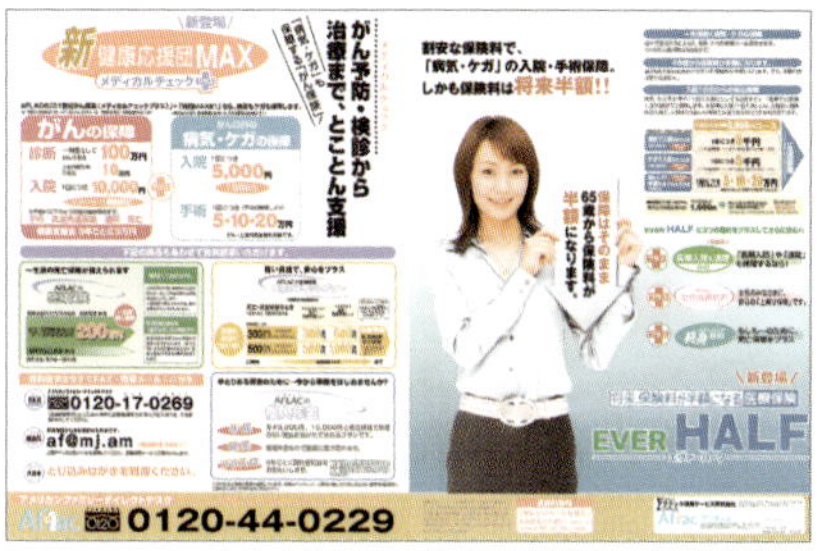

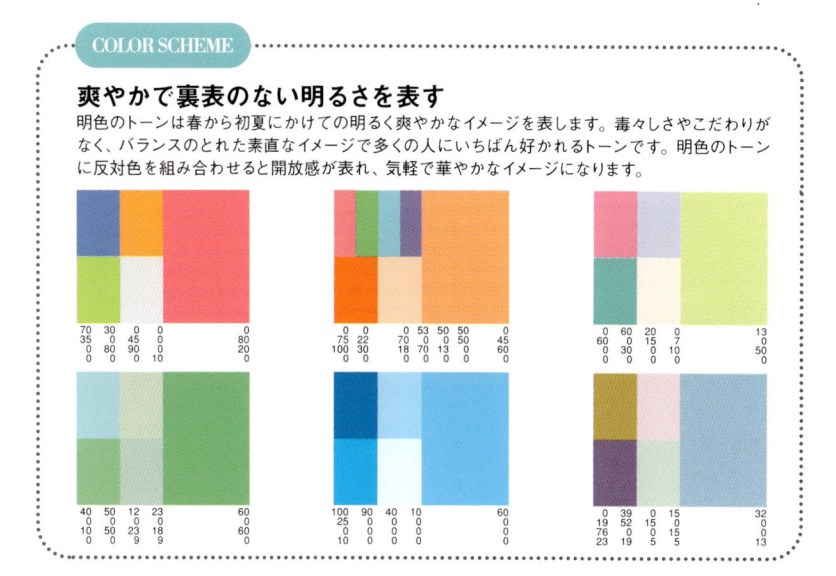

淡いトーンでは弱々しすぎて頼りない

トーンを淡くすると優しすぎて積極さがなくなります。保険業に必要な力強さがなくなります。

COLOR SCHEME

爽やかで裏表のない明るさを表す

明色のトーンは春から初夏にかけての明るく爽やかなイメージを表します。毒々しさやこだわりがなく、バランスのとれた素直なイメージで多くの人にいちばん好かれるトーンです。明色のトーンに反対色を組み合わせると開放感が表れ、気軽で華やかなイメージになります。

70	30	0	0	0
35	0	45	0	80
0	80	90	0	20
0	0	0	10	0

0	0	0	53	50	50	0
75	22	70	0	0	50	45
100	30	18	70	13	0	60
0	0	0	0	0	0	0

0	60	20	0	13
60	0	15	7	0
0	30	0	10	50
0	0	0	0	0

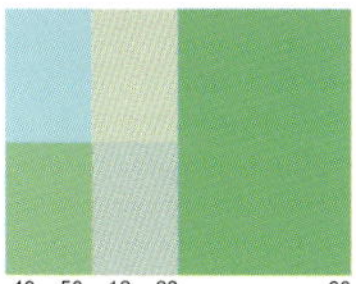

40	50	12	23	60
0	0	0	0	0
10	50	23	18	60
0	0	9	9	0

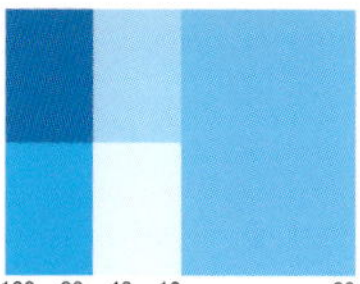

100	90	40	10	60
25	0	0	0	0
0	0	0	0	0
10	0	0	0	0

0	39	0	15	32
19	52	15	0	0
76	0	0	15	0
23	19	5	5	13

CHECK LIST

プラスイメージ

目指すイメージと一致したら活用

- ☐ 明るい・平和な
- ☐ 爽やか・若々しい
- ☐ 素直・新鮮
- ☐ カジュアル・陽気・気軽
- ☐ ほがらか・ユーモラス
- ☐ 純真・澄んだ

マイナスイメージ

マイナスと一致したら控える

- ☐ 深みのない・浅い・うわべだけ
- ☐ 弱い・頼りない
- ☐ 落ち着きない・安っぽい
- ☐ 子どもっぽい・主張のない

2·3 淡色

純色のトーンに白色を加えると明色のトーンになり、さらに白色を加えるとこの淡いトーンが生まれます。こだわりやかげりの全くない赤ちゃんのような何も傷つけない優しさを表します。

1

優しい気持ちになる

淡いトーンが離乳食の優しさを表し、見る人の気持ちを優しく安心させます。淡いトーンのもつ何ものも傷つけない優しさが、赤ちゃんのイメージにぴったり合うからです。

食べさせるには少し緊張する

色みを強めると力強くなり、見る人を励まします。赤ちゃんの優しいテイストとは正反対で離乳食に似合いません。このトーンでは赤ちゃんに食べさせることをためらいます。

淡色の範囲は

純色に白色を加えると明色になり、さらに加えると淡いトーンになります。この本ではCMY（色み）30%以下を淡色とし、典型は20%～10%の範囲です。このトーンに少量の黒色が混じった色は淡濁色トーンとしました。

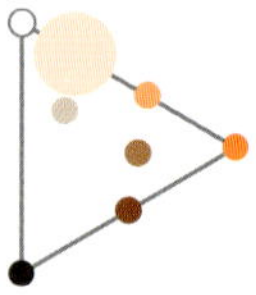

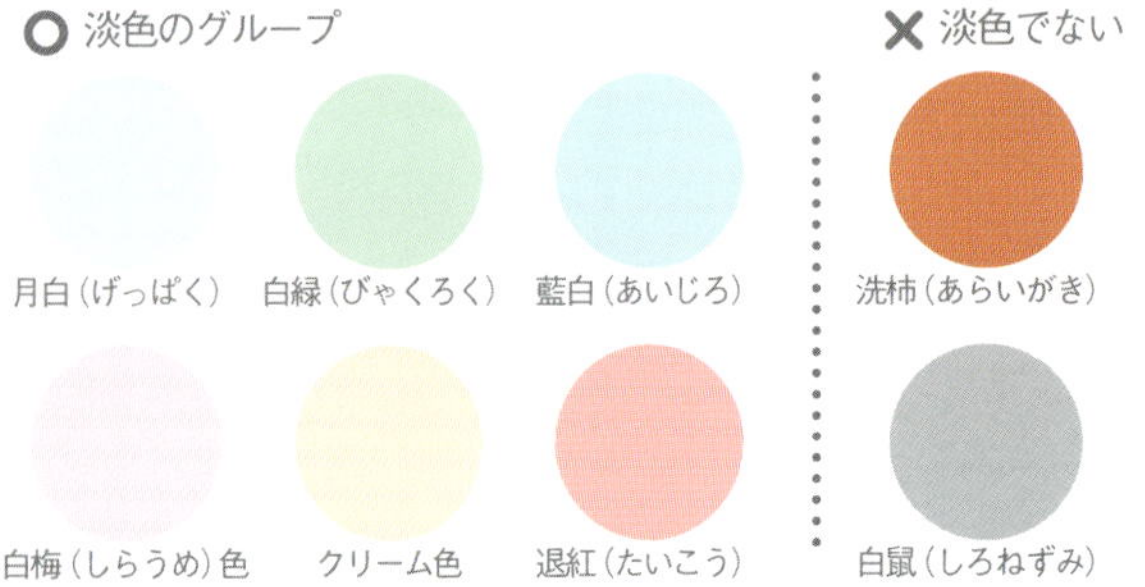

淡

淡色は主張がなくてクールで、冷淡さもあわせ持ちます。

淡色のトーンは優しく、誰の気持ちも傷つけず、見る人に幸せなメルヘンの甘い夢の世界を感じさせます。しかし、それは見方を変えれば、主張のない積極性のないトーンとも見えます。ビジネスの役立つメッセージや、医薬品の頼りになるイメージを伝えたいときに、このトーンで表現するのは禁物です。弱々しく冷たいイメージになってしまいます。女性向けで優しく、かつ役立つイメージを伝えるには、強いトーンを程よく組み合わせることが必要です。右上のボディーソープの広告はこの典型的な例で、淡く優しいトーンの中に、鮮やかで力強い青色を散りばめ、役立つ頼りになるイメージをさりげなく補っています。

1 赤すぐ 2005.9 リクルート D:植田泰 P:大槻茂 S:服部祐子

繊細で優しく赤ちゃんの肌を傷つけない

淡いトーンは女性と赤ちゃん限定のトーンです。淡いトーンを主体にすると繊細な優しさが表れ、男性的な力強さやたくましさといったイメージから最も離れたテイストになります。

色味を強めると優しさが消える

純色の力強いトーンに替えると繊細な優しさが消え、ソフトさがなくなります。

COLOR SCHEME

反対色を添えて開放感を加える

淡いトーンは、見る人を優しく幸せな気持ちにして、危険や刺激のないメルヘンの世界に包み込みます。しかし、淡いトーンは積極性がなく、優しすぎてかえって冷たい印象になる欠点があります。反対色などの離れた色相を組み合わせると華やかさが加わり、開放感が補えます。

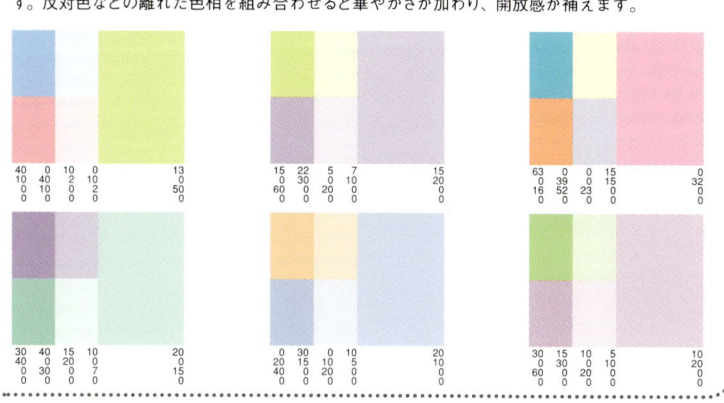

40	0	10	0	13
10	40	2	10	0
0	10	0	2	50
0	0	0	0	0

15	22	5	7	15
0	30	0	10	20
60	0	20	0	0
0	0	0	0	0

63	0	0	15	0
0	39	0	15	32
16	52	23	0	0
0	0	0	0	0

30	40	15	10	20
40	0	20	0	0
0	30	0	7	15
0	0	0	0	0

0	30	0	10	20
20	15	10	5	10
40	0	20	0	0
0	0	0	0	0

30	15	10	5	10
0	30	0	10	20
60	0	20	0	0
0	0	0	0	0

CHECK LIST

プラスイメージ
目指すイメージと一致したら活用

- ☐ 繊細・上品
- ☐ 女性・大人しい
- ☐ 乳児・初々しい
- ☐ やわらか
- ☐ 優しい・淡白
- ☐ メルヘン・早春

マイナスイメージ
マイナスと一致したら控える

- ☐ 弱々しい・頼りない
- ☐ 役に立たない・きまじめ
- ☐ 消極的・主張がない
- ☐ 冷たい・クール

濁色のイメージは穏やか 癒し 気品のある

大人の落ち着き

2・4 濁色

純色のトーンに灰色を加えると濁色のトーンになります。渋く落ち着いて、穏やかな大人のイメージを表し、味わい深い静かな時間を感じさせます。趣味性の高さを表します。

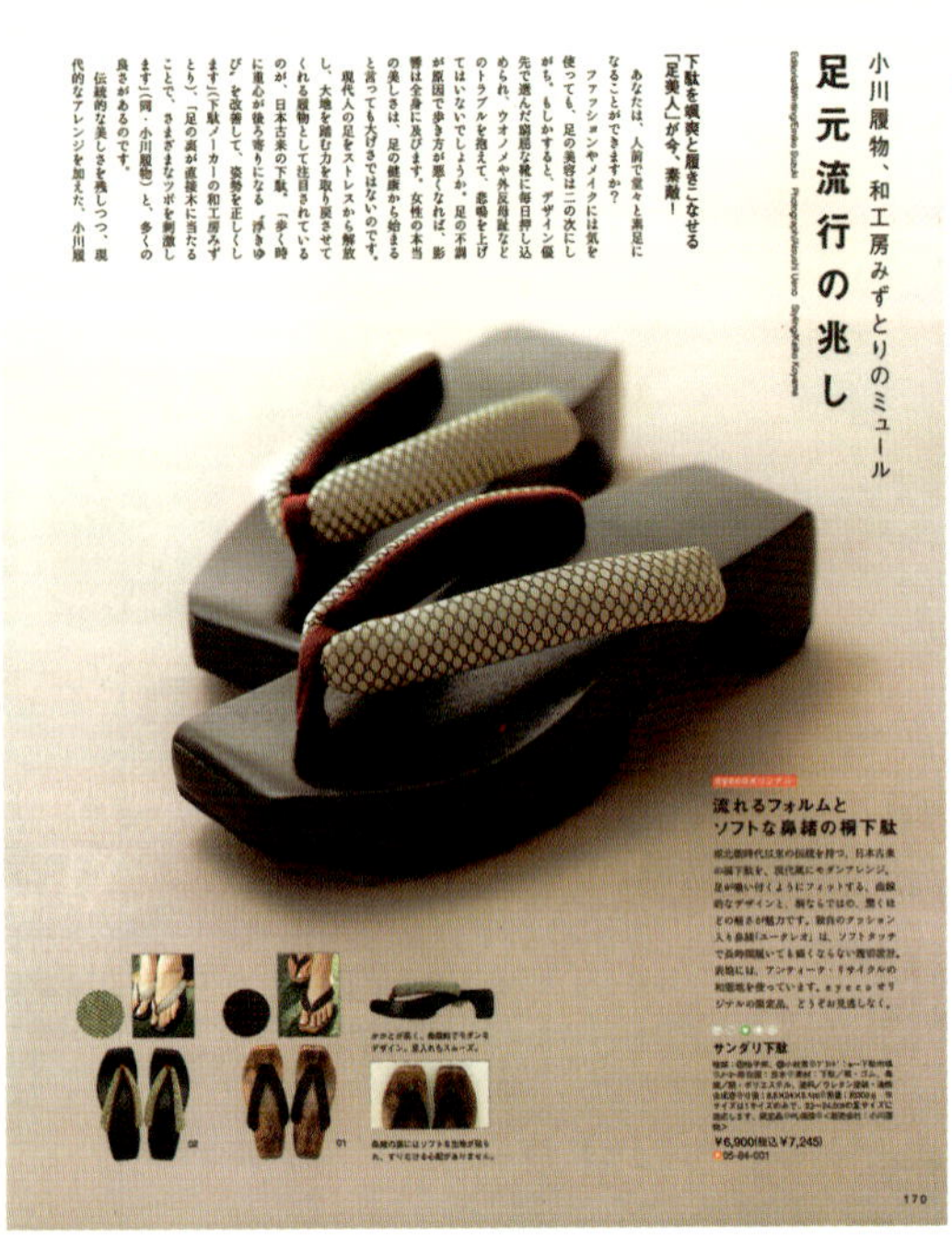

1

和風のテイストによく似合う

渋いトーンはおしゃれな和風の趣味を表します。穏やかで控えめなテイストが和風を暗示し、鼻緒の鮮やかな赤色をアクセントにして遊び心を添えると、渋いトーンの味わい深さがひきたってきます。

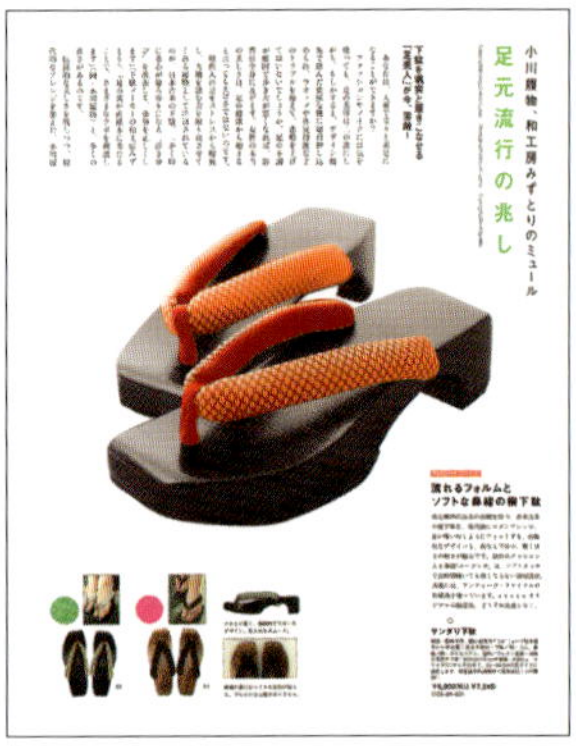
★

元気さが加わる

渋いトーンを少なくして鮮やかなトーンを増やすと、元気な印象に変わります。穏やかで奥ゆかしい趣味性が元気のよさをさり気なくサポートします。

濁色の範囲は

明色に黒色を混ぜると濁色ができます。CMY（色み）は80％～50％＋K（黒色）20％～50％の範囲がこの本で説明している濁色の中心色です。右の色票の代赭色は暗色のグループになります。

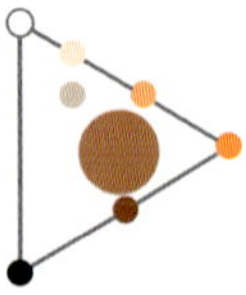

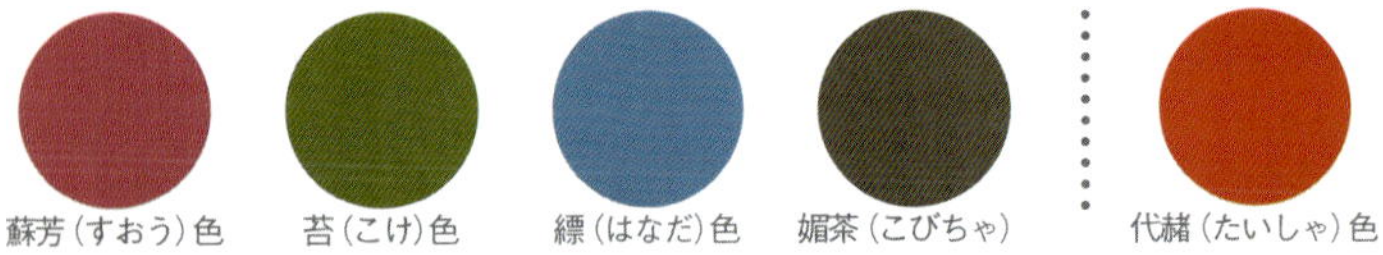

COLOR SCHEME

大人の穏やかさと落ち着きを表す

濁色のトーンが表すイメージは極端に強すぎたり、弱すぎたりしない中庸の強さです。穏やかで落ち着きがあり、風格があります。また、濁色のトーンは渋く穏やかですが、落ち着きすぎて内向的になりがちです。そんなときには反対色を組み合わせて開放感を補うとバランスがとれます。

56	56	31	31	0
0	56	0	31	56
56	0	31	0	56
39	39	27	27	39

0	57	0	31	42
43	0	23	0	56
57	43	31	23	0
71	71	27	27	39

0	0	71	0	42	14	0
0	0	36	85	0	56	0
100	31	0	85	56	0	56
60	27	45	49	39	39	39

0	22	0	8	14
100	0	56	0	0
25	85	14	31	56
60	60	39	27	39

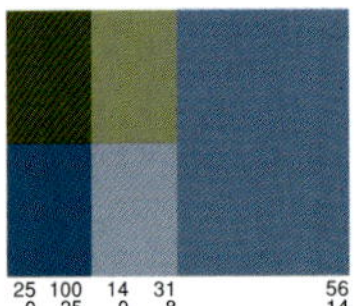

25	100	14	31	56
0	25	0	8	14
100	0	56	0	0
70	50	39	27	39

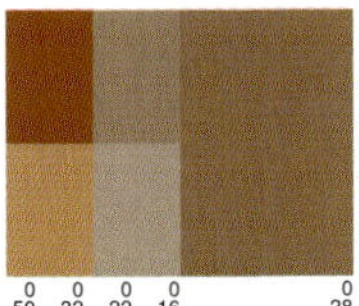

0	0	0	0	0
50	32	22	16	28
100	63	44	31	56
40	21	34	27	39

CHECK LIST

プラスイメージ
目指すイメージと一致したら活用

- ☐ 穏やか・落ち着いた
- ☐ 味わい深い・大人
- ☐ 趣味性の高い
- ☐ 素朴・田園・癒される
- ☐ 荘厳・格調
- ☐ 紳士的・気品のある・男性的

マイナスイメージ
マイナスと一致したら控える

- ☐ 地味・鈍い・年老いた
- ☐ 保守的・消極的・無難
- ☐ 暗く重い・濁った
- ☐ 役に立たない

★この図は解説のために元図を改作したものです

1 eyeco 2004.7 リクルート AD：川島進 P:Atsushi Ueno S:Keiko Koyama

淡濁色のイメージは上品な 大人の 女性

都会のアンニュイ

2·5 淡濁色

淡濁色とは淡色に少量の黒色を加えた淡いトーンです。淡色の優しさに濁色のこだわりが加わり、都会のアンニュイな気分を表します。このあいまいな気分は淡濁色のトーンだけが表現できるイメージです。

深みのある大人の上品さ

淡濁色のトーンは若さから一歩引いた大人の微妙な上品さを表します。喜怒哀楽を抑えた深みのある表情と、このトーンのこだわり感が一致して大人の深みが表れています。

鮮やかなトーンと表情がミスマッチ

強く鮮やかなトーンにすると元気さが表れて、モデルのかげりのある抑えた表情とはミスマッチです。

淡濁色の範囲は

淡色に微量の黒色を混ぜたのがこのトーンです。CMY（色み）30%にK（黒色）の量は10%が標準値です。

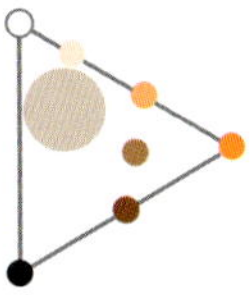

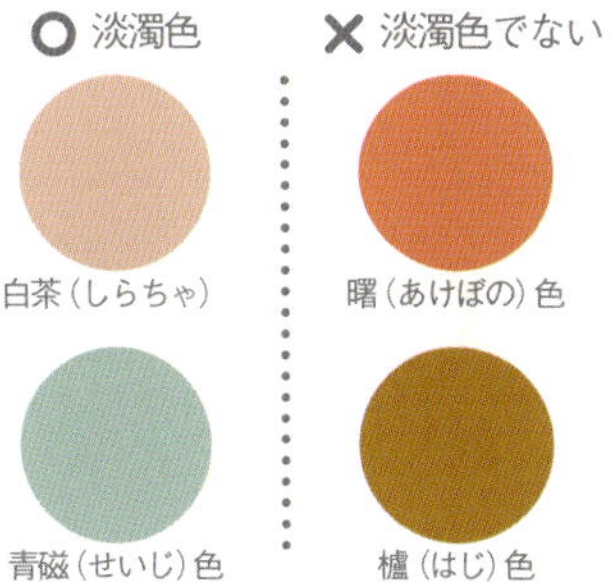

COLOR SCHEME

反対色で開放感を補う

淡濁色のトーンは赤色や青色といった色みに関係なく女性特有の穏やかな優しさを表します。また、淡濁色のトーンは色みが最も弱いので消極的で内向的なイメージになりがちです。反対色相と組み合わせると、開放感と強さが補われてバランスがとれます。

CHECK LIST

プラスイメージ
目指すイメージと一致したら活用

- □ 都会的・深みのある
- □ 女性・フェミニン
- □ 上品
- □ 洗練された・エレガンス
- □ 穏やか・くつろいだ
- □ 大人の・大人しい

マイナスイメージ
マイナスと一致したら控える

- □ 弱々しい・消極的・活気のない
- □ ぼんやり・無表情
- □ 寂しい・冷たい
- □ 役に立たない

2·6 暗色

純色に黒色を加えると暗色のトーンになります。黒色は内に秘めた激しい力を表し、これに元気な純色を混ぜ合わせた暗色は、元気さに内側にこめた力が加わり厳粛で威圧感のあるイメージが表れます。

格調高いミッキーに変身

暗色のトーンで全面を囲むと、格調と伝統のイメージが全体を覆い、カジュアルなミッキーも格調高く変身します。一方、中心部には鮮やかなトーンを配置してリゾート施設らしい華やかさを添えます。

明るくしたら ドラマ性が消えた

背景を明色のトーンに変えると、同じ写真、同じレイアウトでも格調や伝統、ドラマチックな雰囲気があとかたもなくなり、寂しい気分になります。

暗色の範囲は

純色に黒色を加えると暗色のトーンになります。

明色に黒色を加えると濁色になり、暗色にはなりません。黒色の量を10%～20%の少量にすると純色の元気さが強く残り、30%～50%にすると重厚さがより強くなります。下の丁字色は濁色です。

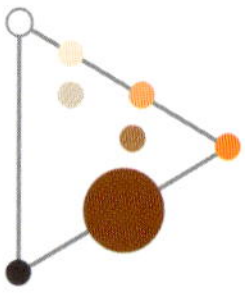

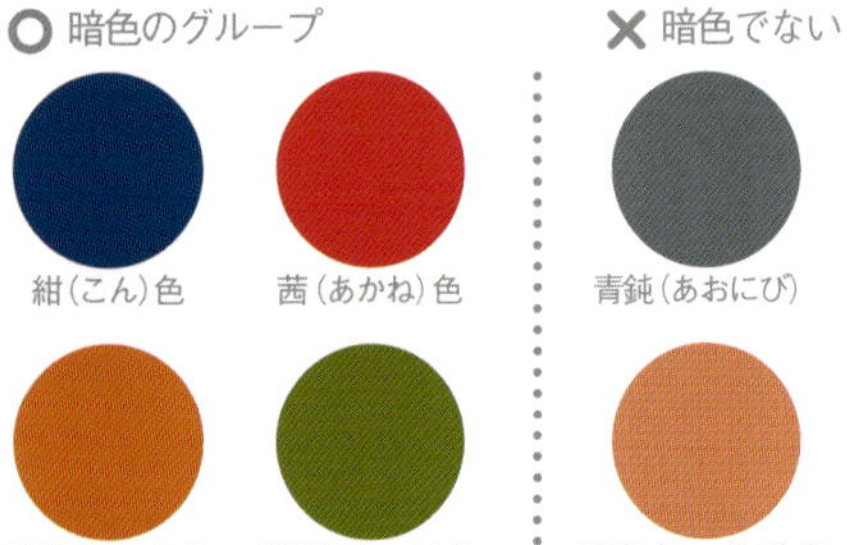

紺(こん)色　茜(あかね)色　青鈍(あおにび)
琥珀(こはく)色　鶯(うぐいす)色　丁字(ちょうじ)色

暗

色彩表現から〈らしさ〉をチェックすると、社会の本音がはっきり見えて驚かされることがあります。男性らしさは暗色のトーンで表し、女性らしさは淡いトーンで表します。淡いトーンではどのように工夫しても男性的なイメージは表現できません。この2つのトーンの違いはメッセージワードをまとめると以下のようになります。

男性らしさ：暗色＝エネルギー大＋規律＝強い・役立つ・我慢強く自ら律する

女性らしさ：淡濁色＝エネルギー小＋自由＝弱々しい・役立たない・我慢しない・自由気まま

つまり、男性らしさとは我慢強く力持ちでよく働き役に立つグループであり、女性らしさとはひ弱で細く、自由気ままで我慢しない、役に立たない優しいグループということになります。上品で優しい女性らしさを表す淡濁色のトーンは配色の表すメッセージを読み解いていくと、社会の本音が思いがけず見えてきます。長い歴史を経て私たちのDNAに刷り込まれた価値観が透けて見えます。

2

暗色のトーンは気持ちを元気づけて励ます

暗色は力強く励ますイメージがあり、活気を表す赤色と組み合わせると料理を見る人を力強く元気づけて励ます

1

男性的で力強く情熱的

暗色のトーンは強いエネルギーを内面に秘めた力強さを表します。純色のトーンの力強さに、黒色の神秘性が加わって日常とは別世界のドラマチックな情景が現れます。

ドラマが消えてクリアに

自動車のボディーから黒みをとると純色に変わります。内面にたぎるエネルギーのイメージから、開放的でクリアなイメージに変わります。

COLOR SCHEME

反対色を組み合わせて開放感を補う

暗色のトーンは内に秘めたエネルギーや格調を表します。これは純色の持つエネルギーと黒色の神秘性が結びついてできたイメージです。暗色のトーンを使うときは反対色を組み合わせて開放感を補うことが大切です。似た色だけを組み合わせると内向的なイメージが最大になります。

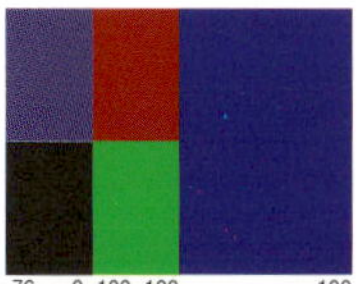

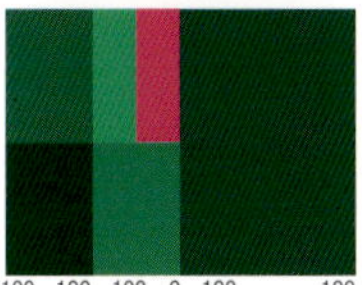

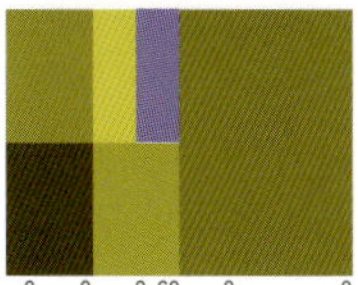

CHECK LIST

プラスイメージ
目指すイメージと一致したら活用

- □ 力強い・役立つ・ビジネス
- □ 堅実・まじめ・質素
- □ 格調高い・風格のある
- □ 深みのある・落ち着いた・こだわり
- □ 男性的・情熱
- □ 伝統のある・古典

マイナスイメージ
マイナスと一致したら控える

- □ 暗い・陰気
- □ 重い
- □ 古くさい・年寄りの
- □ 威圧的・厳しい

1 LEON 2005.9 主婦と生活社 AD:久住欣也 P:ピー・エー・ジー・インポート,ダイムラー・クライスラー日本
2 ELLE à table 2005.9 アシェット婦人画報社 D:鈴木幸世,吉岡寿子 P:Akio Takeuchi S:Ai Imada C:Tomoko Nagao

2·7 黒色

黒色は何も見えない、抑制の強い特別な色です。黒色と組み合せた相手の色をより強く引き立てます。一方、背景を黒色にすると見る人の想像力をかき立てて神秘と幻想を表します。

静かな孤高の世界

黒色で閉じられた世界は格調高く孤高なイメージを表します。真っ黒な暗黒の中にすべての情報を閉じ込め、何も見せません。冷静に客観的に認識できる形がなく、想像力だけが暗躍する世界です。写真の余白を広くとって静的にすると静寂さがより強調されます。

神秘性が消えてしまった

明るい背景色にしたら神秘的な感じがなくなりました。写真は黒色のときと同じなのに、格調高い神秘性がなくなり、平凡で弱々しくなります。

黒色の範囲は

黒色は濃ければ濃いほど黒色らしさが表れますが、カラー印刷のアミ点に換算してK（黒色）80%以上を黒色とします。下票の墨色はK80%で黒色とします。また、葡萄は紅色系の暗色であり、同時に黒色に近い位置にあります。

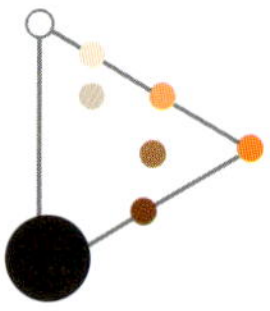

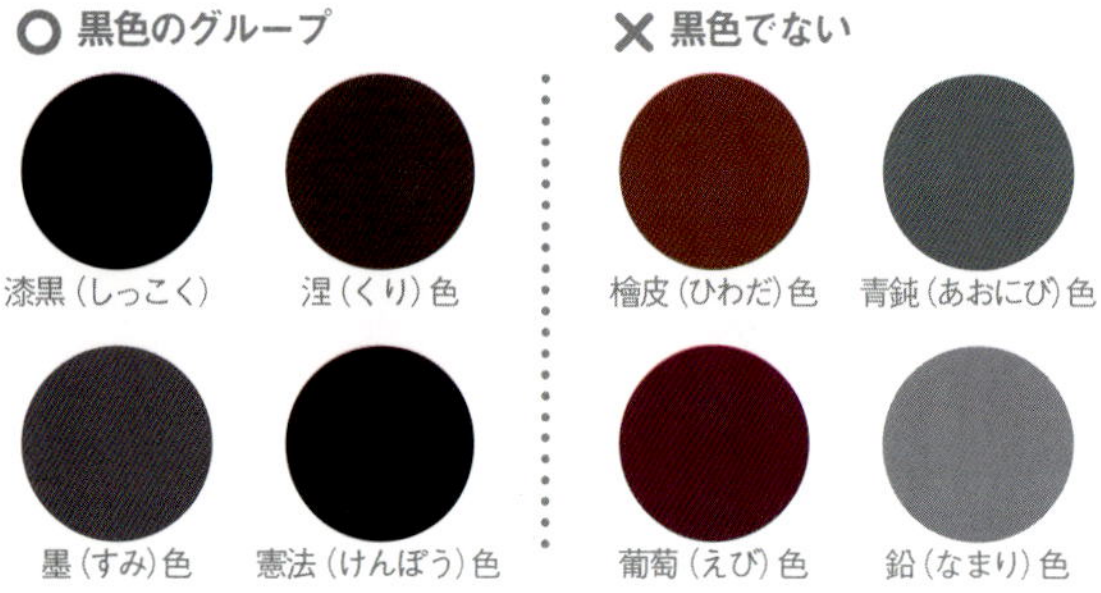

黒

黒色は情報を閉鎖し、不安と恐怖を呼ぶ色です。黒色は幻想や神秘性、力強さを表し、このイメージは黒色でしか表現できません。しかし、黒を使った言葉はほとんどがマイナスのイメージで、黒雲《くろくも》、黒猫《くろねこ》、黒塚《くろづか》、黒水引《くろみずひき》、黒日《くろび》、暗黒街《あんこくがい》、黒い雨、黒い霧、など忌みを表す言葉や不吉なシンボルとしてよく使われます。プラスイメージは生命力の強さを暗示する黒髪、黒糸縅《くろいとおどし》など少数です。

暗黒の背景は見る人の視線をさえぎります。さえぎられた人は不安と恐怖を感じ、一方で神秘や幻想を感じます。城のつくり方では土塁で視線をさえぎるつくり方を黒構《くろがま》えといい、芝居では主役の後ろに隠れて作業をする、見えないはずの人を黒衣《くろこ》といいます。このように黒色は視線がさえぎられた状態を指し、黒色を通して情報をさえぎることが不吉、不安を呼ぶという関係が見えます。

黒色のイメージは豪華　男性的　閉鎖的

神秘の世界に閉ざす

クリアな白色は気分をしらけさせる

背景を白色にしたら神秘性が弱まりました。冬眠中のどう猛な熊がいきなり明るいところに引き出されたような、間の抜けた様子になります。

暗黒の闇の大王が繰り広げるドラマ

鮮やかな色を黒色の背景で閉じ込めると、ドラマチックな闇の世界が浮かび上がります。おどろおどろしく激しい色合いの画像と神秘的な黒色を組み合わせるとそのドラマ性はより激しくなります。黒色の背景は情報を隠し、見る人に冷静さを失わせ、感情を高めます。

あでやかさを強調する

女性の優艶さを表す紅色と神秘の黒色を組み合わせると、優艶さがより強調されて妖しく神秘的な世界が表れてきます

COLOR SCHEME

相手の色を強く引き立てて輝かせる

黒色と他の色を組み合わせると黒色は相手の色を力強く引き立てます。黒色は淡濁色のトーンと組み合わせると上品な穏やかさを引き締め、純色のトーンと組み合わせるとより激しく力強く見せます。黒色は組み合わせたトーンの特長を生かしつつ引き締めます。

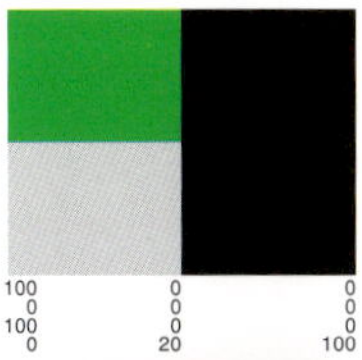

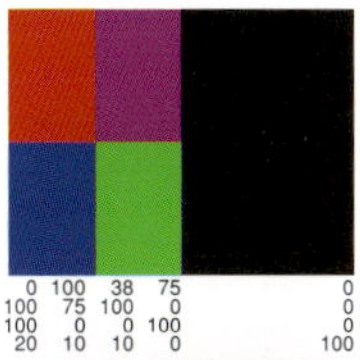

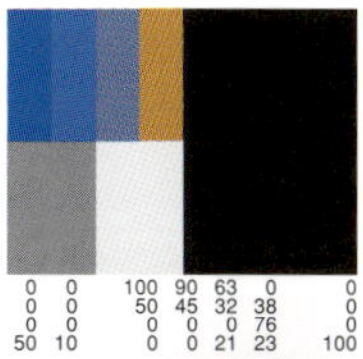

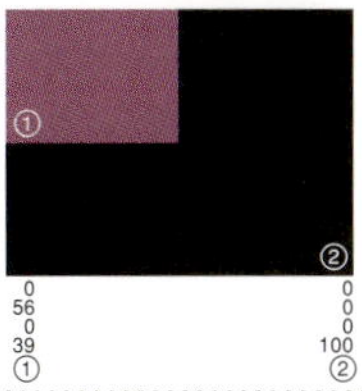

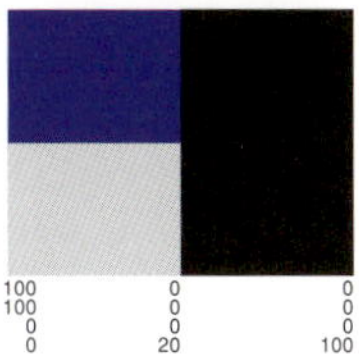

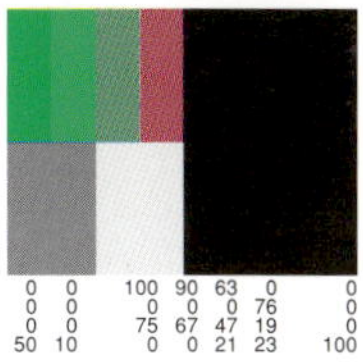

CHECK LIST

プラスイメージ

目指すイメージと一致したら活用

- ☐ 神秘的・妖しい
- ☐ 幻想・ドラマチック
- ☐ 厳粛・荘厳・フォーマル
- ☐ 豪華・格調高い・高級
- ☐ 力強い・男性的
- ☐ 抑制の強い・孤独・閉鎖

マイナスイメージ

マイナスと一致したら控える

- ☐ 威圧・親しめない
- ☐ 犯罪・不潔・悪
- ☐ 恐怖・不安
- ☐ 暗い・重い・陰気

2-8 白色

白色は色みやかげりのまったくない色です。他のどんな色とも共通点がない文字通りの白紙の色で、組み合わせる他の色をクリアにさっぱりさせて引き立てます。

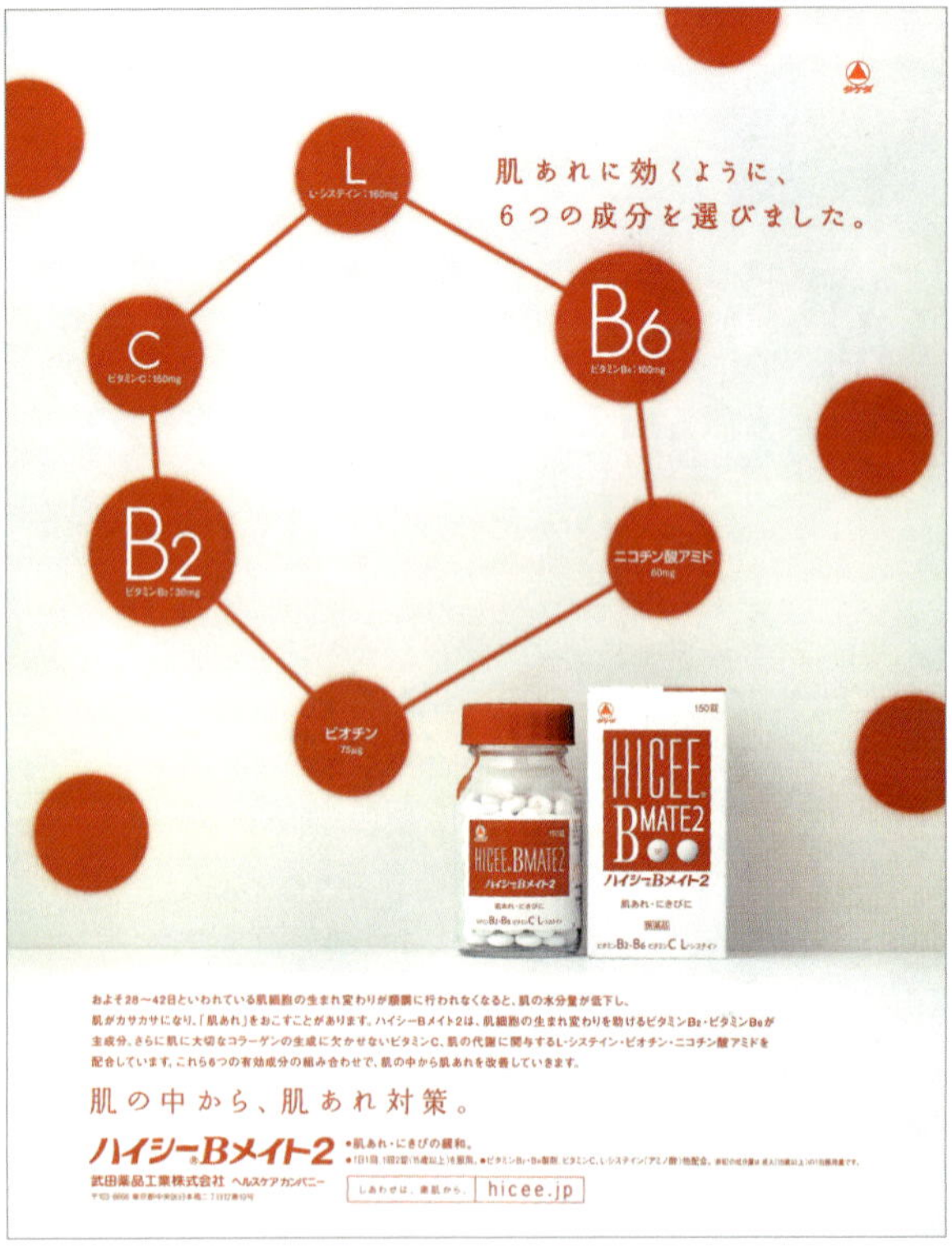

医薬品らしい清潔な理知を表す

どんな色でも白色と組み合わせるだけで清潔なクリアさが表れます。最も激しいエネルギーを表す赤色ですら、白地にすることによって医薬品らしい知的な清潔感が表れます。

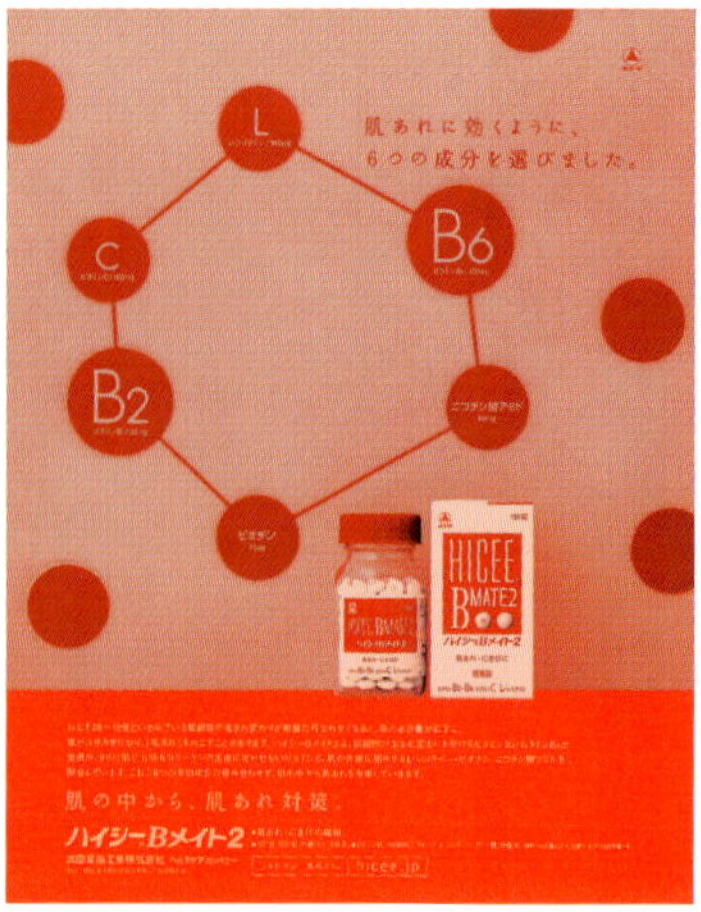

医薬品らしさがなくなる

背景の白色をなくすと、クリアで清潔な感じがなくなり、くどい印象になります。

白色の範囲は

白色と淡色はとても近い色ですが、イメージはまったく違います。白色はクリアで、淡色は優しく甘いイメージです。白色といえるのはCMY(色み)が5%までで、10%を超えると淡色になります。

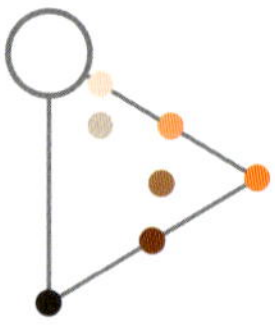

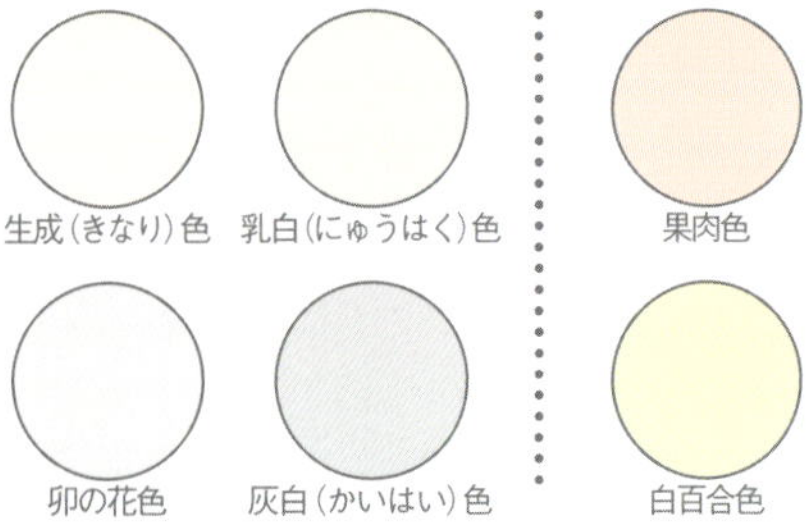

○ 白色のグループ

生成(きなり)色　乳白(にゅうはく)色

卵の花色　灰白(かいはい)色

× 白色でない

果肉色

白百合色

白

白色は気高さと貧しさの両面を表します。唐突ですが実は白色は主張のない色です。それゆえに、クリアで他の色を引き立てる色なのです。白を使った言葉に表れたイメージは微妙にプラスマイナスに揺れ動いています。

白色はどんな色みにも染まっていない存在で、白衣の天使、白百合、白亜《はくあ》の殿堂《でんどう》など、美しく気高く輝いている様子を形容します。また、〈真っ白〉が何もない状態を表すことから、潔白、自白、白州、白菊やプライベートな黒書院《くろしょいん》に対する表向きの白書院《しろしょいん》など、隠すもののない全開放を表します。さらに、〈白紙〉の何も手が加わっていない状態という意味から、素人、柔道や空手の初心者を意味する白帯、低位の人を表す白衣《びゃくえ》、貧しい家を表す白屋《はくおく》などマイナスイメージを表します。また、白眼視《はくがんし》の白色は冷淡さを表し、物事から距離を置いて拒絶した状態を指しています。実際の配色でも白色を広い面積にしすぎると、積極性がなく冷淡で寂しいイメージになります。一方、動物と白色が結びつくと珍しさと長寿を表し、白猿《はくえん》、白蛇《はくじゃ》、白狐《しろぎつね》、白烏《しろがらす》、白馬、白象などと賞賛されます。

医薬品らしさ
かわいいイラストも白地を生かすと医薬品らしい理知的なイメージが表れます

1

すっきりと開放的な元気さ

最強エネルギーを表す赤色とクリアな白色を組み合わせると、赤色の鮮やかさが引き立ち、元気いっぱいになります。白色は組み合わせた色の長所を最大限に生かします。

欠点が
気になりだす
白色をなくすと赤色の欠点であるくどさが前面に出てきます。子どもらしいフレッシュなかわいさが消えてしまいました。

陽気で元気のでる
医薬品のイメージ
鮮やかで陽気なオレンジ色でも白色のクリアさが加わると、この商品が知的な働きのある医薬系の化粧品であることを表します

COLOR SCHEME

白色は欠点を消し去る特効薬

どんな色でも白色と組み合わせるとすっきりとしてクリアになります。優しいトーンの中へ白色を入れると優しくすっきりし、くどい配色の中に白色を入れると、爽やかで力強くなります。

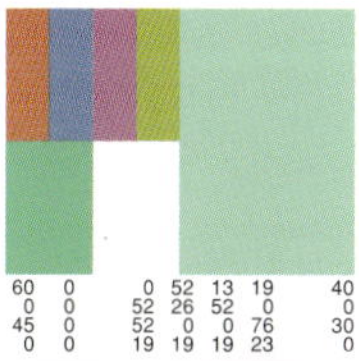

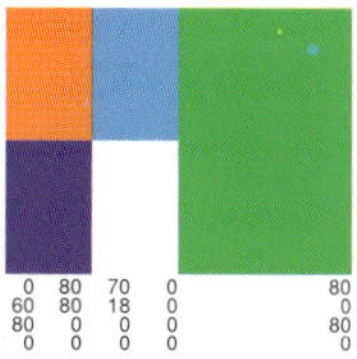

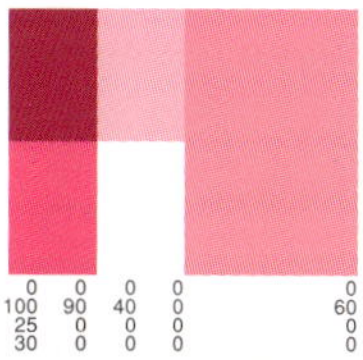

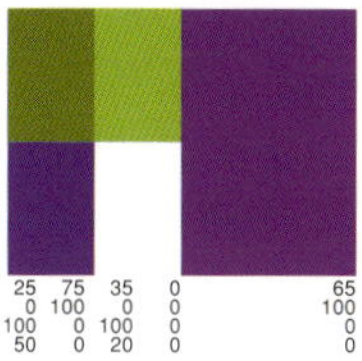

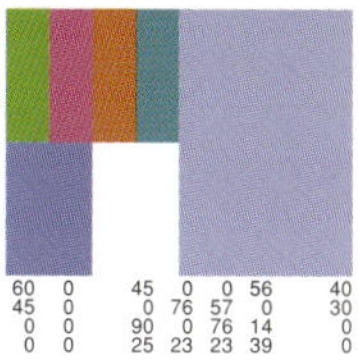

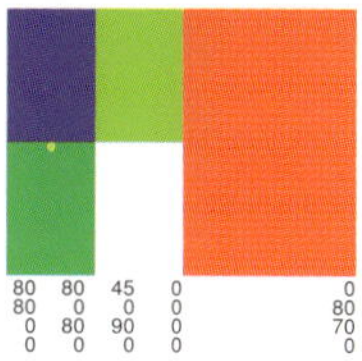

CHECK LIST

プラスイメージ
目指すイメージと一致したら活用

- □ クリア・きりりとした
- □ すっきり・さっぱり
- □ ムダのない・合理的
- □ 知的
- □ 開放的・あっさりした
- □ 簡素・質素

マイナスイメージ
マイナスと一致したら控える

- □ 貧しい・寂しい
- □ 情緒のない・しらける
- □ 冷淡な
- □ 固い・つまらない

1 Canon EOS広告部分

複数のトーンを組み合わせる

2種以上をブレンドすると自然な雰囲気が生まれる

料理の味付けは砂糖だけではありません。塩や酢など数種の調味料を組み合わせると、目指すイメージにぴったりの味付けができます。トーンの効果も調味料と同じです。1種類のトーンだけでは単調になり、複数のトーンを組み合わせることで、微妙なイメージが表現できます。目指す通りのイメージをつくるには、複数のトーンが必要です。下の広告は暗色と明色の2種類のトーンを組み合わせて完成しています。1種類だけでは欠けることがわかります。

2 2種類のトーンを組み合わせて、華やかさとこだわりを表す

下の広告は、A, B2種類のトーンを組み合わせてできています。Aのトーンは暗濁色で、内向的なこだわりのイメージを表し、Bのトーンは明色で華やかで爽やかなイメージを表します。

この2種類を組み合わせると下の配色のように、華やかでかつ、こだわりのある配色になりました。Aの暗濁色だけでは内向的すぎて親しみに欠け、Bの明色だけでは深みに欠けます。2種類のトーンをブレンドするとそれぞれのトーンの長所が生きて欠点が見えなくなります。

完成　A ＋ B

ファッション広告らしいこだわり感があって、かつ、華やかさがある

A 暗濁色　内向的なこだわり
×閉鎖的・親しみにくい

B 明色　華やか・爽やか
×平凡・安っぽい

2種類のトーンを組み合わせる　それぞれの長所が生きて欠点が消えます

完成
爽やかな明るさの中に淡く優しいトーンが加わり、自然な優しさになりました

完成

淡色 優しさ ×元気がない

＋

明色 爽やかさ ×平凡

完成
元気な純色の中に優しい淡色が加わったので、純色のもつ下品なくどさが消えて元気さが素直に表れます

完成

淡色 優しさ ×元気がない

＋

純色 元気あふれる
×下品、くどい

主色と対抗色でトーンを分ける

組み合わせの原則は主色と対抗色のトーンを分けることです。一番大きな面積の主色のトーンは最も表現したいイメージの色にして、対抗色のトーンは主色のイメージを補強する色を選びます。下図のアイロンでいえば、主色は暗色でプロ向けの役立つイメージです。しかし暗色だけでは厳しすぎて開放感がないので、対抗色は純色にして開放感を補います。こうすると、各々のトーンの欠点がカバーされて、長所だけが生きてきます。私たちが日ごろ目にする色には、実にさまざまなトーンが含まれています。トーンを組み合わせるとイメージもブレンドされて、自然で微妙なニュアンスが生まれます。

組　元気さとまじめさをブレンドする

下はプロ向けのアイロンですがこの配色を分解してトーンの効果を確かめてみましょう。業務用アイロンにふさわしいイメージはAの暗色のトーンで表れる堅実なまじめさですが、それだけでは厳しすぎて寂しくなります。Aだけでは重苦しくて息が詰まります。一方、Bの純色のトーンは開放的で元気な印象ですが、子どものおもちゃのようです。ABをブレンドすると開放的で、役に立つ業務用のイメージが表れました。欠点が隠れて長所だけが生きてきました。

完成　A + B　業務用アイロンらしく力強く役に立ち、かつ、開放的で元気が出る

A 暗色　堅実、まじめ　だが厳しい、威圧的

B 純色　開放的な元気さ　だが遊びの、気軽な

3種類のトーンをブレンドする　より微妙で複雑なイメージが表現されます

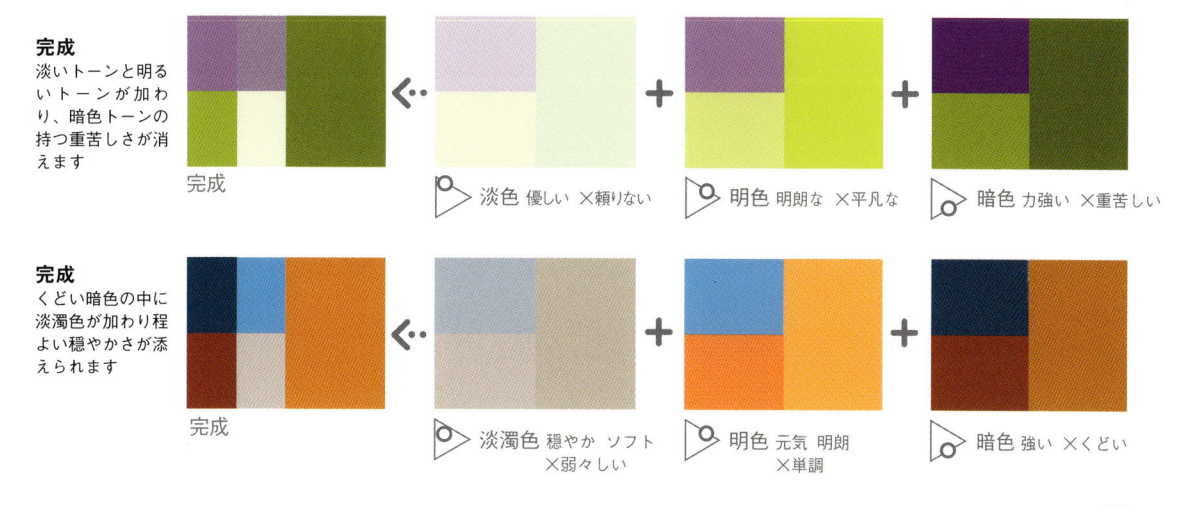

完成
淡いトーンと明るいトーンが加わり、暗色トーンの持つ重苦しさが消えます

完成　淡色 優しい ×頼りない　明色 明朗な ×平凡な　暗色 力強い ×重苦しい

完成
くどい暗色の中に淡濁色が加わり程よい穏やかさが添えられます

完成　淡濁色 穏やか ソフト ×弱々しい　明色 元気 明朗 ×単調　暗色 強い ×くどい

3 基本色の色相型を選ぶ

このチェック3では8種類の色相型の中から1つを選びます。色相型は主色に対して対抗色をどの色相にするかによって決まります。対抗色を主色の反対色にすれば対決型になり、同系色ならば同相型になります。

色相型スケール

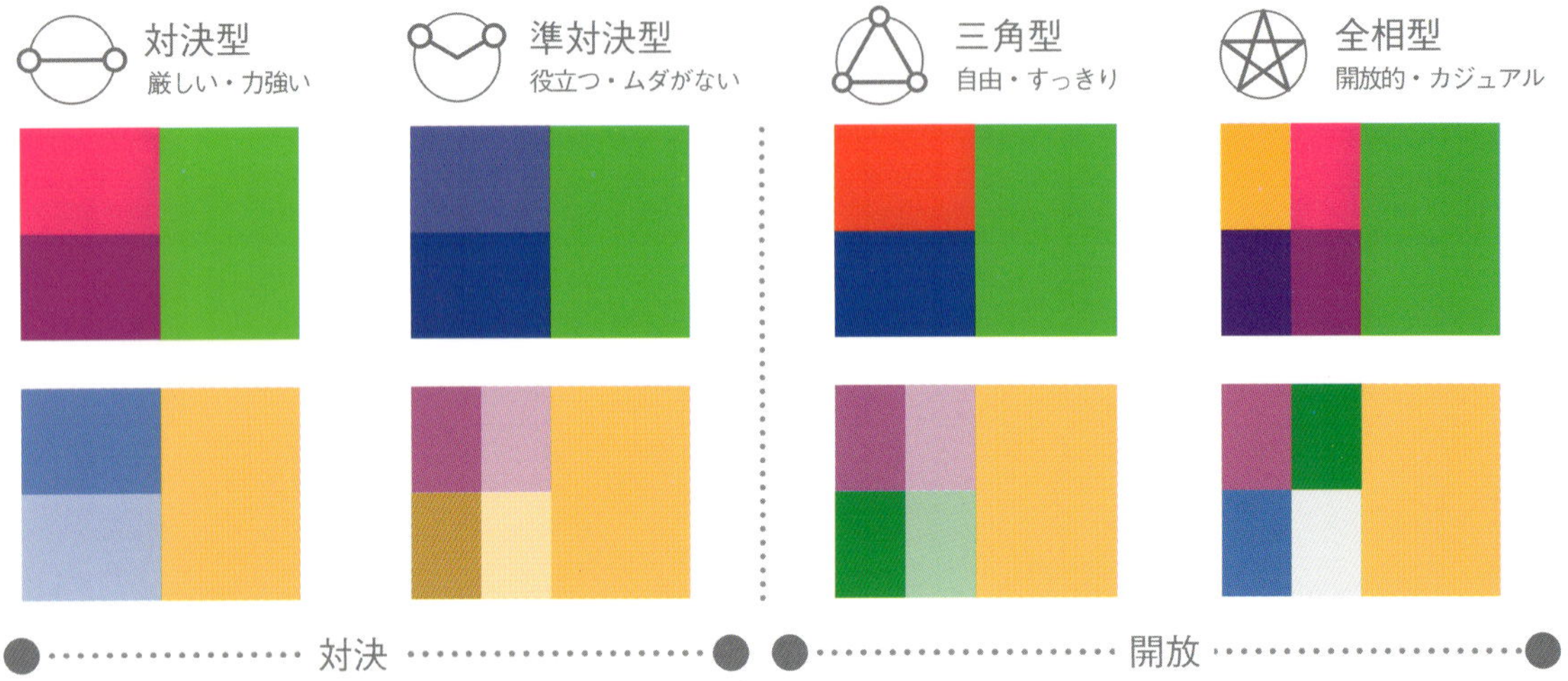

色相型は開放的か閉鎖的かを示すスケールです

トーン型は訴求力の強弱を表すのに対して、色相型は開放的か閉鎖的かを表します。配色のテイストはトーン型と色相型の2つの組み合わせでできています。トーン型は鮮やかで強いトーンを組み合わせるほど訴える力が強くなり、淡く渋いトーンは訴える力が弱くなります。P.64の色量率で見るようにトーンは強弱を表すスケールです。

一方、色相型は配色に使う色相を同じ色相に限定するかまったく自由にするかでそのタイプは大きく3つに分けられ、最も閉鎖的なのは同相型です。反対に最も開放的なのが全相型で、すべての色相を自由に使うのでこだわりがなく完全開放を表します。また、対決型は制限と開放が両立して役に立つイメージを表します。すべての色相型はこの3タイプの組み合わせから生まれます。

基本色の色相型

色相型を決めると対抗色が決定し、これで基本色全体が決まります

同相型は穏やかな癒しを表す

シャンプーには穏やかなゆったりと癒される気分が似合います。主色はボトルの淡いピンク色で、対抗色は文字やキャップの鮮やかな紅色です。両方とも同じ紅色の色相から選ばれた同相型です。このため、対立感がなく穏やかなイメージが生まれています。

対抗色の色相型を決めると基本色が決まる

基本色は主色と対抗色で構成されています。対抗色の色相を選ぶときに、主色に対してどの色相を選ぶかによって色相型が決まります。

色相型を決めれば、対抗色も決まり、基本色全体が決まります。

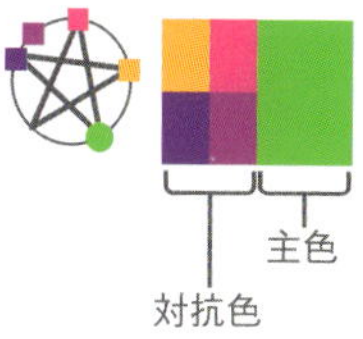

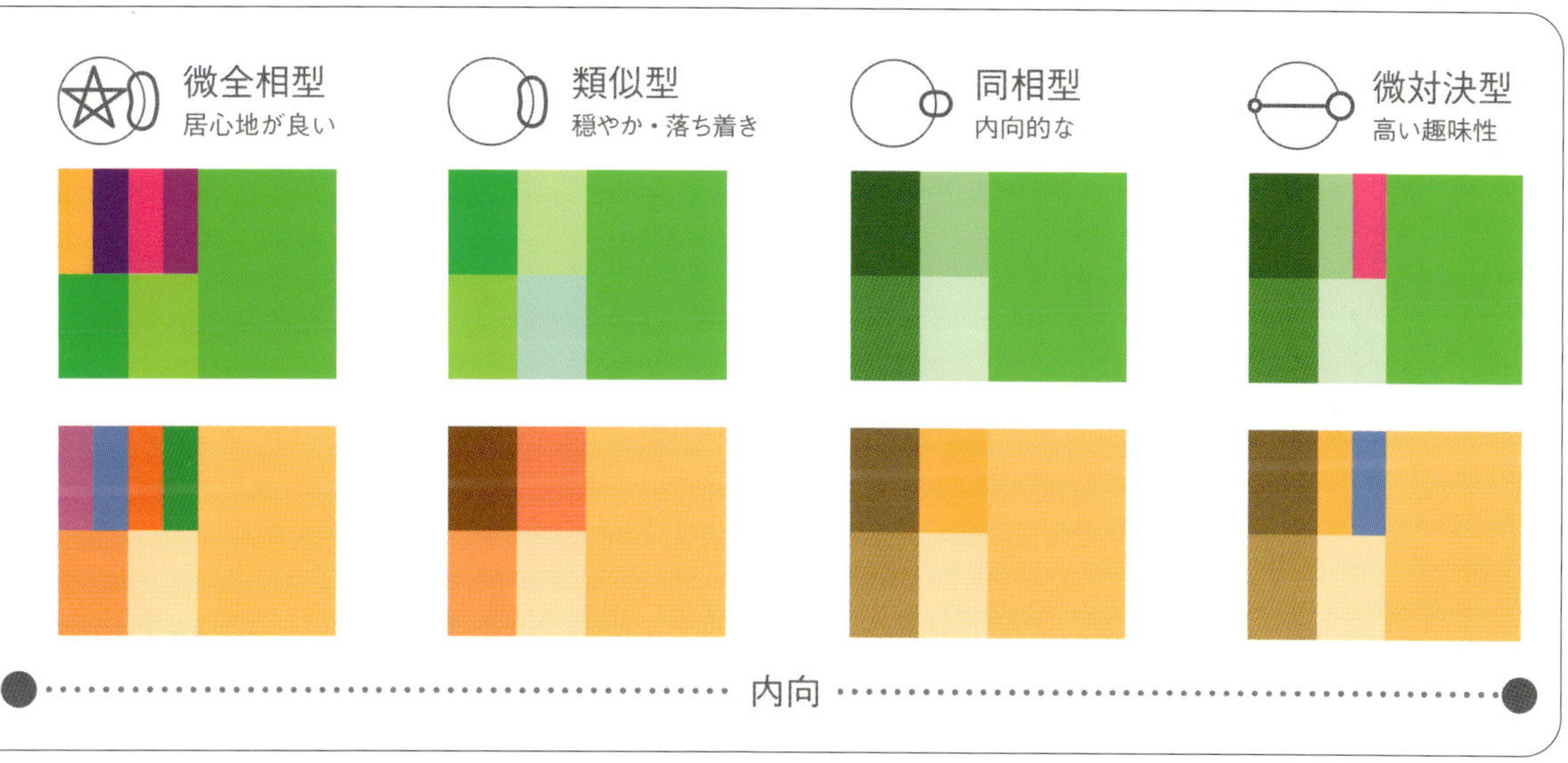

微全相型は色相を自由に使って、カジュアルで元気です。子ども向けシャンプーのイメージになります。

微全相型

反対色を使うと厳しい対立が生まれ、あまり楽しくありません。

対決型

1

類似型

近い色相だけで組み合わせたので対立する色がなく、寂しいイメージになります。

全相型はにぎやかで楽しい

子どもたちの人気者が元気いっぱいですが、これが全相型の効果です。さまざまな色相が自由に使われた効果で、こだわりのない開放感にあふれています。

1 いずみ書房 セサミえいごワールド広告部分　★この図は解説のため元図を改作したものです

3-1 対決型・準対決型

対抗色の色相を反対色にすると力強さが表れます。対立感が強調され、あいまいさがなくなり、堅実でムダのない役に立つイメージが表れます。

対決型は力強さと役立ち感を表す

鮮やかなトマトの赤色は生き生きとして健康に良さそうです。この赤色が生き生きして見えるのは背景に反対色の緑色を置いた効果で、力強く元気になり、毎日飲んでみたい気持ちになります。

類似型は役立ち感が消える

背景を黄色に替えると、トマトの元気がなくなります。

トマトの鮮やかな赤色は同じでも、対抗色の色相を変えるだけでまったく違う印象になります。

対決型・準対決型とは

色相環図で見て、180度正反対の組み合わせが対決型で、ほぼ反対にあたる組み合わせが準対決型です。対決型は鋭く強い印象になりますが、準対決型はそれよりも少し穏やかです。

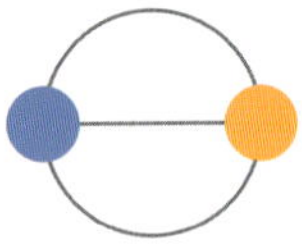

対決型

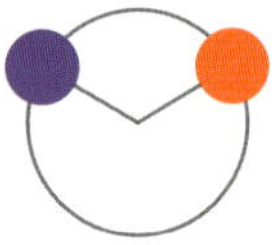

準対決型

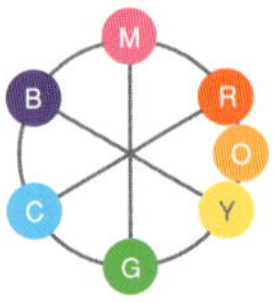

色相環図

対決型　準対決型　類似型

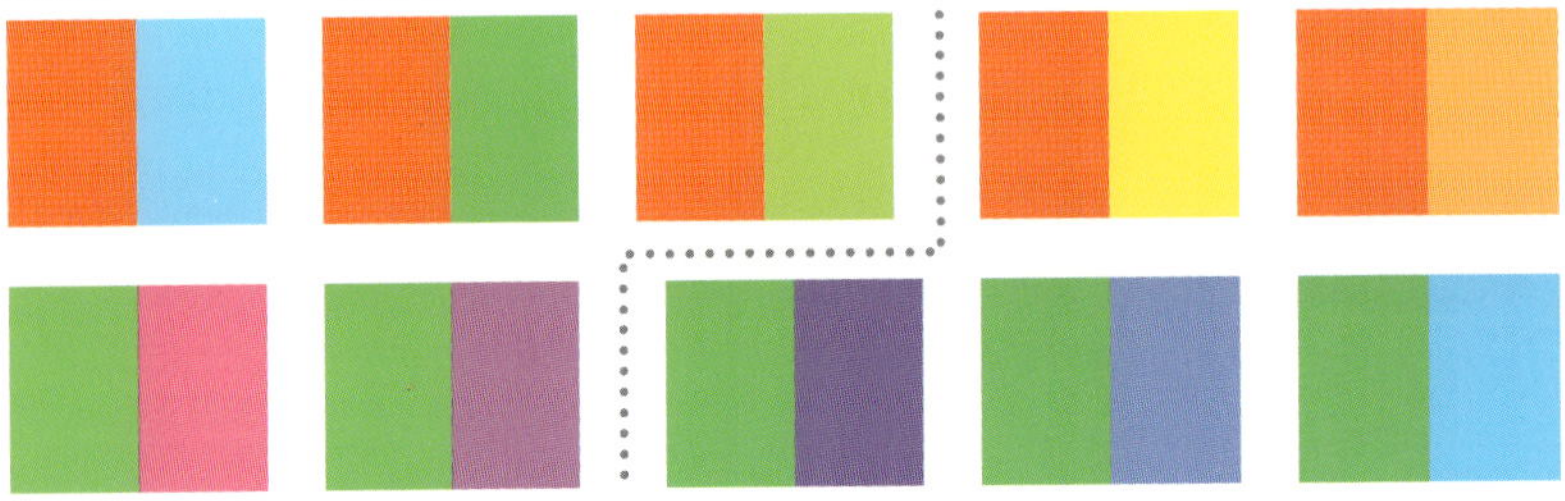

暖色グループか寒色グループかで対決さが変わる

色相環図は光学的に分けた図なので人の感性とずれがあります。寒色同士は色相環図で見たときにかなり離れていても準対決型にはならず類似型になります。

暖・寒に分かれると対決感が強まる

また、寒色と暖色の組み合わせは色相環図で見て近い色相でも準対決型になります。対決型か類似型かの区別は寒色か暖色かの関係が決め手です。

対決型はムダのない すっきりしたまじめさ

黄色と反対色の青色の対決型はすっきりとした印象です。あいまいさがなくシャープで、工業製品の緻密さや力強さを表します。鮮やかな黄色は明朗で開放的ですが、対決型の青色と組み合わせると、緻密なイメージに変わります。

頼りない穏やかなイメージに

近い色相にすると対決感が弱まり、シャープな工業製品らしい力強さがなくなりました。黄色が本来持っている陽気さが前面に出て、引き締まらないイメージになりました。

対決型はやる気を表す

進学塾の配色には対決型がよく似合います。明るい黄色と冷静さを表す青色を組み合わせると、元気が出てがんばる気持ちを後押しします

対決型はムダのない役立ち感を表す

医薬品にはすっきりとして役に立つイメージが大切です。青色に対決色の赤色を加えると理知的なイメージをひきたて、堅実さを強調します。青色だけにするとおとなしくなり、元気がなくなります

COLOR SCHEME

あいまいさのない大胆なまじめさ

色相差を大きくして対決を強めると大胆で、かつまじめという印象が表れます。そのときトーンを鮮やかにすると大胆さが際立ち、淡くすると穏やかだけど引き締まった華やかさが生まれます。

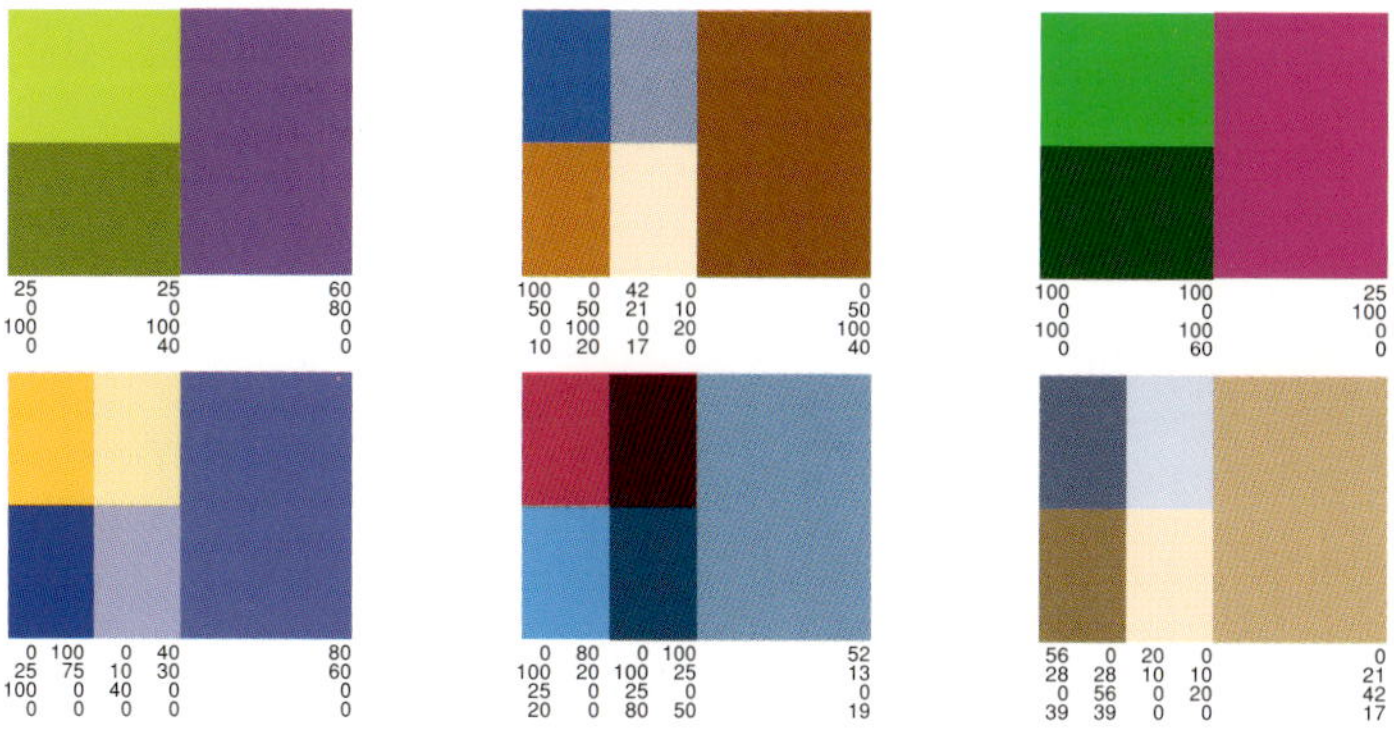

CHECK LIST

プラスイメージ
目指すイメージと一致したら活用

- ☐ ビジネス・役立つ
- ☐ ムダのない・頼りになる
- ☐ 力強い・強烈・激しい
- ☐ 合理的・まじめ
- ☐ 開放的・大胆
- ☐ 派手・洗練された

マイナスイメージ
マイナスと一致したら控える

- ☐ 厳しい・きつい
- ☐ 情緒のない・ゆとりのない
- ☐ 落ち着きのない・どぎつい
- ☐ 親しめない・優しさのない

3-2 三角型

紅色、青色、黄色の3色を色相環の上に並べると三角形になります。この三角形で配色するとすっきりした都会的な開放感を表します。この三角型は対決型と全相型を合体した型で両方の長所が生かされています。

すっきりした都会的イメージ

紅色、黄色、青色の三角型で、都会的な大人の開放感が表れています。この3色の中で、主色は紅色です。紅色は女性限定の優雅さを表し、女性向けの商品には欠かせません。黄色と青色は鮮やかさを抑えて主色の紅色をひきたてることで、大人の落ち着いた雰囲気が表れます。

開放感がなくなる

黄色をとると暖かさが消えて、華やかさがなくなりました。

女性らしさが消える

紅色をなくすと優しさが消えてビジネスのイメージになります。

三角型とは

色相環図で見て3色がほぼ均等にあるのが三角型です。色相の位置がどちらかにかたよると対決型になったり類似型になったりします。また、三角型では3色以外は少量でも使うと、すっきり感が崩れて穏やかになります。

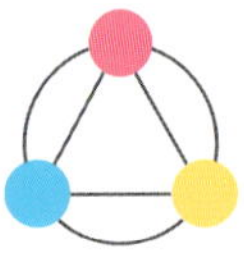

三角型

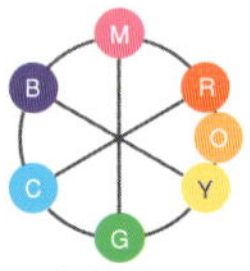

色相環図

均

バランスのとれたかたよりのない配色型

三角型は対決型と全相型の中間で、両方の長所が生きています。対決型は堅実でムダのないイメージを表しますが、ハードで厳しいという欠点があります。一方、全相型は自由気ままで開放的ですが、だらしなく騒がしいという欠点があります。この2つを組み合わせた三角型は、それぞれの欠点が消えて長所だけがバランスよく残されています。すっきりとシャープで親しみもあわせ持つ型です。

三角型の欠点は、皮肉なことにバランスが良すぎることです。バランスが良いので印象に残りにくく、平凡で個性のないイメージになりがちです。三角型を使うときには、規則正しい三角型にこだわらず、3色の色相位置をずらしたり、トーンを変えるなどの工夫をして特徴のある配色をつくりましょう。

親しみのある役立ち感

進学塾らしい力強くて開放的なこの配色には三角型の長所が生きています。開放感があるのに堅実で、頼りになるイメージがあります。対決型の持つ役立ち感と全相型の開放感が組み合わさった結果、両方の型の長所が生きています。3色のうちの1色をはずすとバランスが崩れます。

青色をなくすと頼りない

寒色がなくなったので対決感が消えて堅実で役に立つイメージがなくなってしまいました。

COLOR SCHEME

三角型は都会的なすっきりした開放感を表す

三角型はすっきりしているが厳しくない、開放的だが雑然としない、欠点の少ないバランスのとれた型です。三角型は色相のかたよりがなく、どの色相がメインでもバランスがとれます。開放感とすっきり感が同時に表れるので、安心して使えます。

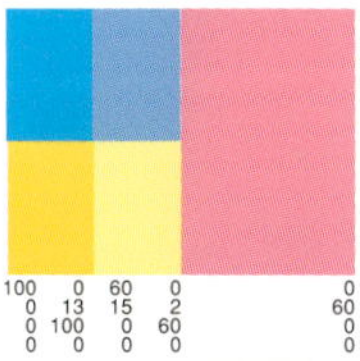

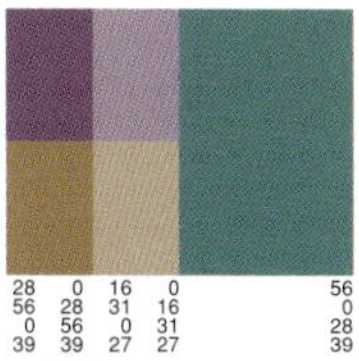

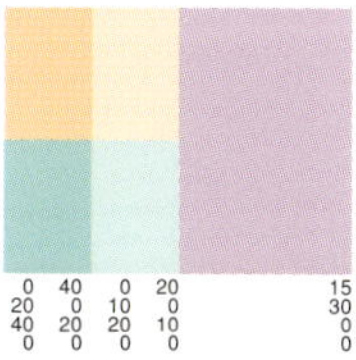

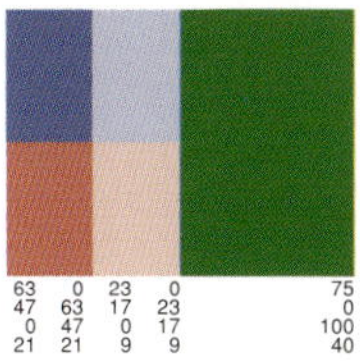

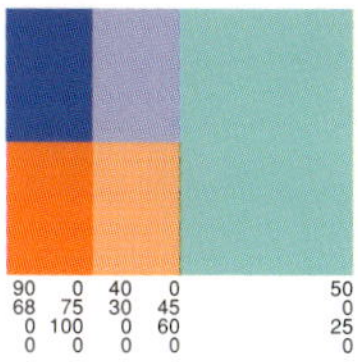

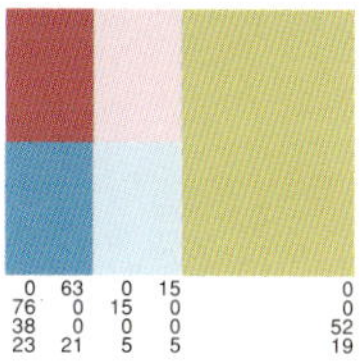

CHECK LIST

プラスイメージ
目指すイメージと一致したら活用

- □ 都会的・大人の
- □ すっきり・洗練された
- □ 開放的・派手な
- □ 陽気・軽快
- □ 役立つ・頼りになる
- □ ムダのない

マイナスイメージ
マイナスと一致したら控える

- □ 平凡な・特徴のない
- □ 冷たい
- □ 人工的
- □ 情緒のない

3-3 全相型

全相型とはすべての色相をかたよりなく登場させる型のことです。かたよりがないので自由で気ままで開放的なイメージが表れます。使う色は多いほど自由なイメージになりますが5色でも十分です。

ユーモラスでにぎやかな自由さを表す

全相型で表すと、アニメのポスターらしいにぎやかでユーモアあふれるイメージが表れます。自由に色を散りばめて、こだわりのない開放感を表します。

類似型は寂しい印象

黄色や赤色をとると、にぎやかさが消えてしみじみとメランコリーなイメージになりました。自由気ままな感じがなくなり、穏やかで閉じられた世界になります。

全相型とは

色相環上のすべての色相をまんべんなく使う型を全相型といいます。主色を加えて合計5色あれば全相型の印象になります。色数は4色以上必要で、多いほど全相型らしくなります。

全相型

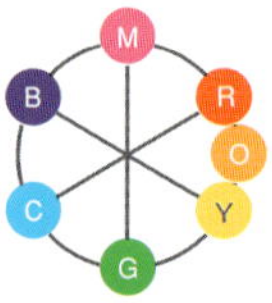

色相環図

全相型

全相型ではない―かたよりがあり均等ではない

色相にかたよりなく選ぶ

色相環上で見て、色相の位置はかたよりのないことが大切です。厳密に均等にする必要はありませんがかたよると対決型や類似型に近づき、全相型のイメージから他のテイストに変化します。

拘束がないので自由

全相型は制限のない型です。同相型や類似型は決まった色相に縛られ、対決型や三角型は他の色相を使わないことが大切です。その点、全相型はどんな色相を使うのも自由です。

カジュアルで陽気な

すべての色相がまんべんなく散りばめられて、かげりのない陽気さを表しています。かげりのない陽気さは全相型の効果です。

活発で元気な子供らしさ

中央に白地の息抜きをつくることで騒がしくなりすぎるのを抑えています

COLOR SCHEME

どんなトーンでも開放感あふれる

全相型はどの色相にもかたよらないので、主色がどんな色相やトーンでも開放的な気軽さがあふれます。個性的で癖のあるトーンにもかえって有効で、こだわりの強い濁色や、暗黒の閉鎖性を表す黒色と組み合わせても開放感が失われません。

0	70	0	0	68
100	35	25	0	0
0	0	100	0	90
0	0	0	10	0

48	0	0	23	53
0	63	5	0	70
63	32	23	0	0
21	21	9	9	0

19	32	15	0	0
76	0	0	15	0
0	24	0	15	63
23	13	5	5	21

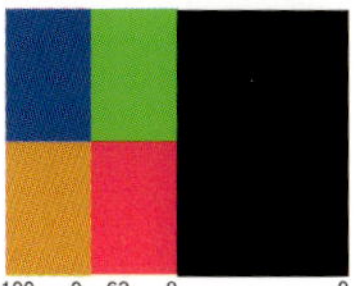

100	0	62	0	0
50	38	0	100	0
0	100	100	25	0
20	10	0	0	100

14	14	0	31	56
0	56	31	0	28
56	0	31	16	0
39	39	27	27	39

100	0	0	0	100
0	100	25	63	25
100	100	100	100	0
0	0	0	30	0

CHECK LIST

プラスイメージ
目指すイメージと一致したら活用

- ☐ カジュアル
- ☐ ユーモラス・愉快な
- ☐ 気軽・自由・こだわりのない
- ☐ 開放的・派手・陽気
- ☐ にぎやかな
- ☐ 躍動的・健康

マイナスイメージ
マイナスと一致したら控える

- ☐ 頼りない・だらしない・散漫
- ☐ 個性がない・特徴がない
- ☐ 子どもっぽい・騒がしい
- ☐ 落ち着かない・やぼったい

3·4 微全相型

微全相型とは1つの色相が全体を覆う中に、小さな面積のさまざまな色が加わった配色です。バランスのとれた自然で優しいくつろぎを表します。ベースになる色相型は類似型です。

1

フェミニンなくつろぎの気分を表す

全体が淡い青色で統一されたテーブルは優しく落ち着いています。テーブル上には色とりどりのスイーツが置かれて、フェミニンで楽しい雰囲気です。これが微全相型の効果です。

全相をとると開放感が消える

赤色や黄色がなくなるとすっかり沈み込んで閉鎖的になります。類似型になったので開放感が消えてしまいました。

微全相型とは

全相型の中の主色を大面積にして、他の色をごく少量にするとこの微全相型になります。主色以外の色が全体の4分の1を超えると全相型になります。

微全相型

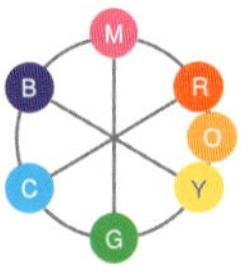

色相環図

家

家庭的とは閉鎖空間と開放空間の交差点です。家庭的、ファミリーというイメージは微全相型でしか表せません。この微全相型を分解してみると、「家庭」の位置関係が見えてきます。私たちが日ごろ使う家庭的という言葉は幸福と表裏一体で語られます。「家庭的な人」とは幸福をはぐくむ穏やかな世界にいる人を指し、反対に不幸な犯罪者は幸福をはぐくむ「家庭が欠けていた」と語られます。ところで、穏やかな世界とは色相型でいえば類似型や同相型を指します。仲間だけでつくる外部からの進入を許さない閉ざした世界を指します。しかし、色相型では家庭的とは類似型や同相型でなく、微全相型で表します。この型は完全に外とのつながりを閉じた世界ではなく、閉鎖を基調としつつも全相型の開放感が加わった型です。色相型から見ると家庭とは単なる閉鎖空間ではなく、開放性とのバランスのとれた穏やかな空間だということがわかります。配色の表すメッセージ性には奥深いものがあります。

1 オレンジページ 2005.8.17 オレンジページ AD:西川一男 C:小田真規子 P:馬場敬子 S:諸橋昌子

微全相型のイメージは自然 落ち着き
家庭的で居心地良い

1

穏やかなのに華やかさがある

この不思議なテイストは微全相型から生まれた効果です。全体が青色で統一されて穏やかな中に小さな色面の赤色や黄色が散りばめられて華やかです。

自然で居心地の良い落ち着き

青一色の画面なのに開放感があります。よく見ると小さな面積の赤色やオレンジ色、黄色などが散りばめられています。自然で肩のこらない居心地の良さを表します。

不自然なさびしさ

小さな色面の色みをなくしたら硬く閉鎖的で冷たい印象になります。

COLOR SCHEME

微全相型はほどよい開放感のある落ち着きを表す

微全相型とは類似色相で全体を統一した中に微量の全相色を散りばめた型です。類似型は穏やかで落ち着いた印象ですが、これに全相を加えることによって開放感が生まれます。

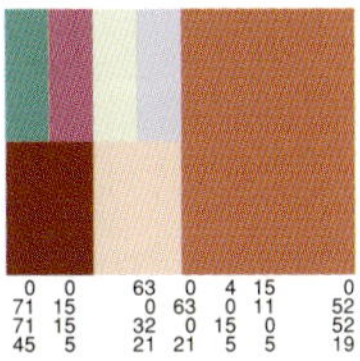

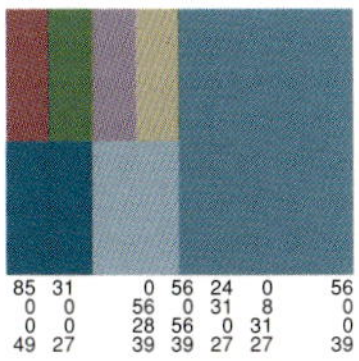

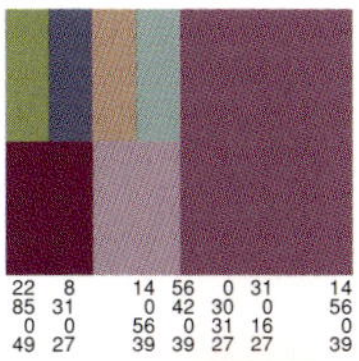

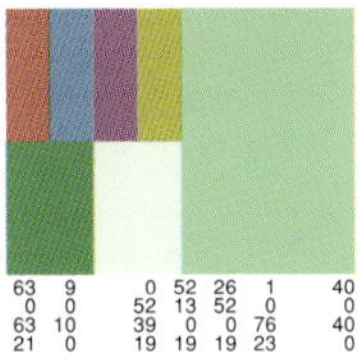

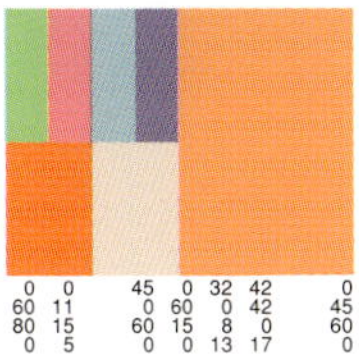

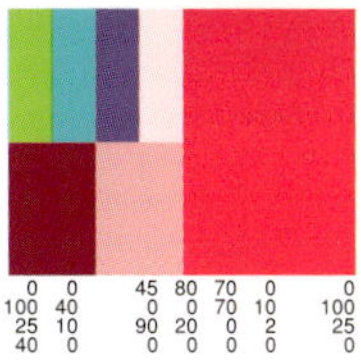

CHECK LIST

プラスイメージ
目指すイメージと一致したら活用

- ☐ 家庭的・癒し
- ☐ 自然な・おおらかな
- ☐ 落ち着き・安全・優しい
- ☐ くつろいだ・居心地の良い
- ☐ なごやか・のびのび
- ☐ フェミニン・女性的

マイナスイメージ
マイナスと一致したら控える

- ☐ 無難
- ☐ 特徴のない・個性のない
- ☐ やぼったい
- ☐ 役立たない・頼りない

1 ELLE à table FRANCE 2006.5 Hachette Filipacchi Interdéco AD:Virginie Demachy P:Akiko Ida R:Emmanuelle Javelle

3·5 同相型・類似型

同じ色相だけの配色を同相型、似た色相を類似型といいます。この2つの型は仲間の色相だけを使い、対立する色相は使わないので穏やかさを表すと同時に、閉鎖的なこだわりを表します。

感情を閉じ込めた強いこだわりを表す

類似色は外からの来訪者を受け入れない隠れ家のイメージになります。この閉鎖性がファッションらしい自分だけのこだわりを表します。

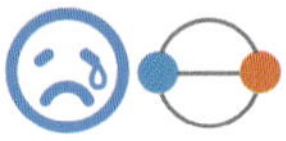

こだわりが消える

青色を加えたら開放的になり、オリジナルにあった強いこだわり感が消えました。モデルの閉ざした表情と開放感がミスマッチでしっくりしない配色になります。

同相型・類似型とは

まったく同じ色相だけの配色を同相型といい、少し離れた色相を加えると類似型になります。同じ暖色、寒色の範囲ならばかなり離れた色相でも類似型に入ります。

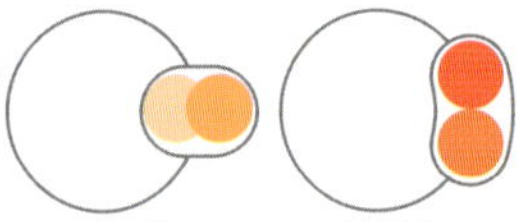

同相型　類似型

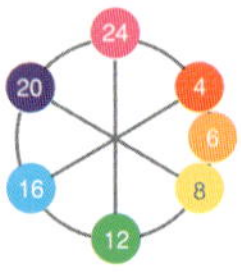

色相環図

同相型　類似型　やや対決的な類似型

閉 類似型は自然、同相型は超閉鎖的

類似型も同相型と同じように仲間だけの落ち着きを表しますが、印象はかなり違います。同相型は文字通り同じ色相限定ですが、類似型は色相幅がかなり広くなります。類似型の色相差は全色相を24等分した場合、4段階前後が標準になりますが、同じ寒色、暖色の範囲ならば8段階差があっても類似型の範囲に入ります。このため、内向的とはいってもかなり自然で穏やかなイメージを表します。

一方、同相型は同じ色相だけに限定するので不自然なほど強いこだわり感が表れ、他を受け入れない閉鎖性が強調されます。似た色相さえ受け入れないこだわりが、強い趣味性と日常にはない特別な、少し異形の幻想的なシーンを表します。

静寂な閉じられた幻想空間

似た色だけで構成された類似型は、穏やかな安心空間を表します。対立するもののない、外部からの侵入者のない、時間が止まった静寂の空間を感じさせ、この商品の趣味性の高さを暗示します。

静けさが消えて開放的に

離れた色相の黄色を加えると開放感が表れました。静粛さと高級感がなくなります。

COLOR SCHEME

同相型は徹底的な内向を表す

2つの型とも穏やかで内省的な静かさを表しますが、同相型の方がより徹底して穏やかです。少し色みの違う類似色型は自然な印象になります。一方、同じ色相だけだと色相固有のイメージがよりはっきり表れます。紫色は非日常の幻想を表し、黄色は気軽な日常性を表します。

CHECK LIST

プラスイメージ
目指すイメージと一致したら活用

同相型のイメージは　落ち着いた　穏やかな

- □ 仲間だけの・隠れ家
- □ 穏やかな
- □ 趣味の・幻想的
- □ 安全・安定
- □ 落ち着いた・おとなしい・地味
- □ 優しい

マイナスイメージ
マイナスと一致したら控える

- □ 閉鎖的・排他的
- □ 消極的・弱々しい・ぼんやり
- □ 役立たない
- □ 陰気・寂しい

基本の色相型を選ぶ FAINT COMPETITION

3-6 微対決型

微対決型とは、同相型や類似型の中に微量の反対色が加わった型です。閉鎖的な中に少しだけ開放感が加わった都会的で深みのあるイメージです。

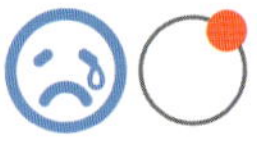

開放感がなく華やかさが消える

緑色をなくすと、開放感がなくなってこだわりだけが残り、華やかさが消えます。微量の反対色が、洗練された開放感を添えていたことがわかります。

都会的なこだわり感

見返りポーズの微妙な視線と微対決型がよく似合います。微対決型は、完全な同相型でもなく、完全な対決型でもない、少し窓を開けた内向のイメージを表します。女性らしいこだわりのある微妙な表情とこだわりの配色型が、洗練された大人の趣味性を強調します。

微対決型とは同相型＋5%の反対色で生まれる

微対決型は同相型や類似型に微量の反対色を加える型です。同相型や類似型に、ほんの微量の5%前後の反対色を加えると、かすかに開放感が加わります。微対決型は同相型とまったく違い、都会的でスタイリッシュな趣味性が表れます。同相型に加える反対色の量を多くして20%を超えると対決型になります。表すイメージは趣味性ではなく、堅実な実用性に変わります。

微対決型

色相環図

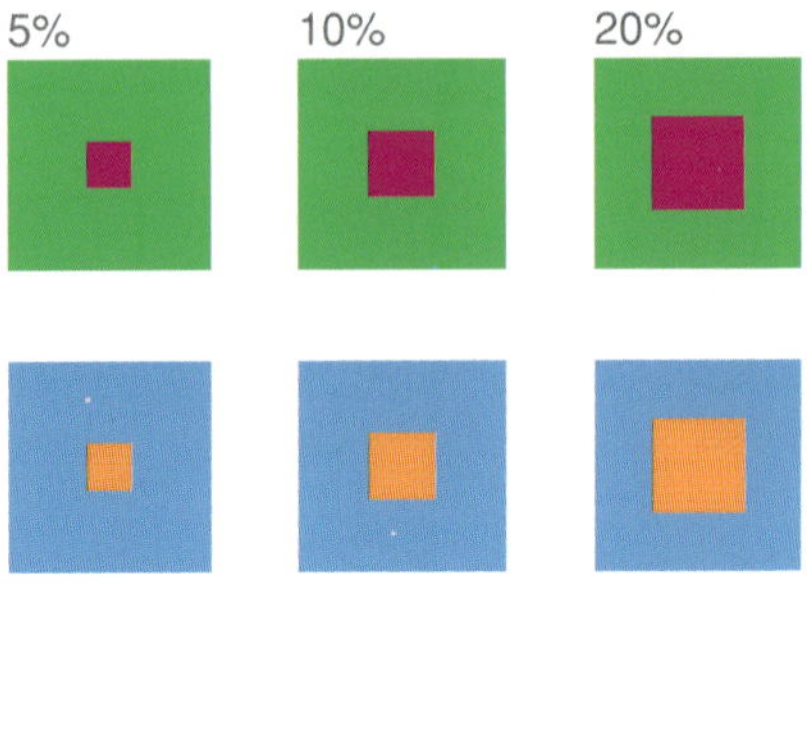

紅 紅一点は奥が深い

微対決型という繊細で微妙なテイストはかなりなじみが薄いようですが、紅一点という言葉がその特徴を的確に表しています。この言葉は紅色の花が緑を背景に咲いている情景を指していますが、この花が赤色ではなく紅色というのが奥の深いところです。紅色は女性限定の儚く優雅な美しさを表しますが、赤色は激情をイメージさせます。赤色ではしっとりとした情緒は表せないのです。微対決型のスタイリッシュで洗練された趣味性には紅色がぴったりなのです。

1

しっとりした繊細な情緒を表す

紅一点とは緑色の中にある紅色の際立った美しさのことを指しますが、単に緑色と紅色を対比させただけではなく、紅色の量が微量であることがポイントです。微量なので対決型にならず、類似型によって生まれたしっとりとした情緒が崩れません。

スタイリッシュな洗練さを表す

中央のボトルを囲んで、静粛で凛としたスタイリッシュな空気が漂っています。これは背景の濃い青紫色とウィスキーの琥珀色が微対決型となっている効果です。

COLOR SCHEME

反対色を弱いトーンにすると穏やかな華やかさ

同じ色相だけにするとこだわり感のある、内向的な趣味性を表します。これにほんの少し反対色を加えて開放感を添えると都会的でスタイリッシュなイメージに変わります。反対色を鮮やかで強いトーンにすると華やかさが強調され、周辺と同じ明るさに揃えると穏やかな華やかさを表します。

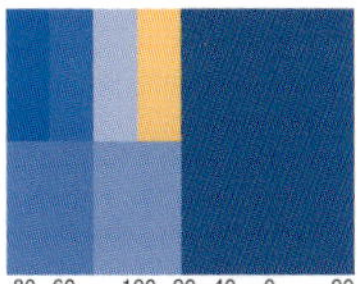

80	60	100	90	40	0	90
40	30	50	45	20	30	45
0	0	0	0	0	60	0
0	0	0	0	0	0	25

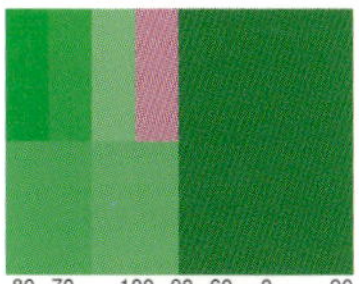

80	70	100	90	60	0	90
0	0	0	0	0	52	0
80	70	100	90	60	0	90
0	0	0	0	0	19	25

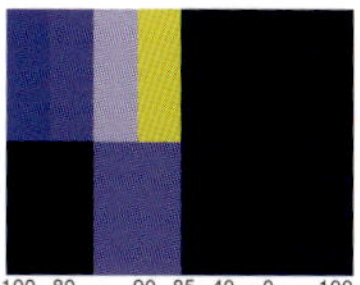

100	80	90	85	40	0	100
100	80	90	85	40	0	100
0	0	0	0	0	100	0
90	0	0	0	0	20	80

13	8	25	19	11	17	14
0	0	0	0	0	23	0
51	31	100	76	44	0	56
29	27	40	23	34	9	39

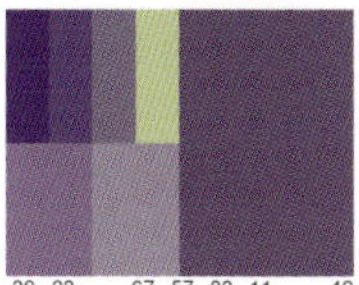

39	23	67	57	33	11	42
52	31	90	76	44	0	56
0	0	0	0	0	42	0
19	27	25	23	34	17	39

0	0	0	0	0	60	0
80	50	100	90	40	0	60
20	13	25	22	10	30	15
0	0	20	0	0	0	0

CHECK LIST

プラスイメージ
目指すイメージと一致したら活用

- □ 趣味のある・情緒のある
- □ 都会的・スタイリッシュ
- □ 洗練された・おしゃれな・すっきりした
- □ 高級な・落ち着いた
- □ 深みのある・こだわりの
- □ 緻密な・精密な

マイナスイメージ
マイナスと一致したら控える

- □ 気どった・親しめない
- □ 閉鎖的
- □ 人工的・不自然な
- □ 陰気な・寂しい

1 家庭画報 2005.9 世界文化社 P:与田弘志

4 色量率の高低を選ぶ

色量率とは色面の強弱のことで、トーンや明暗差などの総合作用で生まれます。この効果は絶対的で、ふさわしくない色量率で配色すると、不快な気持ちになります。必ずチェックしてトーンの強弱を変えるか、白色の色面を変えましょう。

色量率スケール

同色量を低くすると優しく上品になり、高くすると元気あふれるイメージになります。

低い色量率

優しく上品な繊細さを表す

色量率を低くすると、ひと目で優しさが伝わり繊細なイメージになります。同じ色相の組み合わせでも、白色を多くしたり、淡いトーンにすると色量率が下がり、優しく上品なイメージに変わります。

同じ色相でも色量率を下げると見違えるほど繊細なイメージが表れます。商品にふさわしい色量率が好感を呼びます

1
低い色量率がこの化粧品の性格をひと目で表す

1 Grazia 付録 「女濃度アップ」の本 2004.7 講談社 P:池田保,恩田はるみ S:高橋尚美

色量率とは

色量率とは色の強弱を表すスケールで、10段階で表します。音量を測る単位のデシベルには上限はありませんが、色量は相対評価なので最大が10になります。色の強弱を表す主な要素は①彩度（トーン）、②色相、③明度対比、④色相型、⑤色面までの距離です。鮮やかな純色だけで組み合わせると色量率は8になります。これに暗色を加えると1段階高く色量率は9になり、色相型を全相型にするとさらに1段階高くなり、上限の10になります。

色量は音量と同じように距離とシンクロします。小さなパッケージの鮮やかな色は魅力的ですが、そのまま建物の壁面に塗ると迫力がありすぎて不快になります。建物の色量率を測定するときの基準視角は、距離60cmに対し色面の高さ30cmほどが判定しやすいようです。

高い色量率

元気な積極さを表す

色量率を高くすると力強い積極性が表れます。子どものお菓子の色量率を高くすると素直で元気さが表れ、元気の出る食品らしい強く頼れるイメージが表れます。しかし、高すぎると騒々しく下品になります。落ち着きが求められる大人向けの商品では色量率をここまで高くするのは禁物です。

色量率を高くするほど元気になります。高くなりすぎて騒々しくなったら白を加えるとすっきりします

4 色量率

にぎやかな歓楽街には鮮やかで元気な配色が似合い、住宅地には落ち着いた静かな配色が似合います。これが逆転すると落ち着かない不快な気持ちになります。この違いが色量率の違いです。

低い色量率

1

低い色量率は優しく都会的

色みを控えるほど優しく上品になります。陽気な黄色でも色みを抑えて淡く渋めなトーンにするとクールで繊細なイメージが表れます。背景の色量率は主役の商品に合わせてより低く抑えて主役をひきたてます。

線にすると色量率が下がる

鮮やかな青色や黒色も線にすると白地が全体を覆い、色量率が下がります。元気なのに上品なイメージが表れます

低い色量率 強い色面を少量に抑えると色量率が下がり、優しく上品で都会的な印象を表します。

高い色量率 純色を大きく広げると色量率が高まります。元気さが全体に広がり、積極的な印象があふれてきます。

優しくクール―低い色量率

色みを抑えるとクールで上品になります。控えめで繊細な都会的イメージが表れます。しかし、開放感や積極性がなくなるという欠点もあるので、元気さを強調したいときには形を大胆にして色量率を高めます。

元気で積極的―高い色量率

鮮やかな色面を多くすると色量率が高くなります。積極的なイメージになりますが、やりすぎるとくどくなります。その場合には白色を添えると色量率が下がり、爽やかさが表れます。

1 Grazia 付録「女濃度アップ」の本 2004.7 講談社 P:池田保,恩田はるみ S:高橋尚美
2〜9 BOAO 2005.5 マガジンハウス AD:細山田光宣(2・4・8) P:北島明 S:平澤雅佐恵(3・7) P:福田秀世 S:森慶子(5・6) P:清藤直樹 S:森慶子(9) P:屋山和樹 S:大嶋みか

色量率を高くすると元気いっぱいになって
場が盛り上がります

高い色量率

1

高い色量率で元気あふれる躍動感を表す

赤色と青色の鮮やかな色が躍動し、大漁の大喜びぶりが表れています。鮮やかな色面が全体を被うと、色量率が高くなり、元気あふれるイメージになります。大漁に沸きあがる漁船の気分が表れています。

白地で優しさを添える

色鮮やかで元気あふれる配色ですが、赤ちゃんのミルクらしい優しさは表れています。白地で色量率を下げた効果です

COLOR SCHEME

低い色量率は上品な優しさを表す

色量率を下げると優しく都会的なイメージになります。反対に色量率を高くすると元気で頼りになるイメージになります。色量率を間違えると、ふさわしいイメージが表れないだけでなく不愉快な気持ちにさせます。優しさが求められている商品を高い色量率で表すと強い違和感が生まれます。

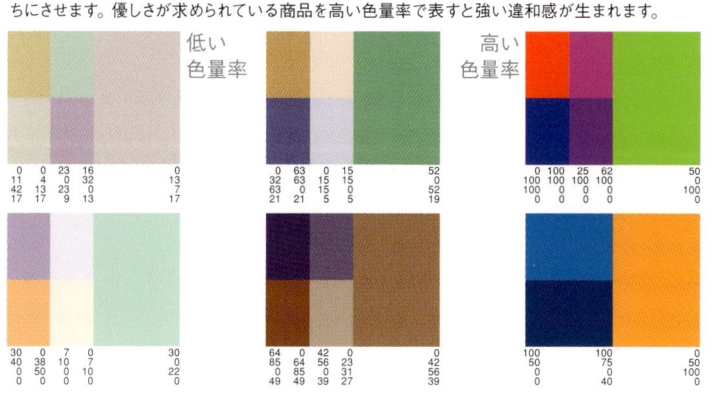

低い色量率

0	0	23	16	0
11	4	0	32	13
42	13	23	0	7
17	17	9	13	17

0	63	0	15	52
32	63	15	15	0
63	0	15	0	52
21	21	5	5	19

高い色量率

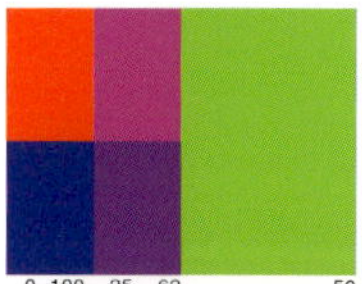

0	100	25	62	50
100	100	100	100	0
100	0	0	0	100
0	0	0	0	0

30	0	7	0	30
40	38	10	7	0
0	50	0	10	22
0	0	0	0	0

64	0	42	0	0
85	64	56	23	42
0	85	0	31	56
49	49	39	27	39

100	100	0
50	75	50
0	0	100
0	40	0

CHECK LIST

低い色量率
目指すイメージと一致したら活用

- ☐ 優しい・繊細
- ☐ おとなしい・穏やか
- ☐ 上品
- ☐ 都会的・洗練された
- ☐ 女性的

高い色量率
目指すイメージと一致したら活用

- ☐ 元気・力強い
- ☐ 積極的・にぎやか
- ☐ 役立つ・頼りになる
- ☐ ダイナミック
- ☐ 激しい・強烈

1 小澤染工場 Casa BRUTUS 特別編集 フロム日本 2005.8 マガジンハウス P:Shinori Murayama

様式を選ぶ 編

イメージにぴったりの様式を選ぶ

基本色が決まったら、様式をチェックしましょう。選ぶ様式は3種類ありますが、どれもイメージの決め手になります。様式まで選べれば、まさに鬼に金棒です。目指す通りのイメージがはっきりと表れます。

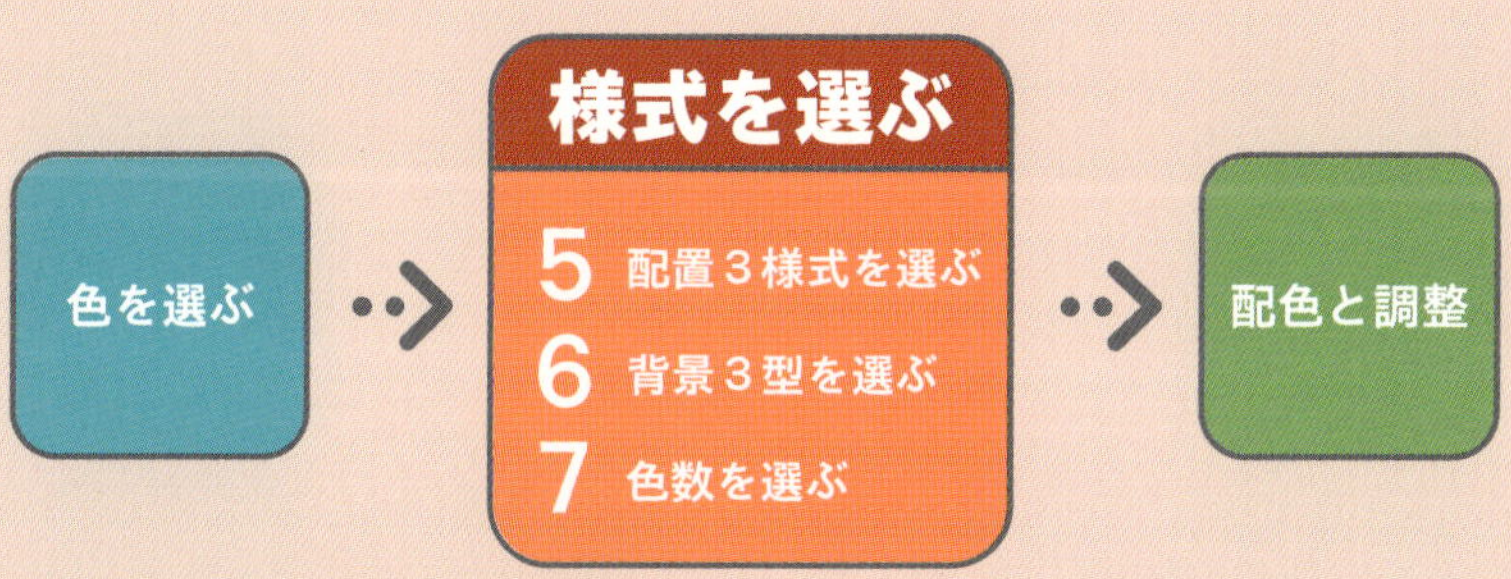

配色様式でイメージが固まる

組み合わせ方を変えるとイメージが一変する

同じ配色でも様式を変えると、まったく違う表情になります。下の3つのショートケーキは、それぞれ著名なケーキ店のもので個性的で見るだけで楽しい気持ちになります。3つとも同じ色を使った組み合わせなのに、まったく違うテイストでどれも楽しい気分になります。

この違いは色の配置様式から生まれています。赤色の面を大きくして他の色との対比を強調するか、鮮やかな赤色を全体に散りばめるかによってイメージが変わります。

1

中心型の配色にして中央に鮮やかな黄色と橙色を置くと落ち着きが表れる

配色は3段階で完成させる

配色の手順は料理を作ったり建物を建てるのと同じです。手順を守れば目指す配色が楽につくれますが、自己流すぎると失敗します。前編では基本色を選びましたが、この編では3つの様式を選びます。料理でいえば準備した食材を前にして、イタリアンにするか和食にするかを決める段階です。

5 配置3様式——対決型と散開型、中心型の3種があります。対決型で配色するときりりと引き締まった力強い印象となります

6 背景3型——背景を白地にするとクリアでムダのないすっきりした印象になり、淡い色の背景は優しい気持ちを伝えます

7 色数の多少—色数を極端に少なく制限するとムダのない簡潔な印象になり、色数を増やすと自由さや自然さが表れます

基本色は食品3色＋フレッシュな白色

基本色は食品らしい元気さを表す赤色と黄色、緑色の3色です。この3色は和食でもイタリアンでも食卓に活気を持たせる食品の基本色です。暖色の赤色と黄色が暖かで元気の出る活気を表し、寒色の緑色がこれをひきたてて引き締めるバランスのとれた3色です。

食品3色の赤色、黄色、緑色に白色を加えると、白色の持つフレッシュな開放感が加わり、ケーキらしい陽気な開放感を盛り上げ、ケーキを元気で楽しくします。

2

大胆で元気が出る

都会的ですっきりした印象的なケーキです。このすっきり感は大胆な対比から生まれています。真っ赤なイチゴソースの上面と黄色のスポンジを力強く対決させています。一方、上辺に注目すると落ち着きと軽快な楽しさを演出していることがわかります。イチゴを中心にどっしりと置いて落ち着きをつくり、細い板状のホワイトチョコでアクセントをつけてシャープな軽さを出しています。

1 沖縄懐石 赤坂潭亭 婦人画報 2004.8 アシェット婦人画報社 AD:岡孝治 P:淆忠之 C:工藤学,永田泰之,新井健二

目指すイメージにぴったりの様式を選ぶ

右のサンダルはいかにも陽気で元気さにあふれています。それは色彩だけではなく、配置様式もそのイメージにぴったりだからです。サンダルの陽気なオレンジ色と配置様式の散開型のイメージがぴったり合った効果です。朱色やオレンジ色は裏表のない開放的で陽気な色です。また、散開型もこだわりのない自由で開放的なイメージを表します。このように色彩と形が一体になったときに色彩は生き生きします。

散開型は自由さと開放感を表し、サンダルを履くときの楽しさを表す

配色は形と結びついたときに生き生きする

配色の魅力は形と色が一体になったときにいちばん輝きます。

色票だけでは単なる色面に過ぎませんが、配色のイメージにぴったりの形や文字組み、レイアウトなどの形と結びつくと見違えるように生き生きします。下のケーキを見るとその関係がはっきり分かります。赤色と黄色の色面がショートケーキと結びついたときに、色彩は生きた形となってよみがえります。配色に生命が与えられ、私たちの感性に働きかけてきます。

3

4

繊細で可憐な

シンプルで可憐な、優しいケーキです。この印象は色面を細かく重ねることから生まれています。細かい層をつくることで対立のない穏やかな優しさが表れます。赤色、黄色、白色が混ざりあって同化効果（P.131）がおこり、また、ケーキの中心にはかわいい真っ赤なイチゴを置いて全体を安定させています。この安定感は食品にはかなり大切な要素です。

グラフィティーな楽しさ

いたずら書きのような、楽しさあふれるおしゃれなケーキです。これは不規則な散開型の配置から生まれています。細かくカットしたイチゴやスポンジを不規則に組み合わせて開放的なイメージを表します。一方、上辺には緑色と濃い色の実をさりげなく集中させ、ケーキの核をつくって安定感を表しています。自由気ままに散開する楽しさと、安定感のバランスがとれています。

2 フラウラ 3 マダム ミクニ 4 ティータイム 家庭画報 2005.9 世界文化社 P:尾田学,成瀬友康,松川真介

5 配置3様式を選ぶ

すべての配色は3様式で構成されています。日ごろ見ている配色はどれも個性的で1つも同じものはないように見えます。しかしその基本形は3種類で、その組み合わせでつくられています。この3様式の中から目指すイメージに近い様式を選び出しましょう。

A・対決型 力強くはっきりとしたイメージ

B・散開型 自由で気ままな肩の力を

★

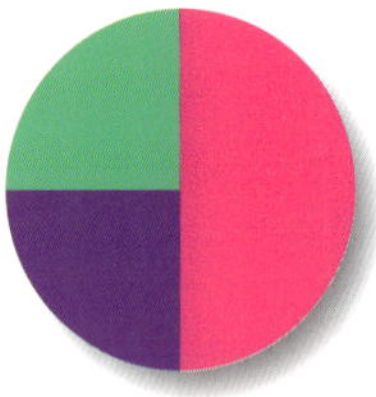

1

A・対決型

対決型ははっきりとした力強さを表します。男性的で充実した、ムダのないイメージです。対決を強調する方法は、左右の差をはっきり区別することです。左右、上下に大きく2分し、同じグループ内は共通の色で統一し、反対グループの色を入れないようにします。

★この図は解説のために元図を改作したものです
1 フォーエンジェルズ GINZA 2004.7 マガジンハウス AD:Yasushi Fujimoto+Cap P:Tamotsu Ikeda S:Mariko Onuki FC（フードコーディネート）:Miki Kimura

抜いた自然なイメージ

C·中心型　安定した、格調のある落ち着いたイメージ

★

B·散開型

散開型は自由気ままで気軽な自然さが表れます。散開型を表すには、色面を小さくして離して配置します。

★

C·中心型

主役を中央に置いて強調すると、中心性がしっかりと浮かび上がります。中心型を見ると安心した気持ちになります。

★

5-1 対決型

対決型は対決ぶりが強調されることによって感情の激しさがより強まります。また、対決によってあいまいさがなくなり、すっきりとムダのないスタイリッシュなイメージも表れます。

力強くスタイリッシュ

緊張感のあるすっきりと引き締まった配色です。この印象は赤色とモノトーンの左右対決から生まれています。レイアウトをシンプルにすると、対決が強調されスタイリッシュなイメージが表れました。

対決をなくしたら穏やかな印象に

赤色の大きな色面をなくしたら、対決感が消えました。力強さが消えて穏やかになり、緊張感がなくなりました。

対決型とは

配色を右と左、上と下というように大きく区分すると対決が表れます。右と左の色をはっきりと差別化するほど対決感が強まります。明るい色と暗い色、暖色と寒色といった正反対さを強調し、中間の色をとるとすっきりしてムダのない印象になります。

鮮やかな赤色と黒色を対決させる

★

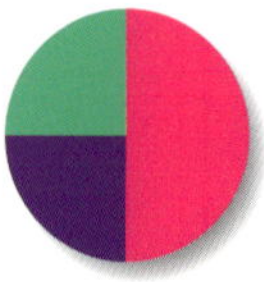

対

対決型は決戦直前の緊張感を表します。配置の３様式は単なる配色の技法ではなく、日常生活、歴史的事件、演劇などの私たちの周りで起こるさまざまなシーンとつながっています。例えば、対決型のテイストはスポーツの中でも見ることができます。サッカーや野球、ラグビーなどの試合の前に、選手が一列に並んだシーンが対決型です。また、将棋では駒を盤面に並べ終わった対局前の一瞬です。戦国時代、川中島を挟んで武田信玄と上杉謙信がにらみ合う場面も対決型です。

厳しい緊張感は決戦直前の陣形から生まれます。緊張感は両陣の違いをはっきりさせることで表します。同じ集団は同じユニフォームで統一して結束を強めます。そこに別のチームカラーが入り込むと緊張感が崩れてしまいます。赤色一色の旗の中に青色や黄色の旗が混入しては対決感が薄れます。

★この図は解説のために元図を改作したものです

対決型のイメージははっきり ムダのない
力強く引き締まる

1

対決型は荒事《あらごと》の勇猛ぶりを表す

江戸歌舞伎の激しい動きの荒事には対決型がよく似合います。この情景は中村勘太郎の演じる梅王丸が松王丸と争う場面で、刀を3本も差し、強烈な筋隈で勇猛ぶりを盛り上げています。

散開型にすると緊張感がなくなる

朱色と紫色をバラバラにすると、対決感がなくなり緊張感が消えました。

見る人を楽しませる歌舞伎配色のしくみ

左の衣装の激しさは単に勇猛さだけを表しているわけではありません。小さな白色や黄色、青緑色が散りばめられ華やかな開放感を表しています。つまり、対決型の表す勇猛さに、華やかさが加わって見る人を楽しませているのです。配色によって怒りを正確に表すだけでなく、楽しみを加えています。歌舞伎の配色は奥が深いのです。

2

対決型で強い決意を表す

日常にはない特別なドラマ性を表します。激しいサポーターの思いが表れます

3

すっきりとしたまじめな表情

女性の服を対決型にすると、引き締まった印象になります。布の持つ優しい曲線が自由さ自然さを表し、これに対決型のムダのない印象が重なって、まじめな印象になります。色や柄を自由に大胆にしても、すっきりとして堅実な感じがします

CHECK LIST

プラスイメージ
目指すイメージと一致したら活用

- □ 力強い・男性的
- □ はっきり・引き締まる
- □ 堅実・まじめ・役立つ
- □ 情熱的・夏
- □ 合理的・スタイリッシュ

マイナスイメージ
マイナスと一致したら控える

- □ きつい・どぎつい
- □ 情緒のない・優しくない
- □ 落ち着かない
- □ 厳しい・固い
- □ 下品

1 中村勘太郎 家庭画報 2005.9 世界文化社 P:篠山紀信　2 Number 2004.7.8 文藝春秋 P:佐貫直哉　3 BOAO 2005.5 マガジンハウス AD:細山田光宣 P:藤代冥砂 S:鞠子恵

5·2 散開型

散開型は何の縛りもない自由で開放的な型です。同じ色を一カ所にまとめず、画面全体に散り散りにすると散開型が表れます。中心に集めたり、左右に対比もしないので、自由で気軽な印象になります。

自由で気軽なイメージを表す

鮮やかな赤色が画面全体に散りばめられています。髪を飾る真紅の花びらから、ジーンズの赤色まで、自由気ままに配置して、見る人にくつろいだ自由な印象を与えます。ポーズも斜めの方向を強調して、カジュアルさを強調しています。

赤色だけをとり出してみると、赤色が自由気ままに散開している様子がよくわかります

陽気で元気で開放的

おもちゃ箱をひっくり返したように、鮮やかな色が自由に飛びまわっています。しかし、よく見ると右上の緑色と左下の黄色のかたまりはそれぞれ同じ色相を集めて、散漫になるのを引き締めています

かわいらしく、おとなしい自由さを表す

かわいい自由さが表れています。これは白地を大きくして色をリピートさせた効果です。白地を大面積にすると優しくなります

散開型とは

印象的な色を一カ所に集めず、画面全体に散らすと散開型が生まれます。はっきりと全体を威圧するような中心もなく、上下左右の対決もない明るく陽気で開放的な配置様式です。

散

散開型は自由に動き回る活動中のシーンを表します。配色の型は私たちの社会を反映しています。散開型はサッカーの試合に例えると、ゲーム中の形です。対戦直前の整然と一直線に並んだ形から一転し、各自が自由にグラウンド中を駆け巡る動きが散開型です。軽妙でさりげない動きから突然激しい動きが展開し、その動きは自由気ままで変幻自在に見えます。

また、戦国時代の戦闘シーンも散開型です。馬や人間、弓、槍のつくり出す不規則な動線、大集団と小集団の交差する動きが散開型です。将棋の駒も同じ動きが起きます。整然とした駒並びから最初の一歩が始まり、やがて大小の駒が複雑に激しく動き回り、散開のピークを迎えます。また、散開型はお花見の人の動きであり、広場や市場の人々の動きです。型にはまらない、不規則で自由気ままな動きが自然さを表します。

散開型のイメージは カジュアルな
自由気ままな楽しさ

1

散開型で楽しい食卓を演出する

料理の盛り付けを散開型で表すと肩のこらない自由さが表れます。緑色や、赤色、黄色を一カ所にまとめないで皿いっぱいに散らすと明るく楽しい料理のイメージが広がります。

2

少し気どった自由さ

明るくクリアですっきりした感じがします。これは背景を真っ白にしたことと、色数を抑えたことから生まれています

水玉模様は散開型の一種で、自然な優しさを表します

CHECK LIST

☺ プラスイメージ
目指すイメージと一致したら活用

- ☐ 自由・気まま・気軽
- ☐ カジュアル・愉快
- ☐ 自然な・穏やかな
- ☐ 女性的・フェミニン
- ☐ 優しい・くつろいだ

☹ マイナスイメージ
マイナスと一致したら控える

- ☐ 役立たない・頼りない
- ☐ 落ち着かない・浮ついた
- ☐ 子どもっぽい
- ☐ 弱々しい
- ☐ 散漫・だらしない

カルーアを飲んだときの楽しい気分

鮮やかな赤色や黄色や青色を一カ所にまとめないで、誌面全体に散りばめると自由な雰囲気があふれてきます。このお酒を飲んだときのイメージが表れています

1 ELLE à table FRANCE 2006.5 Hachette Filipacchi Interdéco AD:Virginie Demachy P:Alain Gelberger S:Natacha Arnoult
2 オレンジページ 2005.8.17 オレンジページ AD:西川一男 C:小田真規子 P:馬場敬子 S:諸橋昌子

5-3 中心型

中心型とは中央に主役を置いて、そこを強調する配置です。人は中心がはっきりしていると安心した気持ちになります。気持ちが落ち着き、これからもずっとこのまま続くような安心感が生まれます。

中心をはっきりさせると安定感が生まれる

上のチーズのパッケージは優しくソフトな印象なのに、伝統のある格調の高さも感じます。中心部に強い色をさりげなく集め、中央の枠を白地にして明暗コントラストを高めることで中心部にふさわしい強さをつくり出しています。

カジュアルなミッキーが格調高く見える

中心を強調すると人気者のミッキーが立派に、格調高く見えます。ミッキー本来の親しみやすさと、中心型から表れる格調のある安定感が一体になっています。

中心型とは

画面のほぼ中央に主役を置いて、強い色で盛り上げると中心型が生まれます。主役にもっとも鮮やかな色を配置して、他のトーンを抑えたり、明度の差を大きくすると中心性がよりはっきり浮かび上がります。中心の主役に使った色は、他の面ではなるべく使わないようにすると中心性が盛り上がります。

中心型は安定感と落ち着きを表す

中心型は見る人の気持ちに安定した落ち着きを与えます。食品に求められる穏やかで伝統のある安心感が自然に表現されます。
一方、この型は保守性もあわせ持つので、ダイナミックな動きや軽快な動き、堅実な実用性を表現したいときには不向きです。

★

核

中心型は城下の安泰さを表します。中心型も私たちをとり巻く社会の形と共通しています。中心型は私たちが全体の中に中核を求める気持ちを反映しています。神社で言えば、その中核はご神体です。社はご神体を中心に左右対称形に構成されています。こま犬から鳥居の配置まで、すべて中心型で組み立てられています。

野球を例にとってみましょう。ゲームはアンパイアのゲームセットの宣言で終了し、やがて自分たちの精神的な中心となっている監督に視線が集まり、胴上げが始まります。この胴上げの型が中心型です。すべての競技者と関係者、観客の心情が胴上げでひとつになり、全競技が終了します。胴上げやMVPインタビューなどの中心性を盛り上げるシーンがないと競技は終わりません。

戦闘も中心型で完了します。勝利した戦士たちは城に戻り祝いの宴が開かれます。その中心には城主が座り中心型がつくられ安心感が生まれます。

★この図は解説のために元図を改作したものです

伝統ある格調

リボンを散らして華やかさを添える

食品のパッケージには中心型がよく似合います。中心型は落ち着きと歴史の長さを感じさせ、食品にふさわしい安心感を与えるからです。とは言え、この暗い色では格調が高すぎて楽しさに欠けます。真っ赤なリボンを散らすと、楽しさが添えられます。

1

トッピングで中心をはっきりさせる

中心をはっきりさせると安心感がわきます

CHECK LIST

☺ プラスイメージ

目指すイメージと一致したら活用

- ☐ 安定・安全
- ☐ 落ち着き・穏やか
- ☐ 格調・高級
- ☐ 伝統のある
- ☐ 趣味の

☹ マイナスイメージ

マイナスと一致したら控える

- ☐ 閉鎖的・仲間だけの
- ☐ 保守的・地味
- ☐ 無難
- ☐ 年寄りの・古くさい
- ☐ 地味・消極的

CMや映画は中心型と相性が良い

中心型の構成はシンプルで安心感を与えます。主役が中心にあるので、ひと目で誰が主役かすぐにわかります。CMのようにほんの数秒だけで視聴者にメッセージを伝えるにはシンプルな構図ほど有利です。物語が少しわかりにくくても中心型にすればすっきりと伝えられます。

1 オレンジページ 2005.8.17 オレンジページ AD:西川一男 C:藤野真紀子 P:白根正治 S:肱岡香子

6 背景3型を選ぶ

背景には大別して3種類の型があります。同じ基本色で配置しても背景の型を変えると、それぞれまったく別のイメージを表します。例えば背景を白地にするとクリアな開放感を表しますが、濃い色にすると幻想的になります。

背景色の型スケール

白色

大白地型　小白地型

淡い色

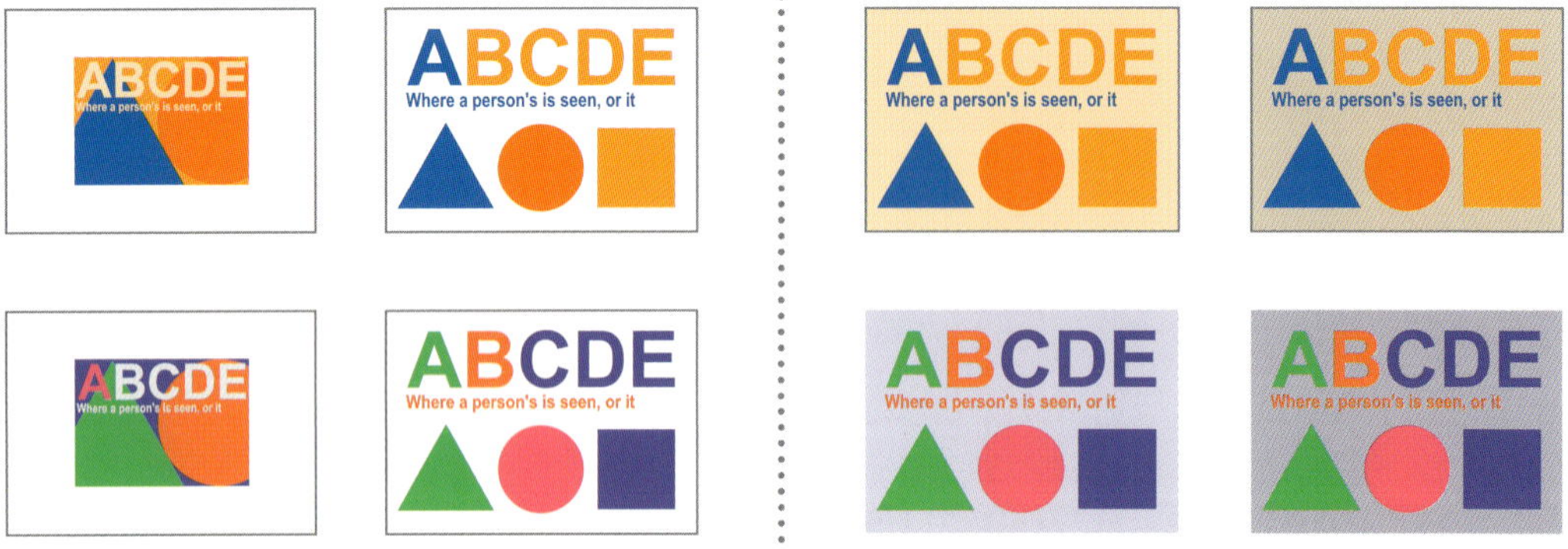

3号連続企画

そして……
5・6・7月号 3号連続の
愛読者10名を
スーパー星占い《ミッドポイント・ホロスコープ》で
特別個人鑑定！

3号連続企画応募方法

SHIHO × MELROSE × BOAO

PART 2

SHIHOとのコラボデニム
第2弾も、
現在進行中！

PART 3

第3弾は……!!
スペシャルな
デニムグッズをプレゼント！

Coming Soon!!

3号連続・読者プレゼント第1弾

SHIHOとのコラボ“黒《ブラック》デニム”を100名に！

『BOAO』読者の皆さまに、3号連続でスペシャルプレゼントを企画。
第1弾は、人気モデルSHIHOさんとメルローズ、『BOAO』とのコラボデニムに決定です！

PART 1

Detail 1
ウォッシュを適度に
効かせたブラック。

Detail 2
はき心地もよい、
ライトオンス素材に。

Detail 3
きれいめを損なわない、
適度なダメージ感。

Detail 4
何よりポイント、
きれいめ美脚シルエット。

「ブルージーンズとは違った表情が生まれるブラック。ロゴもかわいいでしょ？」

応募方法

	ウエスト	ヒップ	股上	股下	裾巾
S (7号)	73	86	18	83	44
M (9号)	76	89	19	84	46
L (11号)	79	92	20	85	47

S40名、M45名、L15名、計100名に!!

BOAO 040

1

白地型は堅実な役立ち感を表す

白地の背景はムダがない、クリアな印象を表します。伝えたい情報だけをすっきり伝えるので堅実で役に立つ力強さが表れます。誌面にはモデルのカジュアルな動きと切り抜き写真で気軽さを表しているのに、白地の背景なので実用性が表れています。

1 BOAO 2005.5 マガジンハウス AD:細山田光宣 P:福田秀世 S:宮澤敬子 I:岡村慎一郎

背景型のイメージ効果はかなり強力

下図にあるように同じ基本色を組み合わせても背景型によってイメージがまったく変わります。主色と対抗色を的確に選んでも、背景型の選択を間違えると違うイメージになってしまいます。配色作業に入る前に、どの背景型にするかを決めておきましょう。

淡色型は優しいフェミニンさを表す

淡いトーンで全体を覆うと見る人も優しい気分で覆われます。フェミニンな心安らぐ気持ちになり、淡いピンク色の服がよりかわいらしく優しく上品に見えます。

濃色型はこだわりと幻想を表す

背景を濃い色で覆うと幻想的な世界になります。画面全体を濃い紫色で染め上げているので、超趣味のこだわりのイメージが表れます。カジュアルなミッキーでも、この濃色型で表現するとどことなく幻想的な世界に包まれ、かわいさに深みが加わります。

6 背景型

白地型の背景はクリアですっきりしたイメージを表し、ムダのない堅実さと裏表のないカジュアルさの両面を表します。一方、淡色型の背景は情緒や癒しを表し、濃色型は格調や激しい強さを表します。

1 白地型 — 大白地・小白地 すっきりした ムダのない

1

すっきりと都会的なスタイリッシュ

シンプルでムダのないモダンなイメージです。白地の大きな背景は、すっきりとシンプルな印象をつくり出しています。白地が大きいので余裕が生まれ上品なイメージになります。

大白地と小白地のちがい

文字や写真などの情報を多く盛り込むほど小白地型になります。情報が多いので役立ち感が強まります。情報を少なくすると大白地型になり、都会的な趣味性の高さを表します

堅実で真面目な役立ち感

電化製品にふさわしい堅実さが表れています。この堅実さは白地の背景から生まれています。左図の白地は広い面積ですが、この白地は写真や文字が多く、役に立つ情報が詰まっている印象がします

背景3型とは

背景を白地にするか色をつけるかによって、背景型が分かれます。大別すると3種となり、さらに細かく分けると5種に分かれます。白地型には文字や写真を多くつめこんだ小白地型と、余白の多い大白地型があり、それぞれ異なったイメージになります。

白地型のイメージ

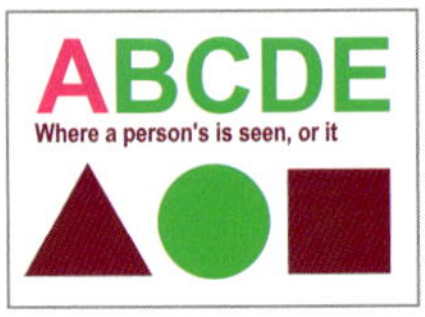

淡色型のイメージ

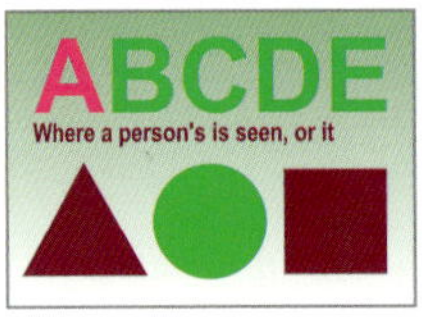

濃色型のイメージ

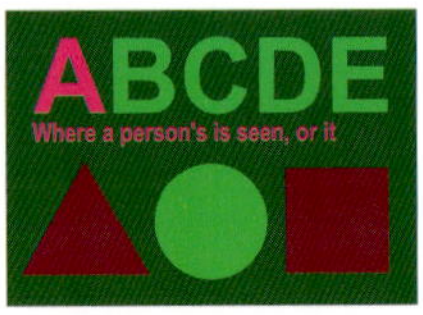

CHECK LIST

一致したら背景は大白地型で

大白地型
- □ スタイリッシュ・すっきり
- □ 紳士的・趣味の・りりしい・精密な

一致したら背景は小白地型で

小白地型
- □ 実用的・堅実・役立つ
- □ ムダのない・力強い

一致したら背景は淡色型で

淡色型
- □ 癒し・情緒ある・家庭的
- □ フェミニン・穏やかな・なごむ

一致したら背景は濃色型で

濃色型
- □ 格調・豪華・こだわり
- □ 趣味・幻想・情熱

一致したら背景は黒色型で

黒色型
- □ 幻想・ダイナミック・ワイルド
- □ 情熱的・刺激的・大胆

1 eyeco 2004.7 リクルート AD:川島進 P:John Chan,Atsushi Ueno,Tetsuya Taguchi

2 淡色型 ── 均一・グラデーション 優しく 情緒のある

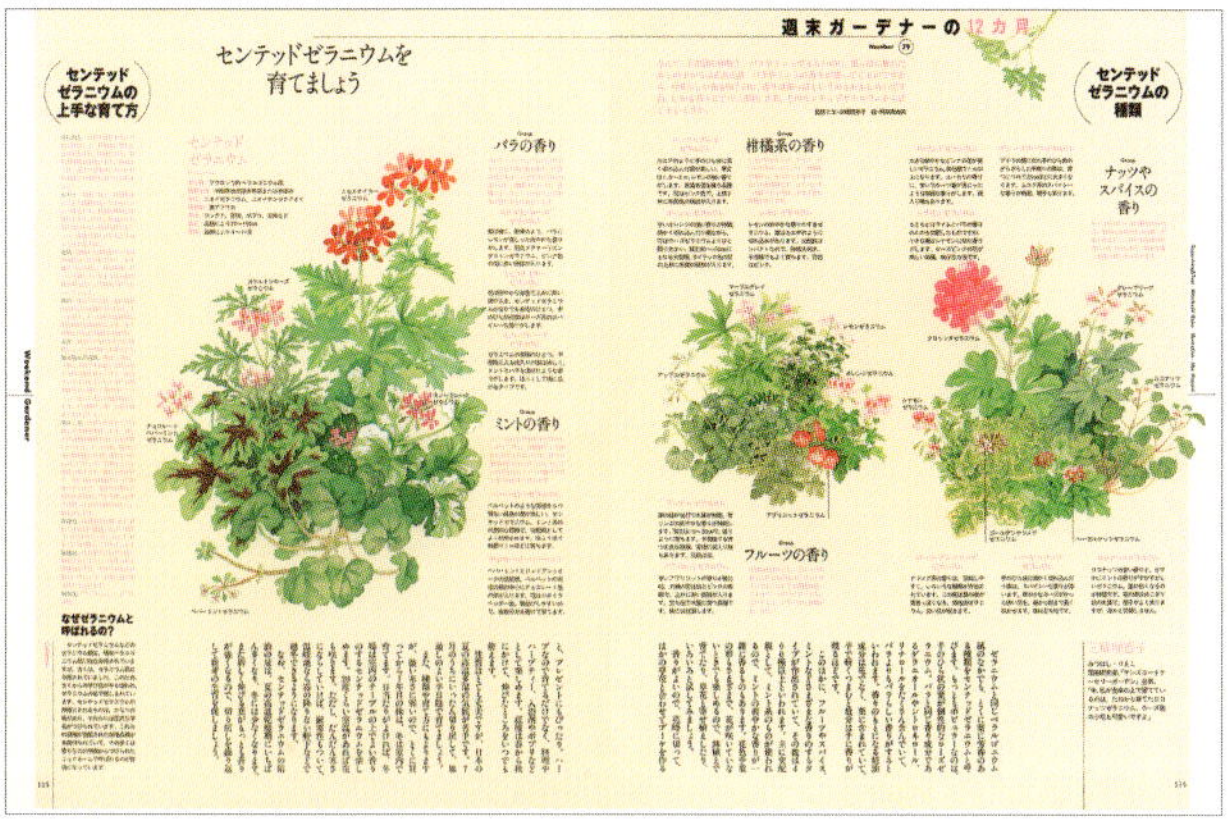

1

優しくすっきりした均一タイプ

背景を淡いトーンにすると優しい中にすっきりした感じを表します。淡いトーンによって優しさが表れ、均一な面によってシンプルさが表れ、すっきりした印象になります。

自然な優しさを表すグラデーション

写真の淡いトーンの背景は全面がグラデーションになっています。グラデーションはどこにも均一な同じ色調がなく、こだわりがありません。全体が自然に連続しています。このため、自然で優しい印象になります

3 濃色型 ── 純色・暗色・黒色 豪華 こだわり 幻想

激しい情感を表す

鮮やかな赤色で画面全体を覆うと情熱的な世界が表れ、日常にはない激しい情念が表れます。濃い色面は他人の侵入を許さない激しく閉鎖的なイメージを表します。

神秘的な幻想世界

背景全体を黒色で閉じ込めると神秘的な世界になります。宝石の繊細さに格調高い神秘的なイメージが加わります。黒色で全面を覆うと他者との交流を遮断した孤高の格調高さが強調されます

1 花時間 2004.7 角川書店 AD:岡本一宣 I:阿部真由美

7 色数の多少を選ぶ

使う色の数は意外なところで効果を発揮します。色数を自由に増やすと自然な印象になります。反対に少なく絞るとこだわり感が表れ、人工的で都会的なイメージが表れます。

少色数型—色数を制限すると、ムダな色がなくなりすっきりする

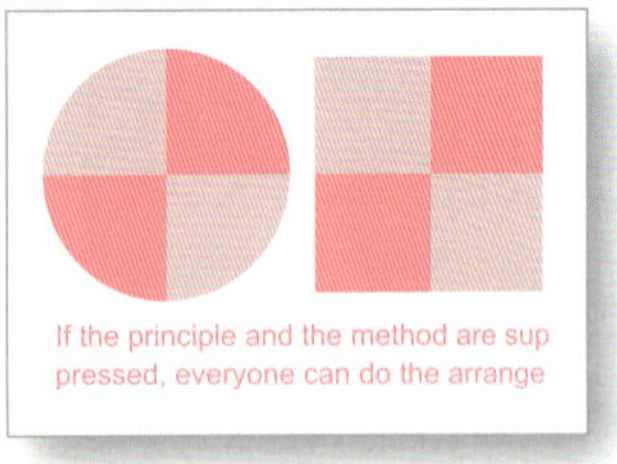

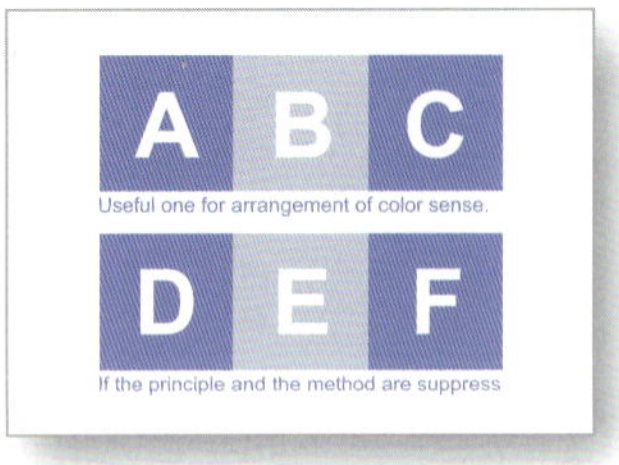

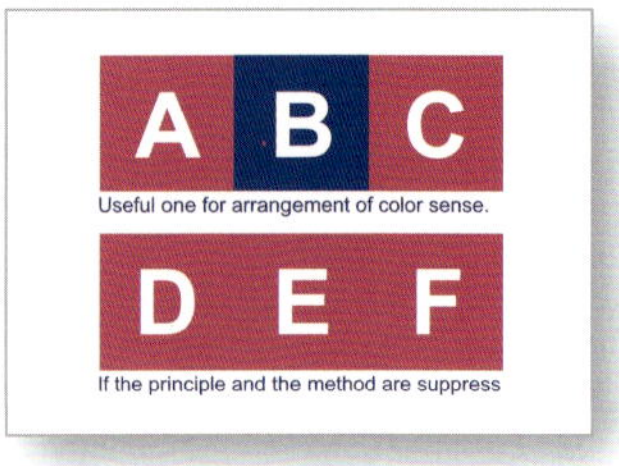

少色—上品で洗練されたイメージ 色数を少なく絞り込むと、こだわり感が生まれ、人工的で都会的なイメージが表れます。明るく素直なトーンの配色も都会的で上品なイメージになります。

色数を多くしたときのイメージは自由で

自然でのびのび

少色数型は3色まで

色数を少なくするほど少色数型の特徴が強く表れます。1色がもっとも効果的で、3色までが少色数型といえます。5色以上にすると多色数型の効果が表れます。ちなみに、下の広告紙面の色数は多く、20色位になります。

多色数型—色数を自由にすると制限がなくなり自然な自由さが表れる

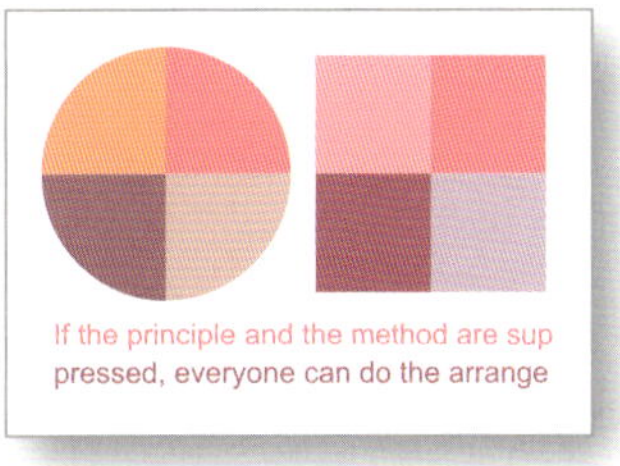

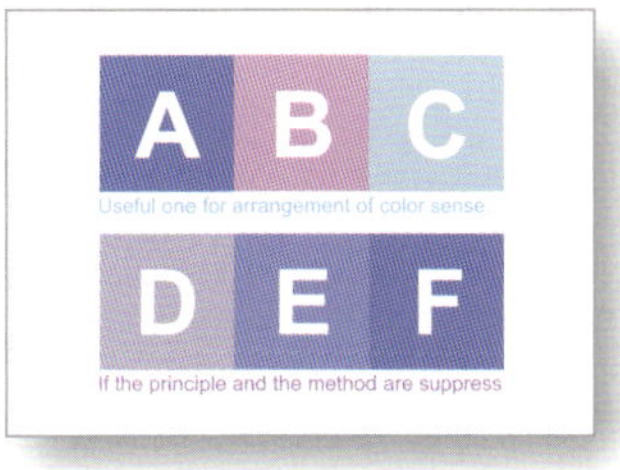

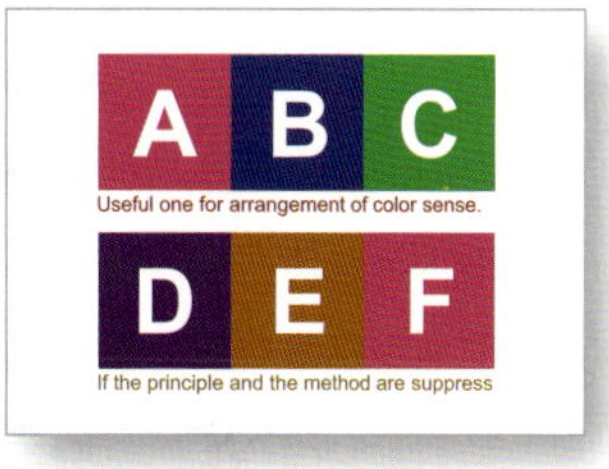

ボディソープで

梅雨のジメジメ気分、どんな香りで洗い流す？

香りさわやかバスタイム

あなたはバスタイムにどんなことを求めていますか？ カラダをきれいに洗うのはもちろん、ほっとリラックスしたり、気分をリフレッシュしたり……と、その目的もいろいろ。そこで、なりたい気分に合わせて選べる、3つの香りのボディソープをご紹介します！ 梅雨のうっとうしさまで、さわやかに洗い流してくれることうけあいです。

種子が持つ「保水力」
植物物語
ボディソープ
みずみずしく すこやかな素肌へ
ホッとリラックス
石鹸の香り
LION

ご存じでしたか？

ジメジメした梅雨は意外とお肌が乾燥しがち

湿気が多くて、お肌もベタベタ……。こんな梅雨の時期は、外から帰ってくるとすぐに、さっぱり感の強いボディソープでカラダを洗い流したくなりますよね。だけど室内は、外の湿気を追い出そうと除湿や冷房などをかけているので意外と乾燥しがち。部屋で過ごすことの多い人は、思いのほか乾燥肌に傾いている場合もあるので、要注意です！

だから

うるおいながらさわやかに過ごせるボディソープを！

そんな時期だから、肌にうるおいをしっかり与えてくれるボディソープがベスト。さらに、バスタイムで梅雨のうっとうしさまですっきり洗い流せるような、さわやかな香りのボディソープがうれしいですよね。

文／斉藤史子
撮影／池水カナエ
スタイリング／仲村瑠惠
ヘア＆メイク／八谷まり子
モデル／有村 渚
イラスト／青山京子
デザイン／小林サイコ

112

新提案

3つの香りのボディソープで上手に気分転換！

「植物物語ボディソープ」は、梅雨のジメジメ気分を洗い流すさわやかな香りで、心地よくバスタイムを演出。〈リラックス〉〈リフレッシュ〉〈いやし〉の気分に導くといわれる、こだわりの3つの香りから選べるので、その日の気分で気持ちよく使い分けられます。

気分に合わせて3つの香りを使い分けて！

たとえば ほっとリラックスしたい夜のバスタイムに

石鹸の香り

今日一日の疲れを洗い流したいときは、心もカラダもほぐしてくれるやさしい石鹸の香りで。

「植物物語ボディソープ ホッとリラックス石鹸の香り」ポンプ 580㎖、つめかえ用 420㎖ 各オープン価格

たとえば 気分をリフレッシュさせたい朝のシャワータイムに

檸檬の香り

「植物物語ボディソープ スキッとリフレッシュ檸檬の香り」ポンプ 580㎖、つめかえ用 420㎖ 各オープン価格

たとえば いやされたいときのひとりバスタイムに

森の香り

子どもから離れて、自分の時間を満喫したいときは、森の香りで心も解放して！

「植物物語ボディソープ ココロいやされる森の香り」ポンプ 580㎖、つめかえ用 420㎖ 各オープン価格

もちろん

種子の保水力で肌にたっぷりうるおいを！

さらに「植物物語ボディソープ」には、乾燥ぎみな梅雨の肌にもうれしいポイントが！ そのカギは、植物の種子が持っている「保水力」。種子は、長い間発芽を待ちつづける力を持っています。その原動力となっているのが、種子の中に蓄えられた水分。どんな環境下でも、この水分を失うことなく保てるので、長い間生命を維持しつづけることができるのです。この種子の水分保持能力にひと役買っているのが、種子の中の「オリゴ糖」。「植物物語ボディソープ」は、そんな種子の保水成分「オリゴ糖」を配合。自然なうるおいで肌をみずみずしく保ちながらも、すっきりと洗い上げてくれます。また、洗う成分の100％が植物生まれだから、子どもの肌もやさしく洗い上げます。あなたとあなたの大切な家族の素肌を洗うなら、やっぱりやさしいボディソープがいいですよね。いやな天気が続き、気分までジメジメしてきたら「植物物語ボディソープ」ですっきり洗い流してみてはいかが？ 家族みんなで、梅雨をさわやかに乗り切りましょう！

オリゴ糖が種の中で、水分と栄養を蓄えて種子の生命を維持。

しっとりするのに洗い上がりはさっぱり。ベタつく季節にピッタリ！

ヘアケアも、気分やわらぐヒーリンググリーンの香りで！

植物生まれの保水力で、翌朝までみずみずしい髪をキープしてくれるヘアケアシリーズ。気分やわらぐヒーリンググリーンの香りで、ほっと安らぐバスタイムを約束してくれます。

左から「植物物語シャンプー」ポンプ 550㎖、「植物物語コンディショナー」ポンプ 550㎖、「植物物語トリートメント」220g。シャンプーとコンディショナーには「つめかえ用」400㎖もあります。各オープン価格

協力／ライオン株式会社
お客様相談室 ☎03-3621-6611
http://www.lion.co.jp

113

多色—自由気ままなカジュアル感を表す　色数を制限なく増やすと、楽しくにぎやかなイメージが表れます。日用品など肩のこらない自然でにぎやか、開放的で気軽な商品のイメージにぴったりです。

7 色数

少色数型

役立つ情報らしさ

優しいトーンですが、少色数型なのでムダのない役に立つ実用的なイメージが表れています。

少色が洗練された自由さを表す

ラフなポーズなのにすっきりした印象があります。ファッション独特のミステリアスな表現です。この印象は少色数型によるものです。色数を自由に増やしてしまうと、このような洗練されたイメージがなくなってしまいます。

色数の増やし方
補助色を増減させる

色数を最小限に絞ると基本色の主色と対抗色だけになります。これに対し、色数を増やすときは補助色を増やします。補助色とは、主色と対抗色をひきたてたりなじませたりする色のことで、何色でも自由に増やすことができます。主色をひきたてる色は1色に限りません。多く増やせばより自然なイメージに近づきます。

基本色の色数は
色相型によって決まる

同相型の基本色は1色ですが、類似型や対決型は2色となり、三角型は3色になります。また、全相型や微全相型は5色以上になります。このように基本色の色数は色相型によって変わります。

多色数型

1

多色が気軽な自然の開放感を表す

南国の開放的でリラックスした自然さがあふれています。自然界の青色や緑色、黄色などがあふれて気どらない自然さを表しています。色数が多く制限された印象がないので気軽で自然なイメージが表れています。

少

自然界は色数の制限のない多色世界です。

私たちの身の回りにある自然はさまざまな色相やトーンであふれ、同じ色はどこにもありません。１本の木もじつに多様です。根元に近いところの葉色は濃く、梢の葉色は明るくなります。これに光が当たって陰ができ、さらに微妙に変化します。一輪の真紅のバラにも、同じ色はありません。茎に接しているところは黄緑がかって明るく、花弁のすじに沿って明るさが上に伸び、花弁の先端で鮮やかさがピークになります。自然の色はどこをとっても均一ではありません。自然を均一な色で表すと造花のような不自然さになります。

色数を少なくするということは、不自然でこだわりのある、人工的なイメージを表します。何かをより強く主張したいときに、色数を絞ります。

元気あふれる自由さ

ファミリーレストランらしいカジュアルで元気の出る開放感が表れています。鮮やかな色を色数に制限なく散りばめると、このような開放感が表れます

CHECK LIST

少色数型 一致したら色数は少く

- □ こだわりの強い
- □ 都会的・人工的
- □ 洗練された・シック・すっきりした
- □ 理知的・質実
- □ 高級・上品
- □ 大人の・気どった

多色数型 一致したら色数は多く

- □ こだわりのない
- □ 自然・のびのびした
- □ 自由・気まま
- □ 親しみ・カジュアル
- □ 開放的・にぎやか
- □ 癒される・やすらか

1 VERY 2005.8 光文社 P:富田眞光 S:近藤亜子 レイアウト:明石泰一,池田拓,亀海昌次,小枝弘明,木暮太,小松裕司,斎藤伸介,高田陽,土屋正人,中山千絵,早田二郎,日根野圭子,深谷則夫,安原和夫,柳川昭治,LUCKY OFFICE

配色と調整 編

主役中心に色を配色していき、最後に必ず調整する

いよいよ基本色を配っていきます。このときに最も注意するのは主役で、主役の強弱に注意しながら配色を進めます。配色が一通り終わったら必ず見直します。目立ちすぎるところ、ぼんやりしてあいまいすぎるところが必ずあるので、これをチェックして調整すると配色が完成します。

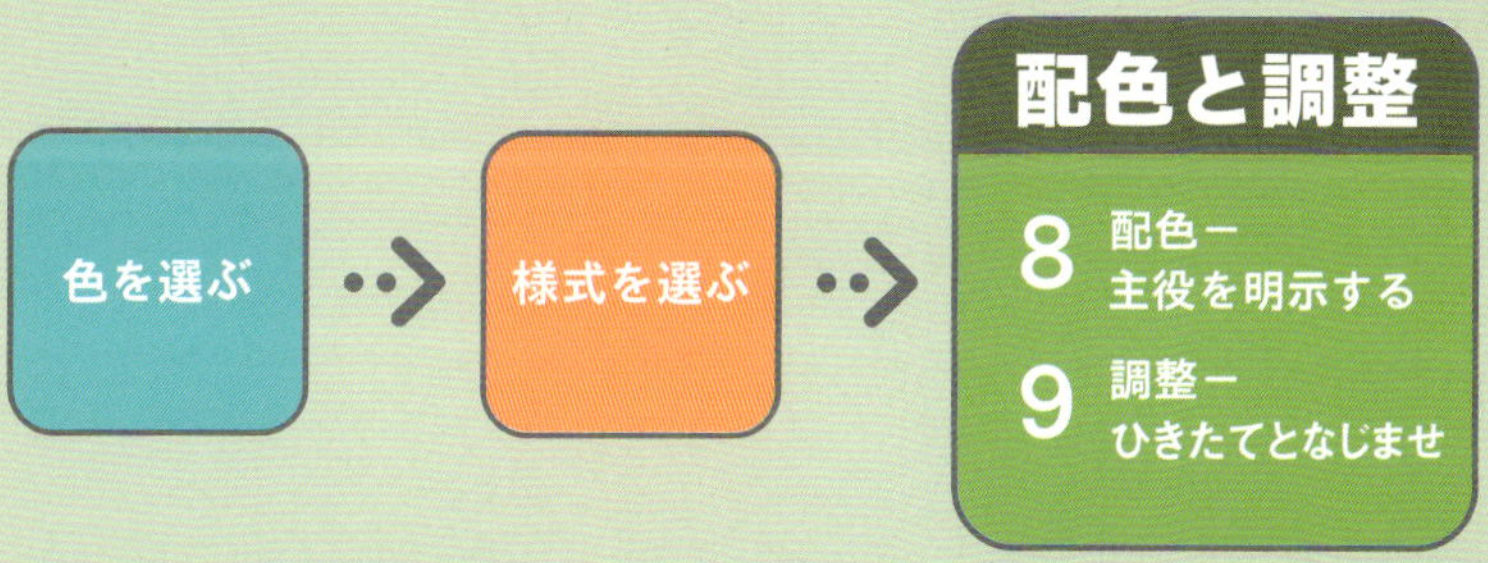

8 配色──主役を明示する

配色を始める前に主役の位置を確認しましょう。配色の手順は強い色から配っても、背景色から始めてもかまいません。しかし、どの色面を決めるときにも常に主役を念頭に置いて、色を配ります。

1

主役がはっきり示されると安心した気持ちになる

この画面を見た人はひと目で真っ赤なラズベリーに目が向かいます。迷わずに主役がわかるので安心した気持ちになり、ゆっくりとおいしそうなスイーツを楽しめます。主役がどこかわからないと、このような安らぎが生まれません。キャッチフレーズや説明文の配色はすべて主役のスイーツを中心に組み立てられています。主役のスイーツのおいしさをひきたて、楽しませるように配色されています。

主役がはっきりすると気持ちが落ち着く

どんな配色でも、必ず主役があります。主役の形は力強く堂々とした主役から、さりげなく控えめな主役までさまざまです。

主役があることによって、画面を見た人の気持ちは落ち着きます。主役がどこにあるかがわからないと不安な気持ちになり配色全体が落ち着かなくなります。また、配色はドラマの構成に似ています。主役を中心に、対抗する敵役や、主役のひきたて役やなじませ役、主役と敵役をつなぐ役などさまざまな関係でつくられます。

直接的に主役を強める

①彩度を高くする
②明度差を大きくする
③色相差を大きくする

間接的に主役を強める

④添え色を加える
⑤他の色面をより弱く抑える
⑥領地を広くとる

主役をひきたてる6つの方法

主役の強さには2つの方向があります。素直に主役らしい強さを表すのは色量率を高くすることです。もう1つは全体を上品に優しく仕上げたいときでは主役の強さも控えめにします。添え色や領地の技術を使って主役にほどのよい強さを確保します。

1 ELLE à table FRANCE 2006.5 Hachette Filipacchi Interdéco AD:Virginie Demachy P:Jérôme Bilic R:Marie Leteuré

主役は小さな緑色のパッケージ

画面を見ると真っ先に子どもの笑顔が飛び込んできます。しかし、主役は子どもではありません。その右下に置かれた小さな緑色の商品です。子どもに向けられた視線は気づかないうちに主役の商品に導かれていきます。子どもの写真は色調を控えめにして商品の色を目立たせるように調整されています。キャッチフレーズの緑色の文字もボリュームのある太字にしないで細い書体を選んでいます。こうして、視線が主役の商品に自然に導かれるように調整しています。

さりげない主役が優しい快適さを表す

タウンカーは気軽な楽しさがよく似合います。明るい青色の主役を中心に、幅広い色相で囲んで開放感を表しています

主役を特大にして力強さを表す

鮮やかな赤色のスキーブーツを特大にしてほかの靴と対比させる配置型にすると、すっきりとした力強さが表れます。色みも赤色と青色の対決型なので、力強さを強調しています

1

緑色のトッピングで
主役のパスタを強調

鮮やかなトマトがより鮮やかに見え、パスタが生き生きして見えます。緑色のトッピングで中心をはっきり示し、食品に求められる安心感が保たれます

1 BABBO ANGELO VERY 2005.8 光文社 P:大川範

8-1 彩度

主役を強く表すには主役の彩度だけをはっきり高くします。主役が生き生きして、画面全体が安定します。

1

鮮やかな主役は気持ちを安心させ、生き生きさせる

主役に鮮やかな色を集中させると、どこが主役かひと目でわかります。安心してすっきりした気持ちになります。

主役がぼやけると盛り上がらない

主役が寂しい色では盛り上がりがなく、不安な気持ちになってしまいます。

鮮やかさで主役をはっきり差別する

広告を見た人の視線は、まず唇に集められ、次に右下のボトルに移ります。唇の鮮やかさを低くしてあるので、視線は次の瞬間に主役のボトルに導かれます

彩度を高くするとは

純色がもっとも彩度が高く、白色や灰色、黒色は彩度がゼロです。トーン図（P.140）で見て右先端ほど彩度が高くなります。

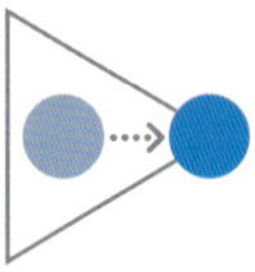

主役の明示　彩度を高くして主役をはっきりさせる

左の円の彩度を高くすると、
ひと目でどこが主役かわかる

鮮やかさが同じでは、
どちら主役かわからない

鮮やかな色が散らされて混乱している

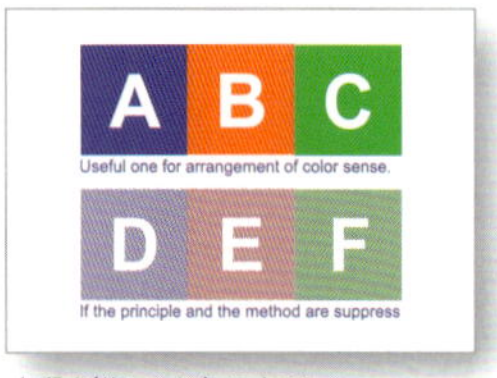

上段を鮮やかな色にすると
上段が主役であることがはっきりする

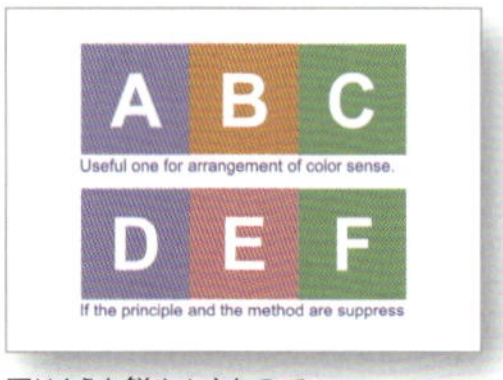

同じような鮮やかさなので、
主役がどこかぼんやりしている

どちらのグループにも鮮やかな色があって、
主役がどちらかわからない

彩度が高い
‖
はっきりする
目立つ

彩度が低い
‖
ぼやける
目立たない

1 石原荘 婦人画報 2005.3 アシェット婦人画報社 AD:岡孝治 P:細谷秀樹,蛭子真

8-2 明度

白色と黒色の組み合わせは一番目立ちます。色みがなく鮮やかさはゼロですが、明暗のコントラストが最大になるため最強の色量率になり、どんな組み合わせよりも目立ちます。

白抜き文字が主役になる

肉太のゴシック体を白抜きにすると、背景の青色と明度対比が生まれます。色みがなくてもこれだけで十分に主役らしい強さがあります。下辺の鮮やかなオレンジ色は青色の反対色に当たり、パッケージ全体をひきたてています。

鮮やかな赤色を白地でひきたてる

パッケージの中央に鮮やかな赤色を置き、その周辺を小さな面積の白色で縁どっています。鮮やかさに明暗対比が加わり、強いポイントができます。

金文字も黒地でひきたつ

黒地はどんな色でもひきたてます。それほど明るくない金色でも、黒色を背景にすると力強い主役になります。下辺の鮮やかな赤色が主役の色み不足を補って全体を盛り上げています

明度差とは

もっとも明るい色が白色で、もっとも暗い色が黒色です。P.137の演習ページで確認できます。

主役の明示 明度差を強くして主役をはっきりさせる

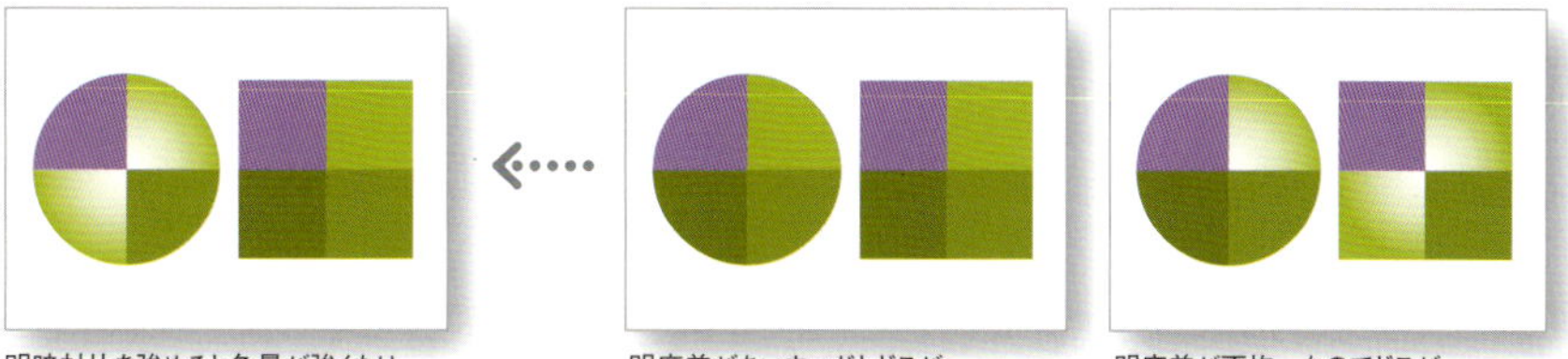

明暗対比を強めると色量が強くなり主役になる

明度差があいまいだとどこが主役かぼやけてしまう

明度差が不均一なのでどこが主役か混乱する

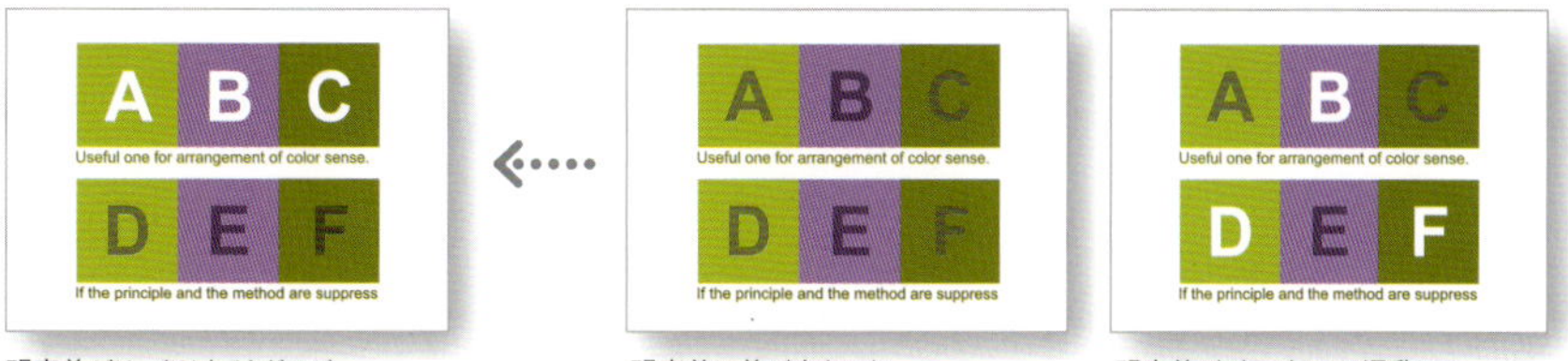

明度差がはっきりするとどこが主役かひと目でわかる

明度差に差が少ないと主役がはっきりしない

明度差がバラバラでは混乱して主役がどちらかわからない

明度差が大きい
‖
はっきりする
目立つ

明度差が小さい
‖
ぼやける
目立たない

8·3 色相型

色相型の差は見逃しがちですが、思いがけない効果を発揮する基本技術です。同じトーンの色でも、強い色相型にしたり、色相差を大きくしてコントラストを強くするだけで、色価（色の重さ）が高くなり、主役らしい積極的な強さが表れます。

タイトルの色相幅を広げると力強くなった

このパンフレットの主役は左上の真っ赤なタイトルの「JALバリ島」です。他の色面に比べてひときわ強い色になっています。タイトルの赤色には黄色が加わり色価を強めています。

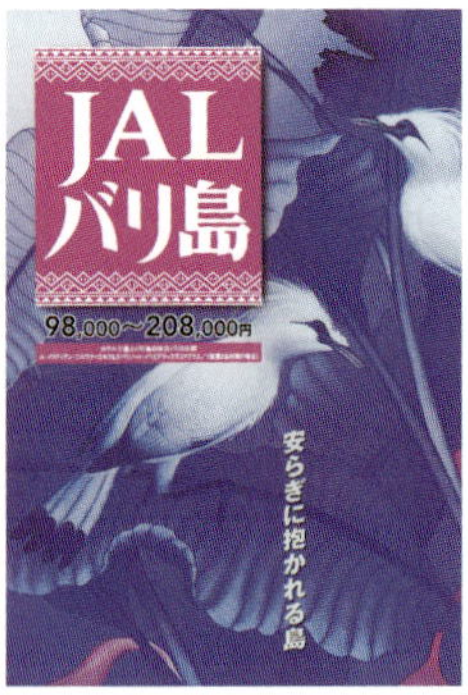

色相差が少ないと盛り上がらない

寒色だけにかたよっているので元気さが欠けます。

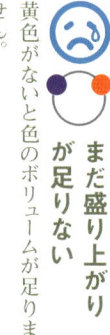

まだ盛り上がりが足りない

黄色がないと色のボリュームが足りません。

色相型とは

P.50で見るように8種類の色相型があり、強弱が分かれます。最も強い印象を表すのは多数の色相を組み合わせた全相型です。

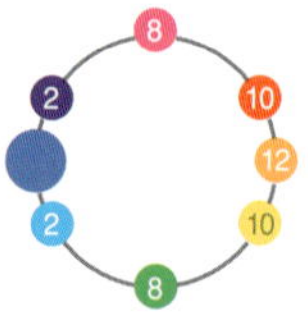

No.18の青色から見て、色相が最も遠いのはオレンジ色

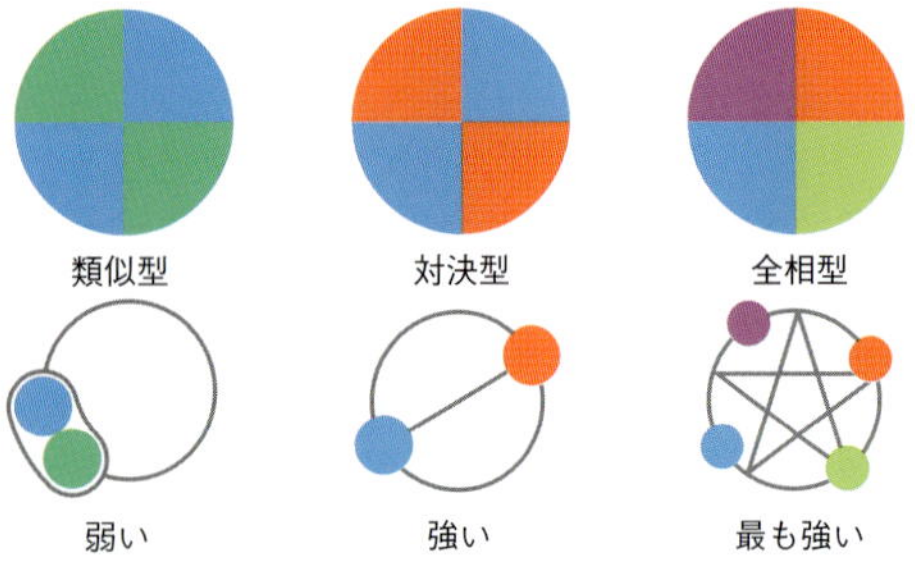

色相型の強弱スケール

色相差が少ないほど弱く、大きく広げるほど強くなります。最も弱い型は

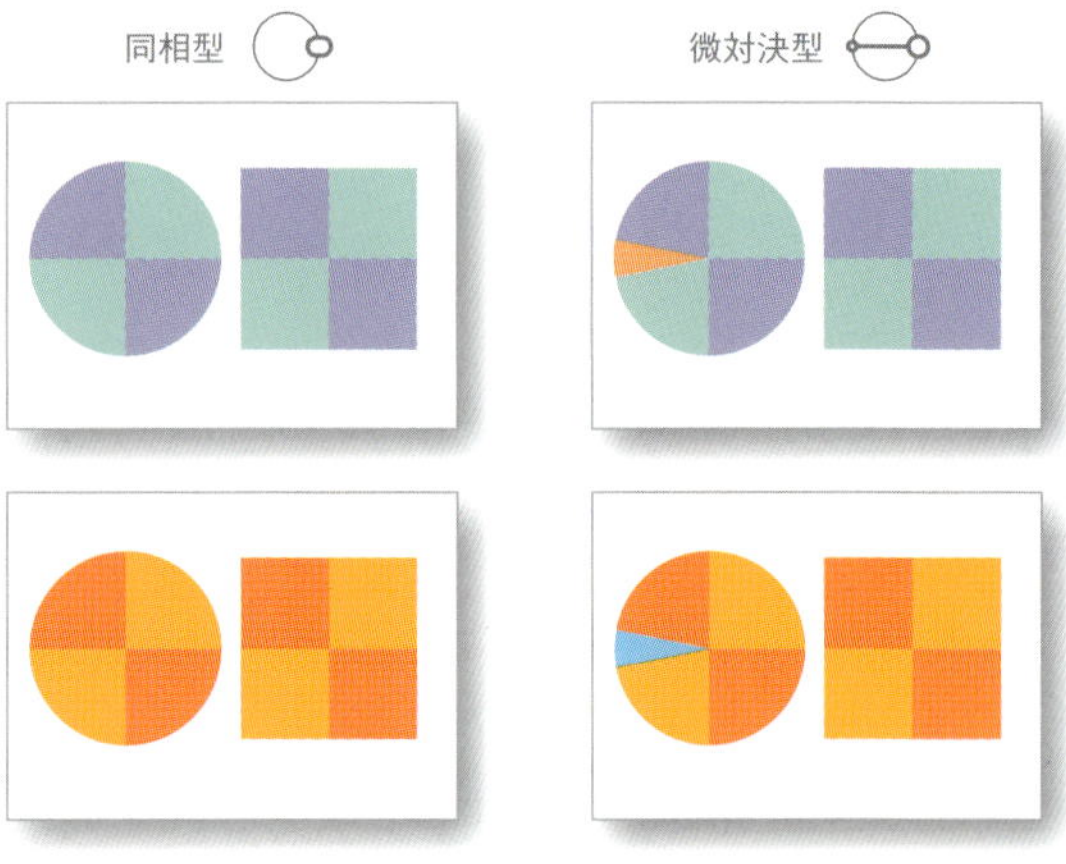

優しすぎると元気さがなくなる

タイトルを紅色だけにすると弱々しくなります。色相差がなくなって穏やかになりすぎました。

主役が弱まると重々しくなる

タイトルの色相を青色だけにすると、主役が目立たなくなるだけでなく、パッケージ全体に活気がなくなります。

主役の商品名が力強くすっきり

パッケージの主役は商品名ですが、鮮やかな青色と紅色の組み合わせで力強さが表れています。この強さは大きな色相差から生まれています。紅色と青色の色相対比は準対決型に当たります。

ほどのよい強さはどのくらいか 小さな粒のキャンディーですが、ここにも主役効果があります。色相型を変えてチェックしてみましょう。

★

類似型の主役
黄色の背景に対し、オレンジ色のタイトル色は類似色相になります。類似型は穏やかな印象になり、主役らしい強さに欠けます

対決型の主役
黄色のレモン形の背景に対し、タイトル文字の青色は反対色です。色相幅が広がって、主役らしい強さが表れました

★

全相型の主役
商品名を全相型にすると、最強の元気あふれる強さになります。しかし小粒なキャンディーにしては少々力強すぎるようです

同相型で、次いで類似色はやや強くなり、反対色を強調するほど強くなります。最も強力なのは全相型です。

対決型
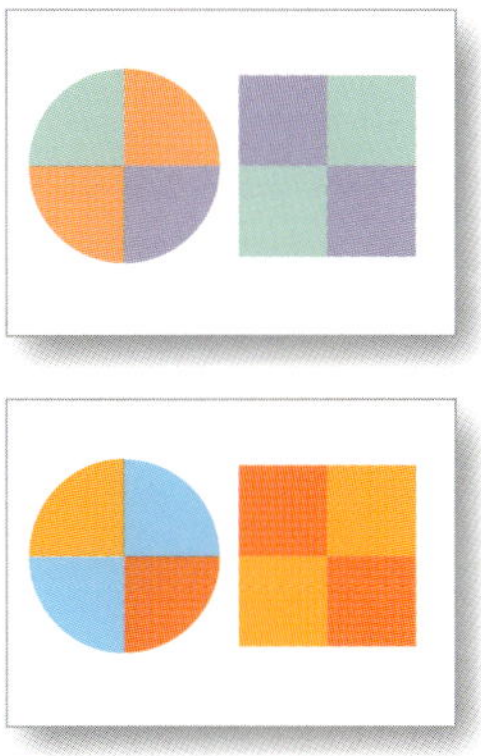

微全相型

三角型

全相型

★この図は解説のために元図を改作したものです

8-4 添え色

このページからは控えめな主役をひきたてる3つの方法を紹介します。地味な主役をひきたてるには添え色が効果的です。すぐそばに鮮やかな添え色を置くだけで一気に華やかになり、主役にふさわしい強さが表れます。

歓迎の気持ちを表し、主役にスポットライトを当てる

ハワイに訪れた観光客を歓迎するレイは添え色の代表です。レイはどんなに地味なスーツ姿の人でさえ、晴れがましい表情に変えてしまいます。添え色は主役の地味さ派手さに関係なく、一瞬のうちに開放的な華やかさに変えます。主役と添え色にどんなにイメージギャップがあってもかまいません。かえってひきたてあってそのテイストが生かされます。

主役
どんなに地味な主役でも添え色を加えると華々しく変わります

添え色
思い切り派手で華やかなほど、効果があります。不調和と思えるほど派手でもかまいません

添え色とは

主役の脇に添えるように加える色のことを添え色といい、地味な主役でも添え色を加えると華やかになります。

添え色は主役を引き締め、配色全体を深みのある立体的なものにします。すでにバランスがとれた配色でも添え色を重ねると、さらに引き締まり、力強く安定した配色がつくられます。

添え色つきの主役

添え色がないと寂しい

添え色の色面は小さめに抑える

主役の色面に対し、添え色の面積は小さくすることがポイントです。小さい面積ならば多少アンバランスな色相やトーンでもそのギャップがかえって生きます。主役は大きな色面なので、小面積の添え色で基本テイストが大崩れすることがなく、配色全体が安定した関係を保てます。添え色を大きくすると主役色の対抗色になるので新たな色相型となってしまいます。配色の基本型そのものが変わってしまいます。

1

開放感が添えられる
マンゴージュースに紅色の花を添えると日常的な光景から華やかなシーンに変わって、盛り上がります

1 ガーデンラウンジ坐忘 ELLE à table 2005.9 アシェット婦人画報社 P:Nori Nakayama

★

★

添え色が加わって完成したパッケージ

主役は黄色の商品名「Scotch」です。これに黒色の添え色を重ねると強く引き締まり、パッケージ全体が立体的で力強くなります。堅実で、仕事に役立つイメージが表れました。

基礎配色は青色と黄色

基礎となる配色は青色と黄色の組み合わせでバランスがとれています。青色と黄色の強くシンプルな色相対比によって文房具らしい堅実で役に立つ印象が表れています。しかし、このままでは力強さに欠けます

添え色は黒色 ―立体感を強める

黒色は色みがないので色相のバランスを崩さずイメージを変えません。そして強いコントラストをつくり、全体を引き締め、立体感を強めます

1

地味な商品色を華やかに盛り上げる紫の花色

商品自体が地味なトーンでも、添え色を加えると華やかに変わります。紫色の花によって主役の商品も優雅なイメージに変身します

添え色の効果

完成
反対色の青色は開放感を表し華やかさが生まれます

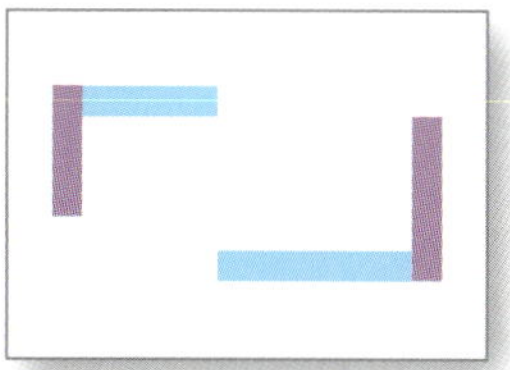

添え色
この青色と紫色は基礎配色の反対色にあたる

＋

主役
シンプルで何の変哲もない黄色

完成
地味なトーンの添え色でも、添えることで色量が高くなり、渋いなりに主役らしい華やかさが表れます

添え色
暗色のトーン

＋

主役
地味な暗色のトーン

★この図は解説のために元図を改作したものです　1 婦人画報 2004.8 アシェット婦人画報社 P:阿部浩 S:坂野美紀

8・5 脇役

上品で優しい配色をつくりたいときには、鮮やかな色面を少なくします。この場合、主役以外の色面をより抑えたトーンにすると、主役がはっきりして浮かび上がって見えます。

1

上品な主役をソフトな色調で盛り上げる

主役のチーズは淡濁色の優しいトーンです。この控えめな主役をひきたてるには背景の色みを抑えることが大切です。背景の色は淡い青色、文字は明るい青色という同じ色相のツートーンカラーで穏やかな印象を表します。青色はチーズの黄色の反対色にあたり、主役を生き生きさせます。

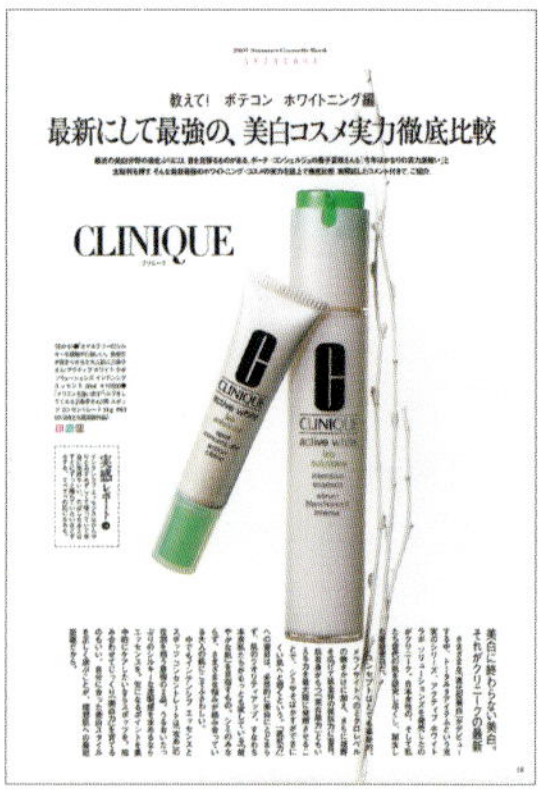

2

商品色だけを生かしてスタイリッシュに

色みは商品の緑色だけにします。その結果、主役がはっきりと表れて、都会的でスタイリッシュなイメージが表れました

脇役を抑えるとは

彩度を低くし、明度を上げると色量率が小さくなり、色みを抑えることになります。もっとも高い彩度は純色で、低い彩度は白色や灰色の無彩色です。つまり純色や暗色を避けて淡色や淡濁色のトーンにするほど弱い色量率になり、色みを抑えることになります。

脇役を抑える
↓
主役が目立つ

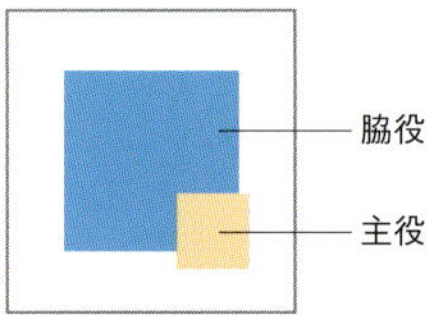

脇役を強く
↓
主役が目立たない
不安な気持ちにさせる

都

都会的とは抑制とこだわりの表現です。都会的なフェミニンさは抑制することで生まれます。

純色に白色を混ぜて鮮やかさを抑えると淡色になり、優しくフェミニンなイメージが表れます。しかし、それだけでは〈都会的〉なイメージにはなりません。〈都会的〉と感じるのは何らかの抑制を加えたときです。色数を極端に少なくしたり、色相の幅を極端に狭くしたり、彩度を抑えてグレイシュにすると〈こだわり〉感が生まれ、都会的で人工的なイメージが生まれます。反対に、制限をなくすと自然で肩のこらない開放感が表れます。色数を多くしたり、彩度の幅を広げると自然さが表れます。つまり、都会的とは自由のない、かなり制限されたこだわりのテイストなのです。スタイリッシュ、人工的、といったイメージもこうしたこだわり感で表現されます。

1 ELLE à table FRANCE 2006.5 Hachette Filipacchi Interdéco AD:Virginie Demachy P:Jérôme Bilic R:Marie Leteuré,Sandrine Giacobetti
2 Grazia 付録「女濃度アップ」の本 2004.7 講談社 P:池田保,恩田はるみ S:高橋尚美

優しい主役をひきたてるには

脇役色を抑える

上品な優しさが崩れない

配色全体が上品な優しさで包まれていますが、主役ははっきりと目立ちます。この配色の主役は右下の小さな商品です。この主役が小さくても十分に目立つのは、主役以外の色面を弱いトーンで抑えた効果です。

肝心の商品テイストが変わってしまう

主役以外の色面も強くすると主役の印象が弱くなるだけではなく、混乱した配色になります。

上品なトーンの添え色をつくる

右端に淡く優しい色面をつくり、商品を盛り上げています。この淡い色は添え色の効果と同じです

脇役を抑えて主役を浮かび上がらせる

控えめな色調の主役だが、これでも主役らしさがある

脇役が強い色になっていると主役らしさが消えてしまう

脇役も主役も同じ強さではすっきりしない

ソフトな色調の主役だが、脇役がさらにソフトなので、主役がはっきりわかる

脇役の色みが強いとどちらが主役かわからない

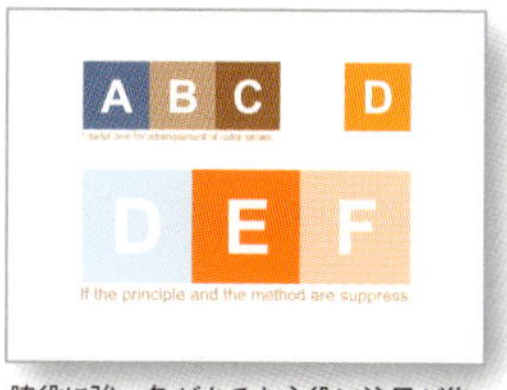

脇役に強い色があると主役に注目が集まらない

8·6 領地

文字や写真の周辺にある余白全体を〈領地〉といいます。それは文字や写真が支配している領地で、その広さで文字や写真の重要度を表します。領地を広くするとどんなに小さく弱々しい主役であっても、強くなります。

領地の広さで静寂な空間を表す

主役の商品名やボトルは、きわめて小さいのに十分に目立ちます。これが領地の効果です。小さな文字でも領地を広くとると、静けさが全体を支配して深い空間が表れます。

大きな文字は騒がしい

キャッチフレーズを大きくしたら、領地が少なくなり肝心の静けさが消えて趣味性がなくなります。

領地とは

文字や写真の周辺にとる余白を領地といいます。一般的な文章や写真には余分な余白はつくりませんが、主役には余白をつくることで主役らしい強さを表します。主役がどんなに小さく弱い色でも領地を広くとれば主役にふさわしい強さが表れます。

主役の領地が広い
↓
主役が目立つ

主役の領地がない
↓
主役がどこだかわからない

静

領地は静かさと高級感を表します。領地の広さは情報量と表裏一体です。文字や写真を増やすと情報量が増え、領地が狭くなります。ちょうど市場の中のように、ごみごみとして役立つ情報があふれたイメージになります。反対に、領地を広くとるためには文字や写真をできるだけ小さくします。こうして領地を広くすると、その中心に置かれているものは主役になり、格調高く高級な特別な存在になります。

領地の効果は配色だけではありません。私たちの日常生活でも生きています。広く静かな舞台で一人だけが静かに語り始めると、どんなに小さな声でもその一人が主役になって観客の視線を一身に集めます。多くの人から注目を集めるためには、領地をつくることが必要です。また商品をディスプレイする場所にも領地が必要です。広い背景をつくり周辺を暗く静かにして主役にスポットライトを注ぐと特別な存在になります。

領地をなくすと混乱が

下辺まで画像を侵入させると領地がなくなります。ブランド名がすっきり見えず視線が混乱します。

上品さと元気さを共存させる

元気あふれる配色の中でも領地の効果がより重要になります。画面全体は鮮やかでにぎやかですが、主役の「GUCCI」という文字は淡く優しい、弱いトーンなのに十分に目立ちます。

領地の効果

広い領地
領地が十分にあれば色に強弱の差がなくても主役がどれかすぐにわかります

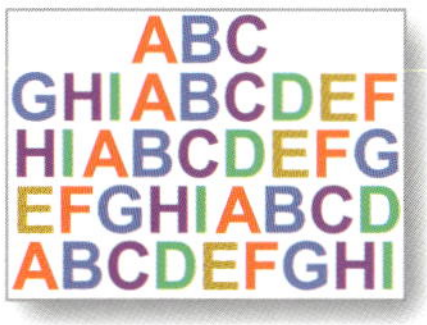

狭い領地　領地が少ないと主役がはっきりせずに混乱します

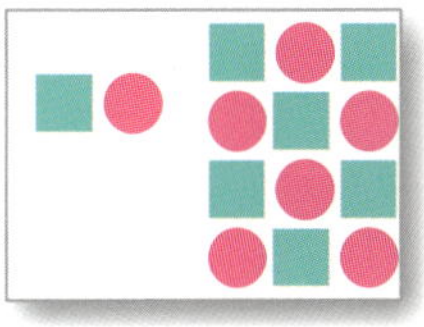

広い領地
周辺の余白が主役の領地となり主役がはっきりします

狭い領地　領地がないときに色の強さが同じでは主役がどれだかわかりません

9 調整——ひきたてとなじませ

配色の終わった画面をもう一度見ると必ず気になるところが見つかるので調整をしましょう。目立ちすぎるところ、雑然としすぎているところは配色をなじませて落ち着かせます。ぼんやりしすぎていたら配色を強めてひきたてます。

調整が終わって配色が完成

配色が一通り出来上がったら一息入れて見直しましょう。必ず弱点が見つかります。配色の途中でも強弱のバランスを注意しますが、もう一度見直して見ると、思いがけない欠点に気づきます。

色を置いただけの配色は未完成品です。料理で例えれば生煮えなところが残っている焼き魚や野菜であり、塩の効いていないスープです。最後のツメがないと料理は完成しません。

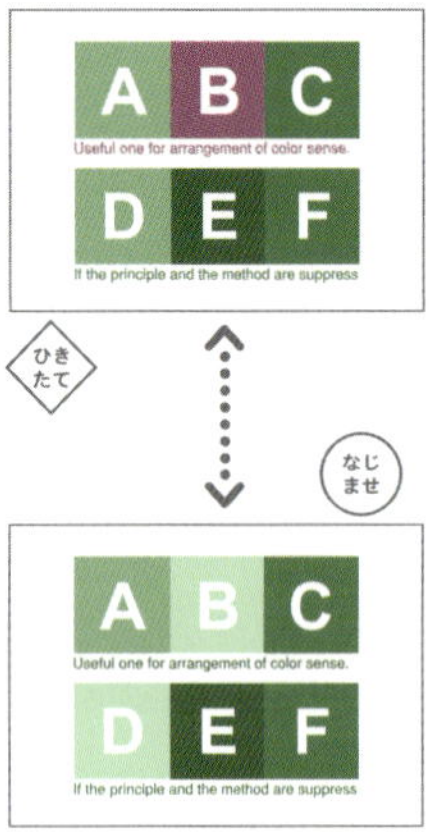

〈ひきたて〉と〈なじませ〉で調整

調整する方法はそんなに複雑ではなく〈ひきたて〉と〈なじませ〉のどちらかしかありません。弱すぎてぼんやりしている色面は〈ひきたて〉ます。反対に、目立ちすぎるところ、雑然として騒がしいところは〈なじませ〉ます。

〈ひきたて〉と〈なじませ〉の効果は表裏一体です

配色では一方的にひきたてるのではなく、時にはなじませてみることも大切です。あるところをなじませてみると、別のところがほどよくひきたってきます。

アクセントで配色全体が生き生きする

靴下に青色のアクセントをつくると配色全体が生き生きして輝きます。ひきたて方法の1つであるアクセントの効果です。アクセントをなくすと穏やかになりましたが、生き生きした印象がなくなりぼやけた感じになりました。

1

ひきたて　反対色相を加えると緊張感が生まれひきたちます

★

なじませ　同じ色相で揃えると緊張感がなくなり、なじみます

★この図は解説のために元図を改作したものです　1 VOGUE NIPPON 2005.3 日経コンデナスト P:Thomas Schenk FE(ファッションエディター):Joanne Blades

両方のバランスがとれたときに配色は完成します。

調整が必要なところをチェックする方法は、初心に戻ることです。最初に決めたイメージと比べ、現在は強すぎたり弱すぎたりしていないかをチェックします。

イメージワードで欠点をチェック

ひきたて調整が必要か、なじませ調整が必要かは、イメージワードに直すとわかります。〈ぼんやりしている〉〈弱々しい〉と感じたらひきたてる必要があります。色相差を大きくしたり、明度差を大きくしたりするとひきたちます。反対に〈騒がしい〉〈目立ちすぎる〉と感じたら〈なじませ〉が必要です。

6つのひきたてとなじませ

ひきたてとなじませの主な方法は6種類あります。このうち、①と②の色相差と明度差は前ページまでの主役をひきたてる方法と共通しています。

①色相差を大きくする、小さくする
②明度差を大きくする、小さくする
③セパレーション＆グラデーション
④アクセント＆リピート
⑤群化する—共通の色をまとめる
⑥色価を揃える—色面がなじむ

ひきたてとなじませのバランスをとる

〈ひきたて〉だけではきつい印象になり厳しく寂しくなります。また、〈なじませ〉だけではほのぼのとしますが緊張感に欠けます。両方を組み合わせたら、バランスの良い配色が完成しました。

完成
ピンク色を中心にひきたてる緑色となじませるオレンジ色が組み合わさってバランスがとれました。穏やかで優しいのにほどよい緊張感のある楽しい配色です

ひきたて—緑色
ピンク色の反対色にあたる緑色がひきたて色です。この2色だけでは厳しい印象です。完成の配色にあるような穏やかさがありません

なじませ—オレンジ色
オレンジ色はピンク色の類似色で、ピンク色をなじませています。しかし、穏やかすぎて生き生きした印象がありません。なじませ色だけでは内向的です

9-1 色相差

配色調整の最も基本的な方法は色相差と明度差です。同じ主色でも反対色を組み合わせるとひきたった配色になり、近い色相を組み合わせるとなじんだ配色になります。

★

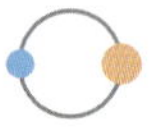

色相差大＝ひきたて

すっきりと爽やか

把手の青色はバッグと反対の色相です。バッグ本体の明るい茶色の色相は、オレンジ色でその反対色は青色です。色相差が大きいので〈ひきたて〉効果が発揮されて、生き生きとして華やかです。

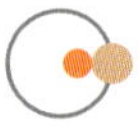

色相差なし＝なじませ

穏やかで落ち着いた

把手の鮮やかなオレンジ色はバッグ本体の色相と同じです。同じ色相にすると穏やかで落ち着きました。なじませの効果です。

色相差 大・ひきたて

1

色相差 小・なじませ

2

激しく力強い
背景の緑色が肌のオレンジ色をひきたてて強い印象になります

すっきりとして元気
手に持ったブーケの緑色はドレスのピンク色の反対色にあたり、ひきたてています。ドレスの色調は優しい淡いトーンで、これに緑色のアクセントを添えて活気を添えています

落ち着いたこだわり
ストッキングと衣装は強い明暗コントラストを表していますが、類似色だけで配色しているので優しく落ち着いています

穏やかですっきり
おきあげ雛の衣装は鮮やかな朱色と渋い同系色で配色されています。反対色のない同系色だけなので穏やかで落ち着いています

 ★この図は解説のために元図を改作したものです

1 ヴァンサンカンウエディング ドレス2005秋冬 2005.8 アシェット婦人画報社 D:植田尚子,ジーコ,藤村雅史デザイン事務所 P:井上新一郎 S:富沢由美　2 婦人画報 2005.3 アシェット婦人画報社 AD:岡孝治 P:久保田康夫

色相差大＝ひきたて　開放的で生き生き

鮮やかな黄色のリボンは、帽子の青色に対し反対色にあたります。色相差が最大になり、ひきたての効果が表れ生き生きしています。ひきたてると開放的で明るく積極的な印象になります。

色相差なし＝なじませ　優しく穏やかに

リボンの淡い青色は、帽子の青色と同じ色相です。色相差がなくなったので、〈なじませ〉の効果が大きくなり、穏やかで落ち着いています。左図と同じ青色の帽子なのに黄色いリボンのときとは、まったく別の印象に変わりました。

対決型
ひきたて

準対決型
ひきたて

類似型
なじませ

同相型
なじませ

ひきたてとなじませのスケール

色相差を大きくするほどひきたての効果が大きくなり、色相差を少なくするとなじませの効果が表れます。

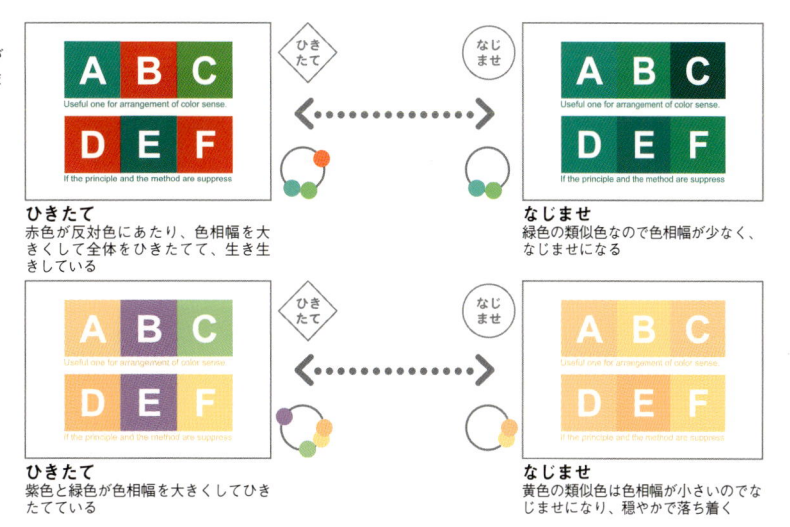

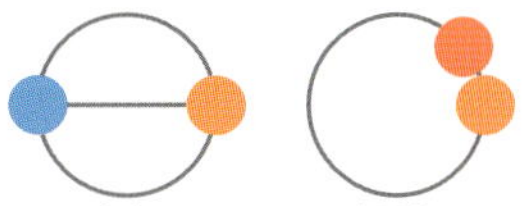

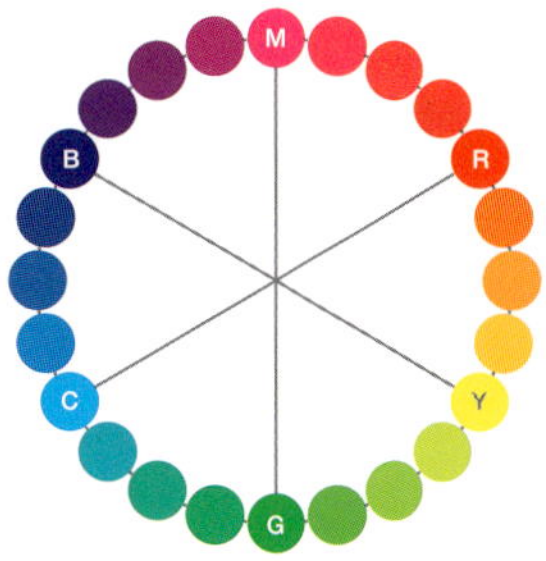

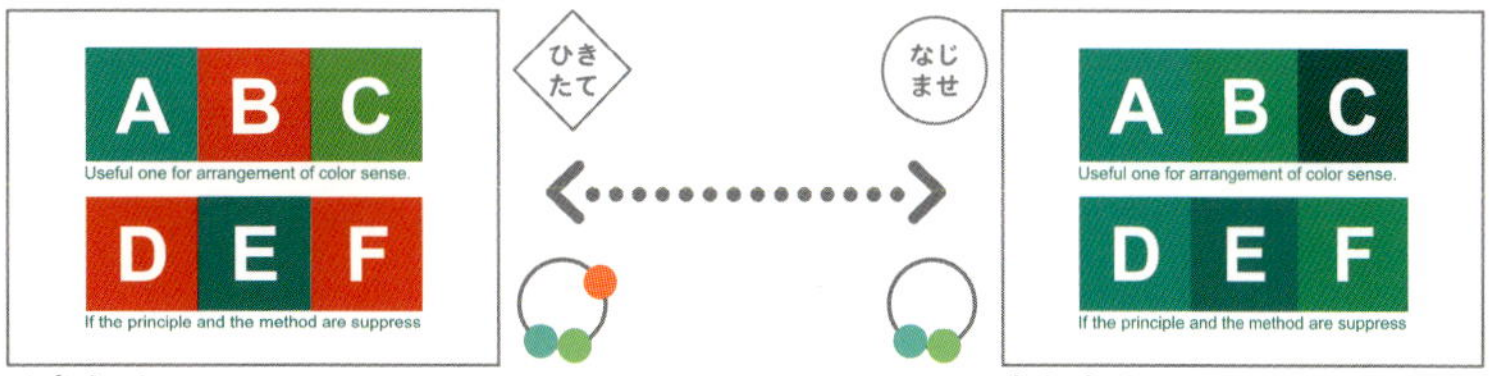

ひきたて
赤色が反対色にあたり、色相幅を大きくして全体をひきたてて、生き生きしている

なじませ
緑色の類似色なので色相幅が少なく、なじませになる

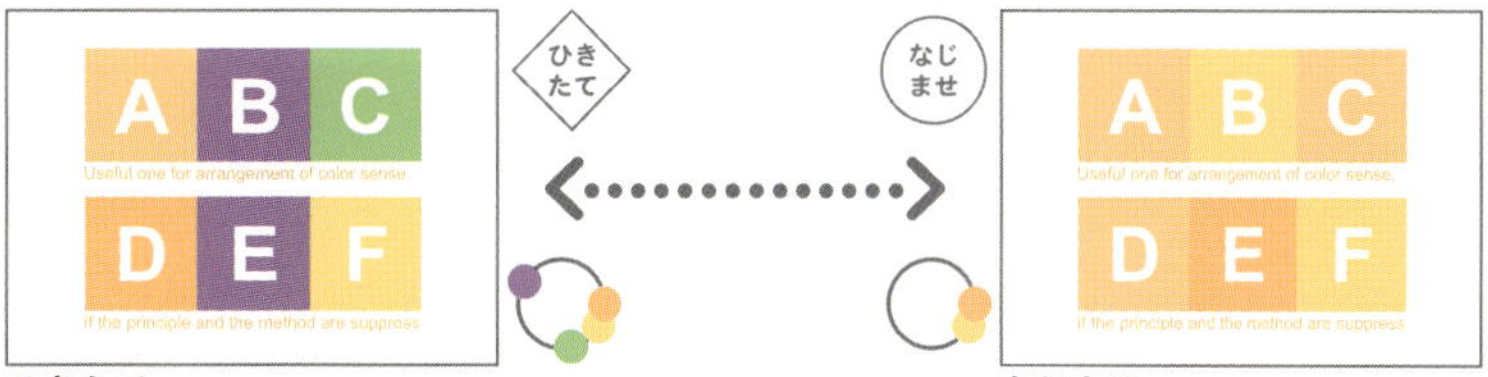

ひきたて
紫色と緑色が色相幅を大きくしてひきたてている

なじませ
黄色の類似色は色相幅が小さいのでなじませになり、穏やかで落ち着く

9-2 明度差

明度差を小さくするほど穏やかで落ち着いた印象になり、大きくすると生き生きします。明度差によるひきたてとなじませの効果は色相差と並んで基本的な要素です。両方の効果を組み合わせて使うと幅広く調整できます。

白い文字がくっきりと浮かび上がる

色相差大＝ひきたて

ロゴの白色は、深い緑色に対して明度差がかなり大きいのでひきたての効果が表れハードな印象になります。

★

しっとりと落ち着く

色相差ゼロ＝なじませ

ロゴをジャンパーの布地と同じ緑色にすると、明度差がゼロになってなじませ効果が表れ落ち着きます。

★

ひきたて **強く激しい**

明度差大＝ひきたて

穏やかさが消えてきつい印象です。

なじませ **穏やかでおとなしい**

明度差小＝なじませ

明度差が小さいので穏やかです。

明度差とは

明度スケールで見て、上下幅が広い配色は明度差が大きいことになり、上下幅が狭いと明度差が小さくなります。黄色と青色との明度差は大きく、青色を淡いトーンにすると黄色との明度差がなくなります。

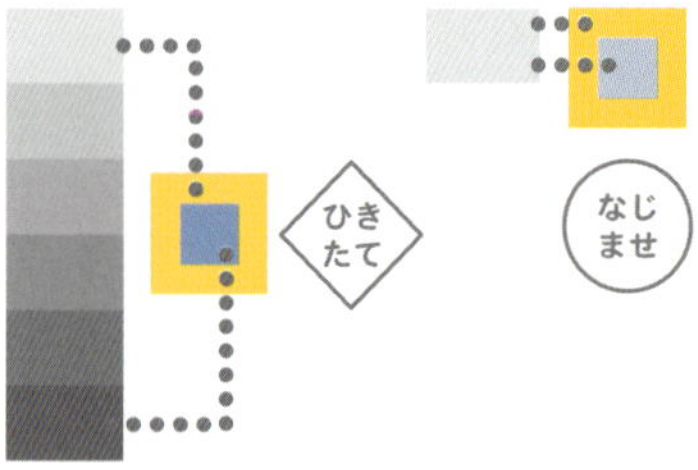

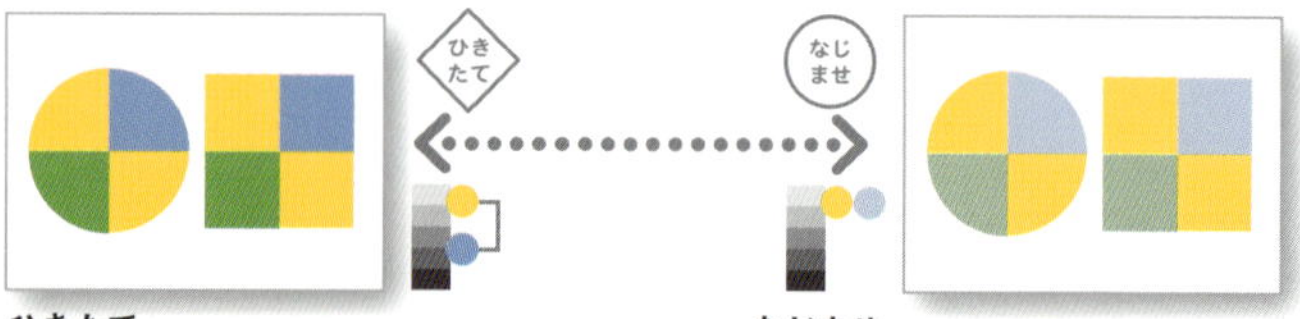

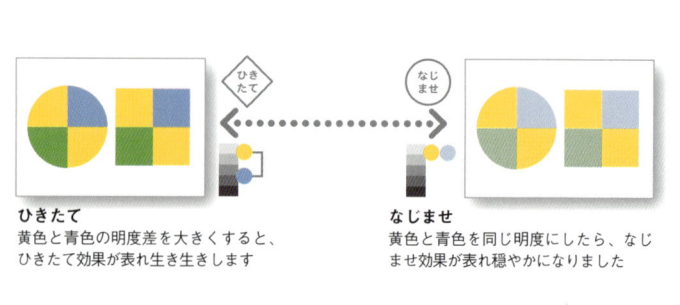

ひきたて
黄色と青色の明度差を大きくすると、ひきたて効果が表れ生き生きします

なじませ
黄色と青色を同じ明度にしたら、なじませ効果が表れ穏やかになりました

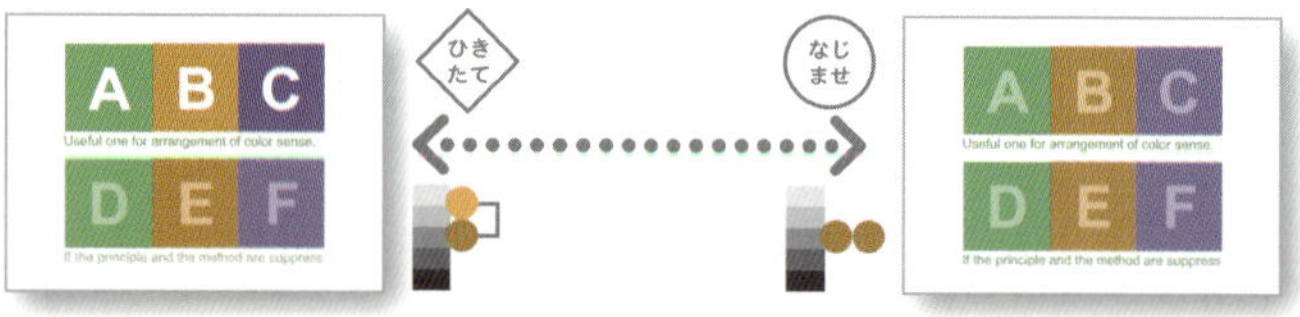

ひきたて
文字を白抜きにすると明度差が大きくなりひきたって、生き生きします

なじませ
明度差を少なくするとなじませ効果が表れ穏やかになります

★この図は解説のために元図を改作したものです

9-3 トーン差

トーンとは明度と彩度が合わさったものでトーン差は明度差と彩度差が重なり合うスケールです。トーン差を大きくすると生き生きとひきたちます。

ひきたて

ひきたて・トーン差大
白色と純色のトーン差は最大で、シャープでクリアです

なじませ

なじませ・トーン差少なめ
左のロボット犬と比べるとトーン差が小さいので穏やかな印象を表します

すっきりして歯切れ良い
トーン差大＝ひきたて

この2つのトーンはともに濁色で穏やかさを表しますが、トーン差が大きいのでひきたての効果が表れてすっきりと引き締まっています。

★

ソフトで落ち着いた
トーン差ゼロ＝なじませ

★

重厚で落ち着いた
トーン差ゼロ＝なじませ

トーン差とは

下図のトーン図で見て、離れているほどトーン差は大きく、近いほどトーン差は小さくなります。一番大きなトーン差は純色と白色、純色と黒色、白色と黒色の組み合わせです。濁色同士の組み合わせではどんなに離れていてもそれほど大きな差にはなりません。

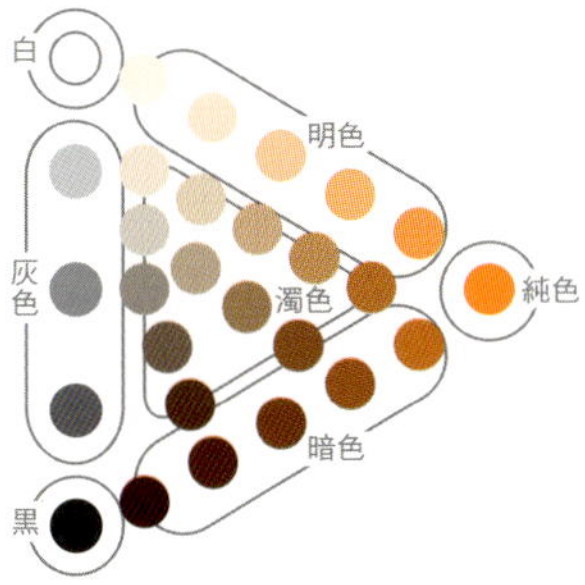

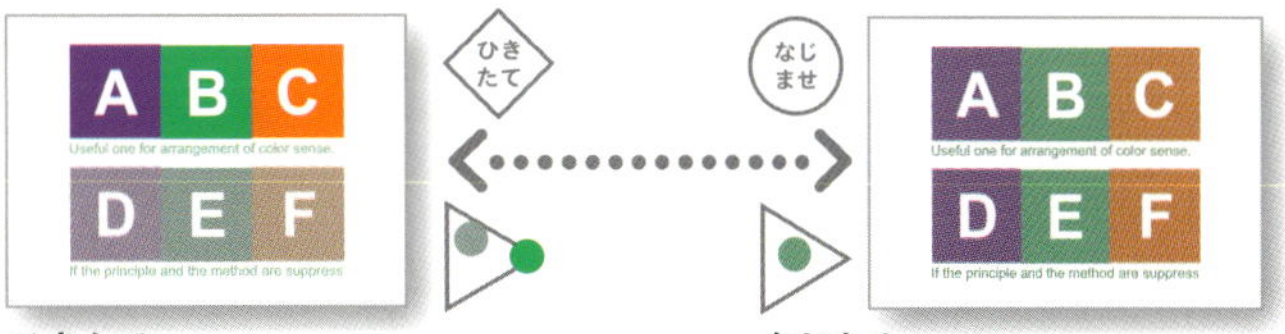

ひきたて
もっとも鮮やかな純色と明るく渋いトーンの組み合わせはトーン差が大きく生き生きします

なじませ
少し渋めの同じトーンの組み合わせなので、トーン差がなく穏やかになじんでみえます

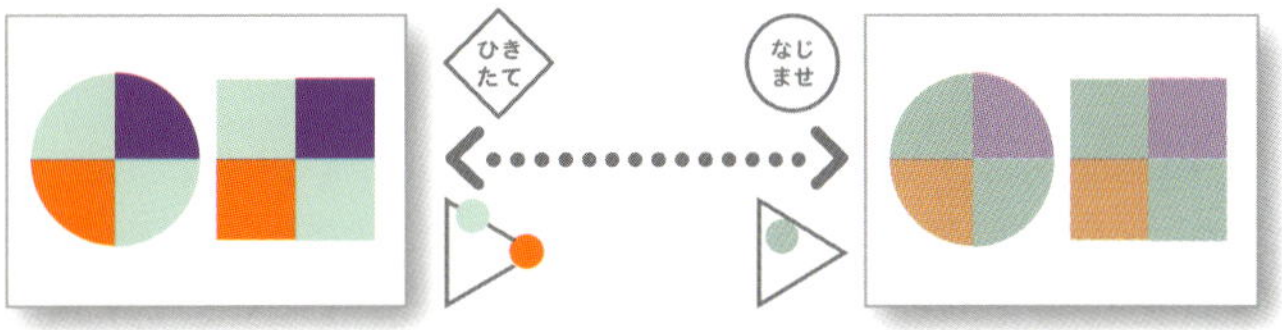

ひきたて
トーン差を大きくするとひきたち生き生きします

なじませ
トーン差を少なくするとなじませ効果が表れ穏やかになります

9·4 セパレーションとグラデーション

各々の色をはっきりと分離して並べる配置型をセパレーションといい、色調を徐々に変化させる配置型をグラデーションといいます。セパレーション型で配置すると全体が生き生きしてハキハキします。

★

セパレーション配色は開放的で力強い

セパレーション型で配置すると生き生きと快活になります。色相順を無視するので、何にも縛られない自由さが表れます。セパレーション型は全相型の持つ開放感によく似合います。全相型の色相をセパレーションで配置すると子どものおもちゃのように開放感が最大になります。

グラデーションで配置すると穏やかになる

手前の赤色から始まってオレンジ色、黄色の配列は色相環の並び順と同じ順番です。同じ方向順で秩序が守られたグラデーション型の配置にすると、穏やかな印象になります。しかし、穏やかすぎて元気あふれる自由さを表すにはグラデーションは似合いません。

セパレーション型はおもちゃの開放感に似合う

セパレーション型に配置すると子どもらしい活発さが表れ、開放感があふれます。それぞれの色が自由に変化できるので、のびのびしたイメージが広がります

マーク・ジェイコブスと村上隆に5つのクエスチョン
しかるべき引力で引きつけられたようなふたり。
ジャンルを超えて共振しあう彼らに、SPURは5つの質問を投げかけた

A 村上隆
A マーク・ジェイコブス

Q1.「色」から連想するものは?
Q2.「カワイイ」という感性をどのように捉えていますか?
Q3. コンピューターとクリエーションの関係は?
Q4. 自分のファッションで欠かせない3つのアイテムを教えてください。
Q5.

1

セパレーション型は軽快さを表す

色相順を崩して配置すると拘束がなくなり、自由な軽快さが表れます。商品を独立して見せるにはセパレーション型が基本です

セパレーションとは

色相順や明度順を無視して色を並べるとセパレーションになり、順序通りに並べるとグラデーションになります。下の色票の数字を見てみると、セパレーションは順番通りでないことがわかります。

セパレーション

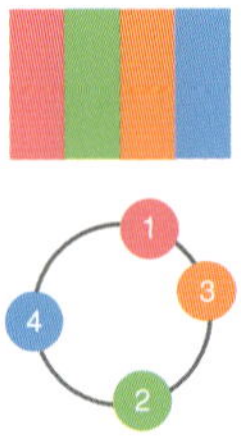

グラデーション

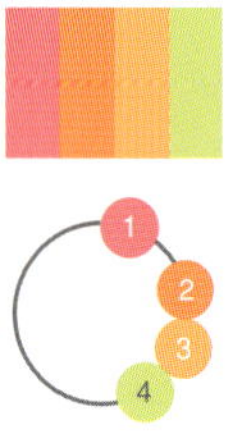

調

色調が徐々に変化することをグラデーションといいます。暗いトーンから明るいトーンへの明暗変化や、赤色から黄色への色相変化などのように一定方向への変化です。一方、変化の順序を崩すとセパレーションになります。1色1色の隣同士に共通性を持たせないで組み合わせる方法です。グラデーションの変化は秩序だっているので対立感が生まれず、穏やかで優しく配色全体をなじませます。反対にセパレーションは隣の色同士に共通性がなく、秩序がありません。このため、絶えず対立が強調され、緊張感が生まれ、配色全体を生き生きとひきたてます。

 ★この図は解説のために元図を改作したものです　1 SPUR 2003.3 集英社 AD:Masashi Fujimura D:Megumi Hagiwara,Takashi Watanabe

対立する色相も穏やかに見える

パッケージの色自体は黄色と青色のかなり離れた色相の組み合わせですが、優しく幻想的です。これはグラデーション型の効果で、ぼかしながら変化するので対立感が表れません。対立する黄色と青色が開放的な華やかさを表し、グラデーションによって優しく見えます

2

切り子模様も一種のグラデーション

シャープなカットによる色の変化が美しい切り子模様のグラスもグラデーションの一種です。繊細なカットの大小の変化によって濃淡のグラデーションが生まれます。カラー印刷の濃淡を表す小さなアミ点の効果と同じく、同時混色効果によってグラデーションに感じます

1

グラデーションは女性の優しさを表す

徐々に変化していくと対立が生まれず、優しさが表れます。フェミニンで優雅な雰囲気によく似合います。紫色の濃いトーンから淡いトーンまでのかなり幅広いトーンですが、グラデーション型で配置すると一体になって溶け合っているように見えます。

セパレーション(ひきたて)

順序を不同にして秩序を崩すと拘束感がなくなり、自由で活発な気分になります。隣同士の色相差を大きくするほどセパレーション効果は強まります。

グラデーション(なじませ)

徐々に変化していくと秩序がはっきりして安心した気持ちになり、全体がなじんだ感じになります。色みが自然に変わるグラデーションは色相環の図を見ながら配置すると確実につくれます。

1 ヴァンサンカンウエディング ドレス2005秋冬 2005.8 アシェット婦人画報社 D:植田尚子,ジーコ,藤村雅史デザイン事務所 P:井上新一郎 S:富沢由美
2 根本硝子工芸 Casa BRUTUS 特別編集 フロム日本 2005.8.10 マガジンハウス P:Shinori Murayama

9-5 アクセントでひきたて

静かな色面に小さく鮮やかな色を加えるとシャープで生き生きします。アクセント色以外はできるだけ抑え目にするとより効果的で、変化が生き生きして見えます。

1

アクセント

ひきたて・アクセント

アクセントの位置は思いがけない、常識はずれな位置ほど効果があります。小面積なので、どこに置いてもバランスが崩れず、ファッションにふさわしい意外性が表れます。

なじませ・アクセントなし

アクセントをなくすと、モノトーンだけの配色になり、観客が去ったあとの舞台のように気の抜けた寂しい印象になります。モノトーンの配色とアクセント色が補い合ってこだわりの強い静寂な配色に支えられていたことがわかります。

A

アクセントはおしゃれな趣味性を表します。配色で使うアクセントという言葉は、小さく鮮やかな色面による強調効果のことです。アクセント色以外の色みを抑えるほど、アクセントの効果が強まります。大面積を占めるアクセント色以外の色を抑制すると、こだわり感が強く表れ、趣味性の深さをイメージさせます。そこにシャープな対立が加わるので、開放性が表れ、生き生きします。アクセントを生かすと、おしゃれな趣味性が表れます。

アクセントの色面は小面積が絶対条件です。アクセントを多くして大きな面積にすると配色全体が派手で元気になって、趣味性の深さがなくなってしまいます。アクセントのしくみは色相型の微対決型と同じです。アクセント以外の配色を強く統一しておくことで、静かな情緒性が表れるのです。

アクセントは都会的な趣味性を表す

コーヒー店らしい趣味性は白色と黒色の色みを抑えたベース色と、鮮やかな黄色のアクセントでつくられます

鮮やかな紅色をリピートさせる

衣装の紅色と同じ紅色の小さな鳥がリピートの効果を発揮しています。紅色の小鳥を指で隠すと開放感が消えて寂しい印象に変わります

1 VOGUE NIPPON 2005.3 日経コンデナスト P:Thomas Schenk FE:Joanne Blades

リピートでなじませ

同じ色調を離れた場所に繰り返し使うことをリピートといいます。繰り返すことで離れた場所に共通点が生まれ、画面全体に一体感が生まれます。

リピートが消えると穏やかさが消えた

リピートをなくすと対決だけになり、穏やかな自然さが消えてしまいます。対決感だけが残った結果、厳しいイメージに変わりました。

リピート

スタイリッシュで穏やかなリピートの効果

都会的でスマートなイメージなのに、穏やかな自然さがあるバランスのとれた美しい配色です。画面の左半分と右半分を大きく対決させ、一方、左の青色は右側の明るい青色にリピート(反復)しています。こうして対決と融合が一体になって、バランスのとれた配色になります。

R

リピートはひきたてとなじませのバランスがとりやすく、最も使いやすい配色方法です。リピートとは、ある印象的な色を他の面でも繰り返すことをいい、全体が融合します。対立しあう左右の色面に、リピートをとり入れると、対決による緊張感と、融合によるなじませ感が一体になり、バランスのとれた配色が生まれます。

リピートを生かせば自然ななじませが生まれます。リピートはどんな配色にも大きな効果があります。対決しあう配色をなじませるにも、対決のない配色でも、どの型でも有効です。仮置きした配色を見直して、1ヵ所だけ不自然に突出しているところがあったら、その色面から離れた場所に同じ色をリピートします。突出した色の強さはそのままで画面全体は融合して、ひきたてとなじませの両方が生かされます。

アクセントとリピートの効果

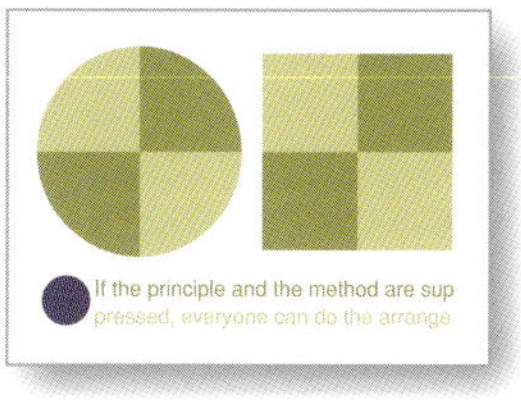

アクセント
アクセント
ひきたてる

小面積の強い色で穏やかな全体を引き締めます。アクセント色以外のベースになる色は、くどい色調でも優しい色調でもそれぞれに効果があります。優しい色調ならば優しさの中にシャープな変化が起きて全体が引き締まります

リピート
なじませる
リピート

印象的な色を離れた場所で繰り返すと全体が一体になります。印象的な色は全体との対立も表すので、ひきたてとなじませが同時に起きるバランスのとれた配色になります

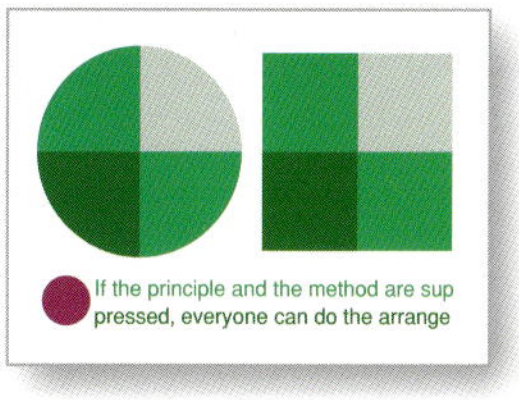

アクセント
アクセント
ひきたてる

リピート
なじませる
リピート

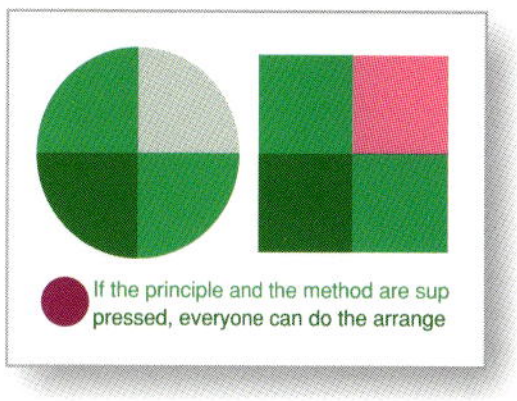

9-6 群化《ぐんか》

隣同士の色面を共通の色にすると1つのグループに見え、これを群化といいます。群化するとなじませとひきたてが同時に発生し、力強く印象的な配色がつくられます。

1

さりげない群化でなじませる

中央の2人の人物がはっきりと対決しているのになじんで見えます。この不思議な効果が群化です。2人の主人公を挟んで左右に青色と紅色で対決しています。右側は紅色、朱色、黄色と暖色の一群をつくっています。一方、左側は青色と緑色の寒色によって群化されています。こうして左右が群化で対決し、その中心は明度差をつけてひきたてつつ、暖寒の中立にあたる白色なのでなじんでいます。

群化を崩すと混乱してバラバラになった

色の配列順を崩すと群化がなくなります。同じ色なのにしっとりとした情緒が消えて落ち着きがなくなりました。対決感もなくなり緊張感も消えてしまいました。

大胆さが安定して見える

上下を群化して対決させます。しかし、どんなに大胆に配色しても、群化の効果が効いていて大胆さと安定の両方が生きています

2

群化すると自由さが引き締まる

白地のワンピースと濃い青色の上着を対決させると、群化が生まれます。白地のワンピースには細かい模様が散りばめられて自由気ままな印象で、それを上着の青色が引き締めています

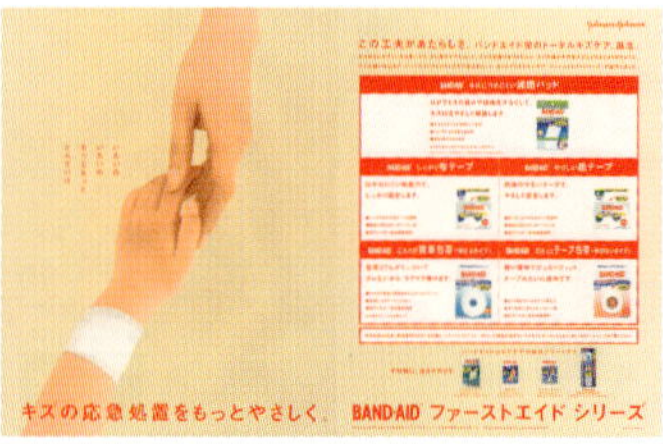

優しいのにすっきりしている

右側に白地の枠をつくると群化が生まれます。優しいトーンの中に群化を加えたことでほどよい引き締め効果が表れました。これによって役立つイメージが生まれました

★この図は解説のために元図を改作したものです　1 ピカソ 恋人たち 1923 ワシントン,ナショナル・ギャラリー　2 Oggi 2005.7 小学館 D:ファブ P:水田学 S:大久保節子

1

強すぎる配色も群化させると安定する

背景の配色も女性の衣服もともに強く激しい対比ですが、不思議と安定して見えます。この安定と力強さは群化の効果が生きているからです。両面とも激しい対比配色なのに群化によってそれぞれが対決し合ってバランスがとれています。

どんなに激しく強い配色でも、群化による〈まとめる〉力が強く働いています。

群化をなくすと平凡に

背景の色と服の色を混ぜると群化がなくなりました。対立がなくなってメリハリのない平凡な配色になりました。

★

静かでシンプルな表情に

背景にあった黄色や赤色、服の黄色をなくすと、紫色と緑色のシンプルな群化になりました。

群化するとなじませとひきたてが同時に生まれる

群化という言葉は、聞き慣れない言葉ですが、構図や配色には欠かせない基本的な技術です。絵画などでは必ず使われている効果的な技法です。群化とは、グループ化することで、特定の場所を共通する色にして1つの群としてまとめることです。暖色同士でまとめたり、暗色でまとめたり、共通する色で統一するとそこが1つのグループとなり、群になります。

群化すると、ひきたてとなじませが同時に発生します。あるグループを群化すると、他の面と対決が生まれ、一方、同じ群の中は統一されてなじませが生まれます。ひきたてとなじませが同時に発生し、共存しあい、独特のバランスのとれた力強い配色が生まれます。

群化—ひきしめとなじませ

全体は対決によって引き締まり、それぞれの面は共通化によってなじんでいます。力強い対決感が生まれるのに同時になじんで落ち着いた印象になります。群化するだけで緊張と安定が同時に発生します

群化なし—拘束のない自由さを表す

群化をはずすと拘束がなくなり自由で気軽なイメージが表れます。肩のこらない自然さを表したいときには群化をはずします

1 SPUR 2003.3. 集英社 AD:Masashi Fujimura P:Takashi Miezaki S:Yuiko Yoshimura C&T(構成,テキスト):Hiroko Inamoto

ひきたて・なじませで調整 VALEUR

9·7 色《しき》価《か》

配色の最後の仕上げは色価を揃えることです。色価とは、聞き慣れない言葉ですが、配色を完成させるのに欠かせない技術です。原則を理解すればかなりレベルがあがります。

同じトーンでも色価が揃わない

色価を合わせる原則は同じトーンにすることです。

しかし、鮮やかな強いトーンでは同じトーンにしたのに落ち着かないことがあります。右の広告がその典型的なケースです。色票Bの3色は黄色のに合わせて青色と緑色も純色のトーンにしました。しかし、なぜか落ち着きません。黄色に比べて青色と緑色の色価が高く不ぞろいだからです。一方、Aは自然ですっきりとして見えます。黄色に合わせて青色と緑色を明るいトーンにして色価を弱くした結果、黄色の色価と揃ってすっきりしました。

RGBが強くCMYが弱い

同じトーンにしても色価が不ぞろいになるのは純色に近い強い色のときだけです。明るいトーンや濁色では色価の不揃いはそんなに気になりません。ポイントは純色のトーンを揃えることです。

純色の中で最も強いのはRGBと呼ばれる、赤色、緑色、紫色の3色です。反対に最も弱いのはCMYと呼ばれる青色、紅色、黄色の3色で、特に黄色は特別に弱い色です。したがって強いRGB3色を弱くして、CMY3色は強くすれば色価が揃います。

色価とは色の重さ、強さの総合値

色価の強弱は鮮やかさとコントラストの強弱でつくられます。彩度が鮮やかで明度、色相のコントラストが強いほど色価が高くなり、弱めるほど色価が下がります。また、同じトーンは同じ色価が原則ですが、純色に近い鮮やかなトーンは色相によって大きく変わるので調整が必要になります。

色価が揃います。

色量率とシンクロする

色価は64ページで紹介する色量率と同じ概念を指します。面積（視角）と色相（暖・寒）の条件を加えると色量率になります。

A

色価が揃ってすっきり
青色と緑色を明るくしました。純色に白色を加えたトーンにして純色に比べかなり弱くしました。その結果、黄色の色価と揃って、3色の組み合わせが落ち着きました

B

色価が合わず落ち着かない
3色とも同じ純色のトーンですが、黄色の色価が特に弱いので他の2色と不揃いになって雑然としています

色価を揃える原則

強いRGBを弱くし、弱いCMYを強くする。特にYが弱い

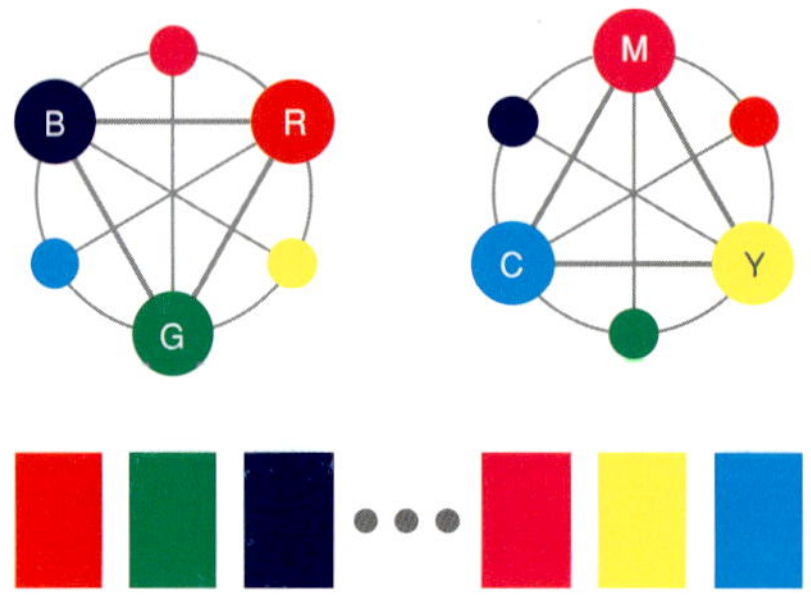

色価が高いRGB　　色価が弱いCMY

調整例

未調整の純色
純色を機械的に並べてみました。強弱差が目立って混乱し、雑然とします

色価の調整例

調整しないで色を並べると色価が不揃いになります。
弱い色を強くし、強すぎた色を弱めると落ち着いた配色が完成します。

一見すると調和して見えるが、落ち着きがない。これはどこかが揃っていないため

黄色と青色に赤みを加えて色価を高くし、他の3色と色価を揃える

4色ともバラバラで落ち着かない

黄色と青色の色価を高くしたら、しっくりと落ち着いた

黄色と紫色がバラバラで落ち着かない

黄色を紫色の強さに合わせたら落ち着いてきた。さらに淡い青色を少し濃くして、左右をなじませた

黄色が弱々しく、他の色と合っていない

黄色を強め、他の色も少し強くした

強い色に合わせて他の色価を強くした

下辺中央の青色に合わせて他の色相を強くしました。黄色には赤みや黒色を加えて強め、青色と同じ強さにしました

弱い黄色に合わせて他を弱くした

黄色はひときわ色価が弱い色です。他の色をこの黄色に揃えて弱めました。例えば下辺の青色は70%まで薄めています

重 原則と感性の両面から理解しよう

色価とは色の重さ、強弱を表しますが、わかりにくい要素です。前ページまでと違い、色価だけは複雑で感性による判断力が欠かせません。色価は配色を客観化できない最後の壁で、デッサンによる訓練などが必要です。

しかし、このページで紹介する原則を理解すれば、色価の不揃いを効果的にほぼ調整できます。

サンプルで示した調整前と調整後の違いをさがして見ましょう。肩の力を抜いてぼんやりと何げなく見るとその違いが見えてきます。この違いが見えたら、あとは原則をチェックしながら何回も見比べて身につけましょう。

個人色と社会色―配色に個人差が生まれるしくみ

壁「配色のしくみは複雑で、確実な方法はない」、「直感と経験に頼るしかない」という考え方が配色専門家の常識のようです。もちろん、それは思い込みです。配色は確かに複雑であり、壁もあります。しかし、スケール化すれば目指す通りの配色がかなり正確につくれます。壁の1つが社会色と個人色の関係です。この関係を整理しない限り、配色のしくみは理解できません。

個人の好みは十人十色

下の配色サンプルを使って好き嫌い調査をすると、優しい穏やかな色が好きな人、元気な色が好きな人、情緒のある色が好きな人と、それぞれの好みが違い、一組には絞れません。個人の好みは多数決で縛ることはできないのです。まさに十人十色です。

社会的な好みは十人一色

一方、社会的なメッセージが加わると好き嫌いは特定の配色に絞られます。かき氷の暖簾の赤色を青にすると爽やかさがなくなり、誰も好感しません。社会的なメッセージのある配色は、共通したイメージで支えられています。

配色が一致したときに共感がわき、好感が持たれ、一致しないと嫌われます。配色はそれぞれの社会的な価値観を反映して、共通したメッセージで共感しあっているのです。社会色はまさに十人一色です。

現実の配色は個人色と社会色の中間値

目的のない単なる色の組み合わせの好みは十人十色ですが、社会性が加わると十人一色になります。しかし、個人が実際に好む配色は純粋な社会色ではありません。もちろん、個人色でもありません。個人色と社会色の中間点から選ばれるのです。社会的な価値観を反映しつつ個人的な好みも反映して、その中間あたりの配色が選ばれます。個人的な好みの強い人は個人色に近い色を、社会性の強い人はより社会色に近い色を選びます。

社会色は変化し続ける

社会色は時代や地域、民族によって、絶えず変わります。例えば配色をスケール化して比べると、日本人は穏やかでカジュアルなテイストを好むことがわかります。アメリカや中国、韓国では緊張感の強い準対決型が定番ですが、日本では少数派です。また、時代によっても変化します。第二次世界大戦中の日本では渋く暗いトーンが主流でしたが、戦争が終わると前向きなトーンが好まれ、赤いりんご、青い空、幸せの黄色いハンカチと一変しました。

個人色は十人十色

好きな配色は一組に絞れません。鮮やかで開放的な強い配色が好きな人、優しく静かな配色が好きな人、中庸の明るく穏やかな配色が好きな人と、人それぞれでどれか1つには絞れません。時代や年齢、性別、環境によって大きな傾向がありますが、個人別には特定できません。

人の好みはよりカラフルへ、より大型へ

私たちは鮮やかな明るい色を好み、印刷物やテレビはよりカラフルでより大型化を目指しています。これは人類の進化とシンクロしているように見えます。人類の元祖は1億数千年前の時代に恐竜から逃れて夜の闇に行動し、体長10cm、寿命2年で、美しい色彩を感じ取る網膜の錐体はほとんどなく、杆体主体のモノクロームの世界に生きていました。やがて恐竜時代が終わり、人類は今では体長2m、寿命100年の時代に入ろうとしています。私たちが明るい色を好み、より大型化を好むのもこの進化と関係しているように見えます。また、モノクロームの情景に郷愁と安らぎを感じるのも恐竜時代の記憶があるのかもしれません。

★この図は解説のために元図を改作したものです

現実色は社会色と個人色の中間にある

★

1

社会色
ウエディングドレスの社会色は清純さをイメージする純白です。
花嫁＝清純さ、という社会的価値観がベースになっています

個人色
個人色は十人十色。鮮やかで元気な配色が好きな人、優しく穏やかな色調が好きな人と、個人個人の好みがあります

現実色
社会色の純白さに、個人色のブーケや髪飾りが加わります。その人らしさと、社会的な共感の両面が表れます

社会色は十人一色

社会的な目的がある場合は好感される配色は絞られます。十人が十人とも同じ配色を選び、違う配色は共感が得られず、好かれません。配色の良し悪しを社会的用途のない配色単独で決めるのは無意味です。社会性と一致するかどうかで決まります。

真夏の爽やかさは開放的な色相型で
青色を基調にして鮮やかな赤色と対決させた元気の出る色相型が真夏の元気さにふさわしい

穏やかで温かい気分を表す
暖色の赤色と黄色が中心になった類似色型は穏やかで食品のイメージに良く似合います

開放的で役に立ちそうな薬
いかにも効きそうな感じがするのは赤色の効果。青色を元気づけて開放的な印象を表します

寂しく元気が出ない
似た色だけの類似色相型は開放感がなく元気が出ません

厳しい印象で食品らしさがない
青色を加えると厳しい印象に変わります。対決型色相になったので穏やかさがなくなりました

寂しい気分になる
赤色をなくすと積極性がなくなって閉鎖的で寂しい気持ちになります。類似色なので内向的です

1ヴァンサンカンウエディング ドレス2005秋冬 2005.8 アシェット婦人画報社 D:植田尚子,ジーコ,藤村雅史デザイン事務所 P:ササキヨシヒロ S:富沢由美

学習編　色の基本知識

色相や明度、トーンとは何かを確かめておこう

色彩の基本知識について簡単に確かめておきましょう。
「色はなぜ見えるの？」「3属性って何？」といった基本的な知識を整理してみましょう。

学習編

- 色はなぜ見える
- 色の３属性
- 演習 色相・明度

色はどうして見えるのか

色が見えるしくみ ―網膜で電気信号に変える

色を感じとることは、網膜と脳の連携から生まれます。形や色は光として網膜に届いたあと、電気信号に置き換えられ、大脳の第一次視覚野に届き、MT野を通って頭頂連合野に送られます。一方、別のルートからも届けられ、その間に形の傾きや、奥行き、RGB各色別の強弱などが分析されます。私たちが〈見ている〉と感じている形や色は前頭葉と側頭葉でこれらの情報が統合された結果と考えられています。

リンゴが見えない
光のない闇の中では色も形も何も見えません。もちろん誰でもわかっていることですが、この〈光〉がかなり興味深いのです。大脳の研究が進んだ結果、私たちが色を認識するしくみがわかってきました

光線には色がない

光は物に反射したり、透過したりして私たちの目に届きます。その光は眼球の網膜で電子信号に置き換えられ、脳に届きます。その信号は前頭葉や側頭葉で再構成されて、色の意味するものを判定します。ミツバチは紫外線を赤色と感じます。人間が「りんごは赤い」と感じるのは、そう感じる脳のしくみになっているからで、光に赤い色がついているからではありません。私たち人間の錐体と脳のしくみによって〈赤色〉と判定しているにすぎません。

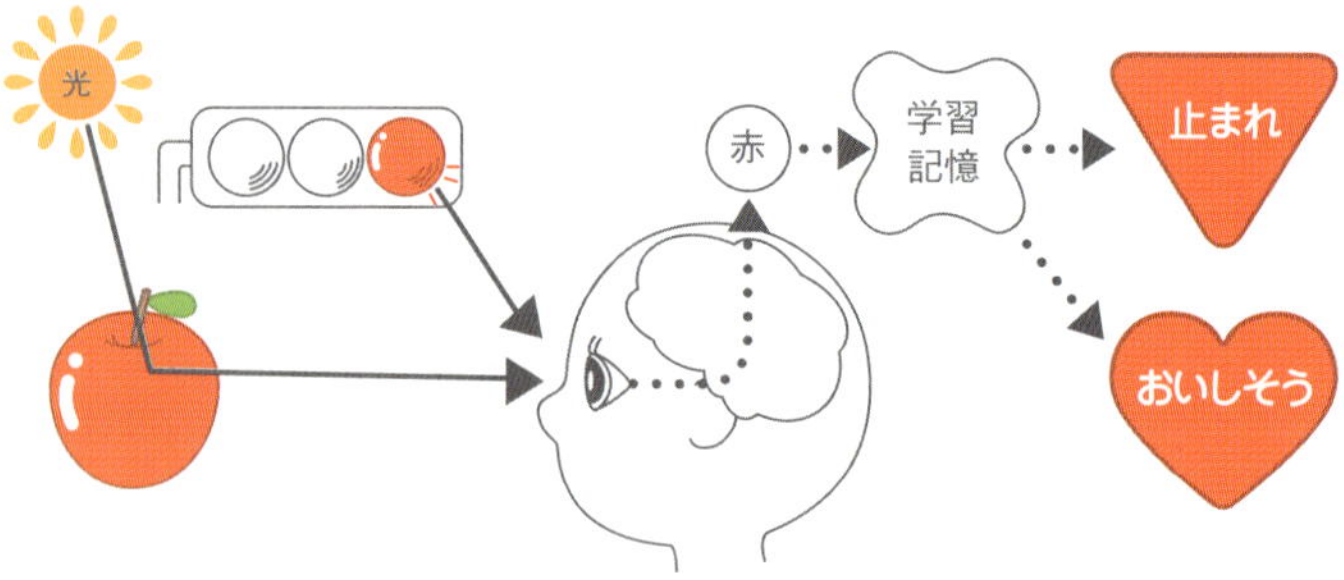

目のしくみは カメラに似ている

眼球の前面にある虹彩は光が強いと自然に閉じ気味になり、弱いと大きく開きます。こうして瞳孔の大きさを調節して光の入る量を調節します。水晶体は厚さを薄くしたり、厚くしたりしてピントを合わせます（レンズ）。そして、眼球の内側にある網膜に光をあてて映像を写します（フィルム）。網膜は光を3種の色信号に置き換え、脳に届けます。

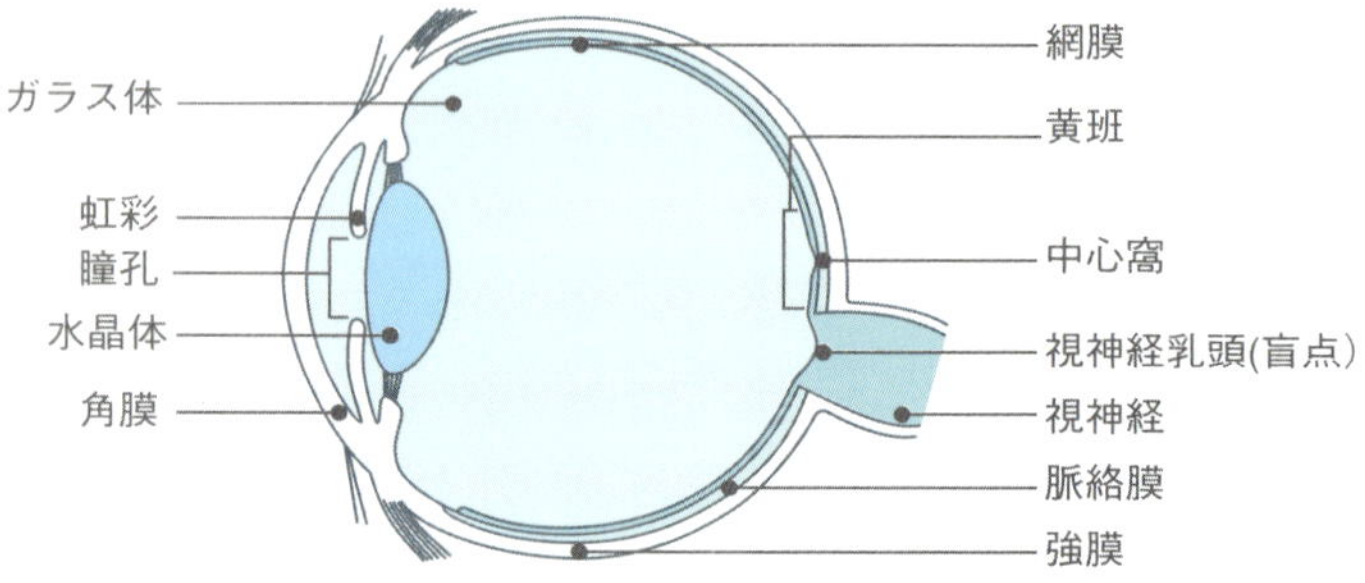

網膜のしくみ ―錐《すい》体《たい》と杆《かん》体《たい》で色分解する

目に入った光はガラス体を通り、網膜の一番奥にある視細胞に届きます。網膜は厚さ約0.3mmで、視細胞には色みを感じる錐体（すいたい：cone、円錐状）と明暗を感じる杆体（かんたい：rod、棒状）の2種があります。錐体は片目につき650万個、杆体は1億2千万個あります。人の錐体には大（L），中（M），小（S）の3種類があり、LはR:レッド（赤）を、MはG:グリーン（緑）を、SはB:ブルー（紫）を分析し、3種の光に区分けします。

この視細胞で光の情報を電気信号に変えて、視神経を通して脳へと伝えます。

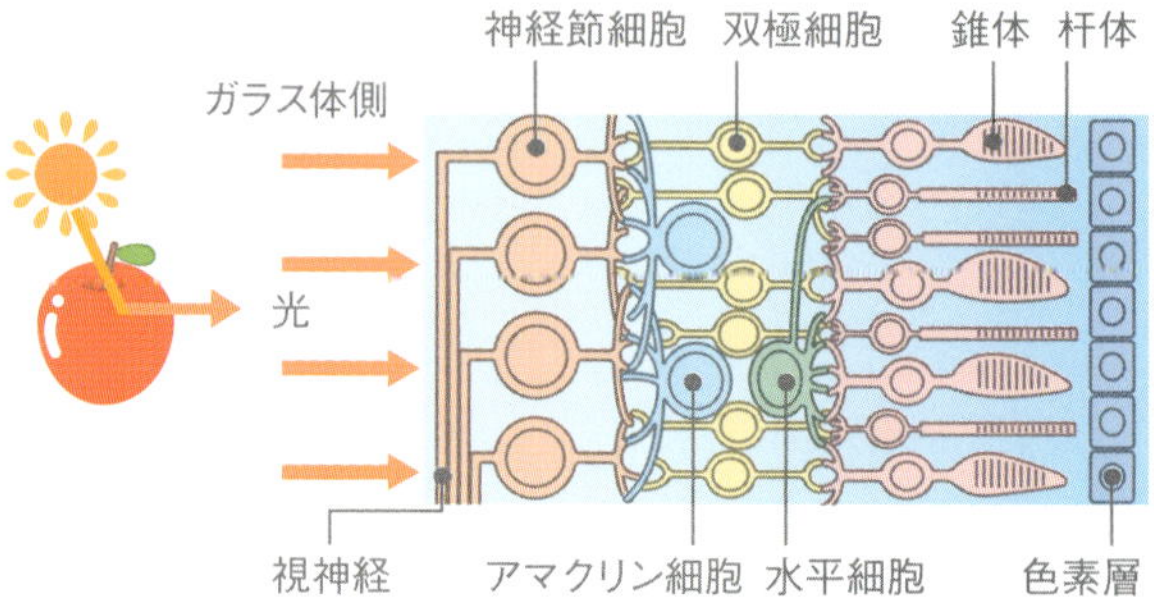

参考文献「脳の世界：京都大学霊長類研究所・行動発現分野」
http://www.pri.kyoto-u.ac.jp/brain/brain/index.html

人の脳が色を感じとる情報源は

電気信号の強弱です

光を感じる3種の経路

私たちが感じとる光には3種類の姿があります。光は光源から出発し、透過か反射の形で私たちの目に届きます。

- 光源色（太陽やろうそくの炎など、それ自体光るもの）
- 物体色
  - 透過色（色ガラスやサングラスなど）
  - 表面色（反射色：りんごなどのモノ）

電磁波で色を感じとるしくみ

私たちが見ている光は電磁波の一部分です。電磁波とは波のように伝わるエネルギーの一種で、人間が色として感じる光はその中の一部で、可視光線といいます。

可視光線は波長の長さで感じる色が変わり、大きく3つに分けられます。

短波長（約400～500nm、B：紫色）
中波長（約500～600nm、G：緑色）
長波長（約600～700nm、R：赤色）

波長には名前がある

電磁波は波長によって性質が違います。可視光線のほかには、宇宙線、原爆のガンマ線、レントゲンのX線、日焼けの原因になる紫外線、熱を感じる赤外線、マイクロ波、TV、FM、短波、AMなどがあります。

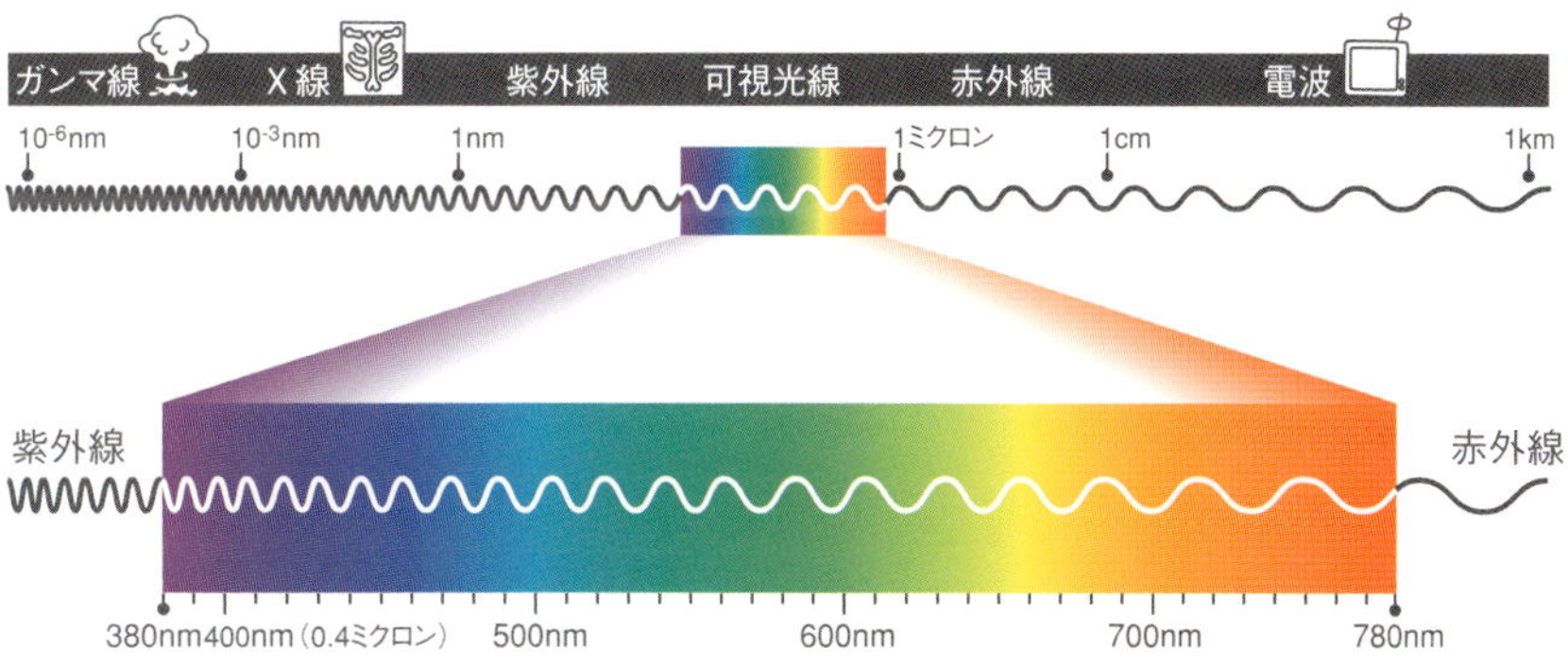

波長と色の関係
—色を感じるしくみ

黄色いレモンに太陽の白色光を当てると黄色の波長だけを反射します。すべての白色光を反射する状態は〈白色〉で、すべてを吸収して反射しないと〈黒色〉になります。黄色の波長を少しだけ反射すると渋い黄色になります。

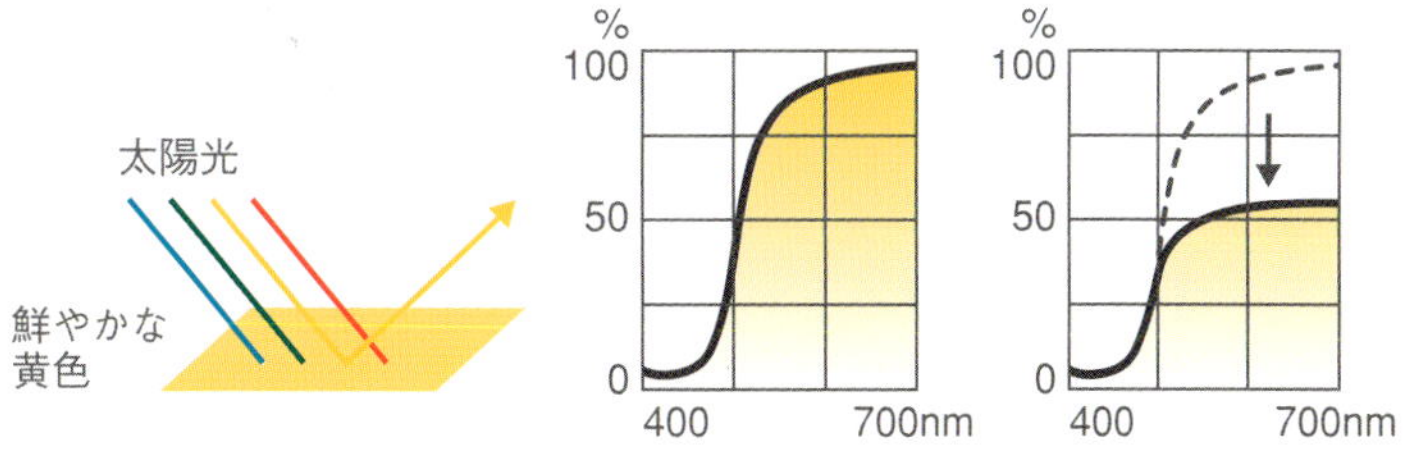

鮮やかな黄色
黄色のの波長を強く反射すると鮮やかな黄色に感じます

渋い黄色
反射する量が少ないと渋いトーンに感じます

ニュートンがスペクトルを実証した

万有引力の法則で有名なニュートンは太陽の光をプリズムに当てて、赤、橙、黄、緑、青、藍、紫の虹色の光の帯（スペクトル）に分解しました。さらに分解した光を凸レンズを使ってもう一度プリズムに当てると、元の白色光に戻るということを実証しました。

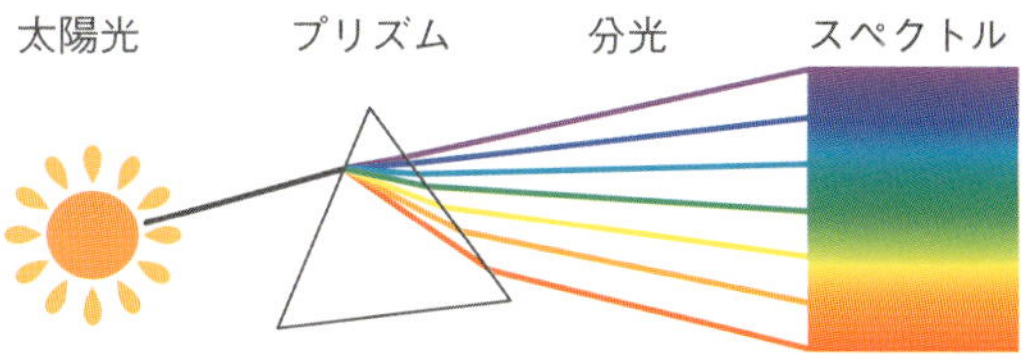

反射光と透過光—光源によって見え方が変わる

絵具の色と光の色の2種

色彩を表現する方法は2種類あります。印刷物や絵具のように反射光で表す方式と、テレビや舞台照明の透過光で表す方式の2種類です。

反射光は減《げん》法《ぽう》混《こん》色《しょく》

絵具や印刷物の色は紙面やキャンバスに当たって反射した光を色として眼球で受け止めています。この反射光方式を減法混色といいます。カラー印刷で色を表すには、この3原色を組み合わせてすべての色を表しています。それはC（Cyan：青色）、M（Magenta：紅色）、Y（Yellow：黄色）の3色です。この方式は3色を混ぜるほど暗くなって黒色に近づき明度が低くなるので減法混色といいます。油絵

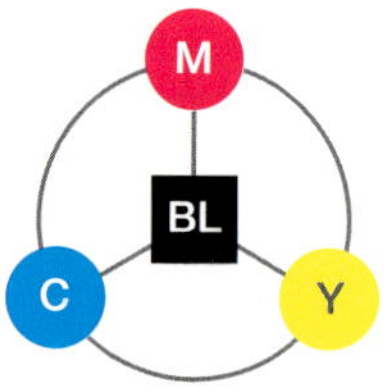

絵具の3原色は紅色、黄色、青色で、混ぜ合わせると暗くなるため減法混色と呼ばれています

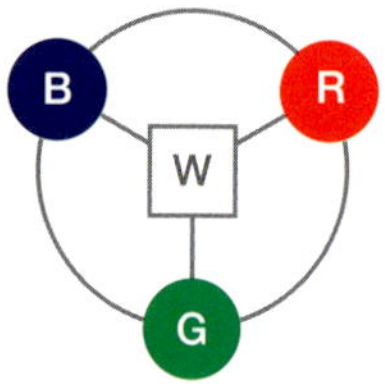

光の3原色は赤色、緑色、紫色で、混ぜ合わせるほど明るくなります

印刷物の色は4色のアミ点でつくられている

印刷物をルーペで拡大すると4色のアミ点が見えます。一般的にCMYKと呼ばれている4色です。C（シアン：青色）、M（マゼンタ：紅色）、Y（イエロー：黄色）とK（クロ：黒色）の4色です。この4色の組み合わせだけで、私たちが自然に感じているさまざまな色調が再現されているのです。

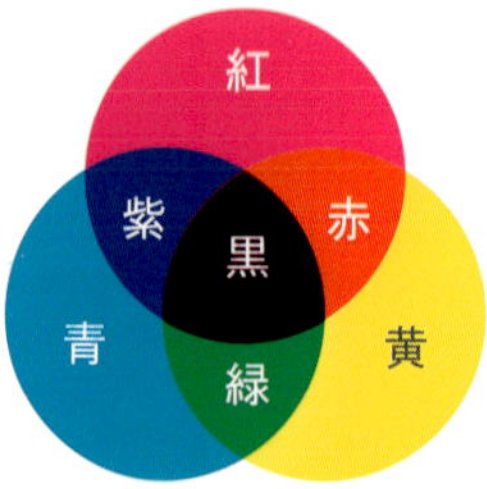

印刷物は反射光で見ます

印刷物の色はCMYKの4色で再現されています。この色面はCMYの3色が見えます

具やポスターカラー、クレヨン、塗料などで色をつくる時も、この減法混色の原理に従って混ぜ合わせます。

透過光は加法混色《かほうこんしょく》

テレビの画像や舞台の照明は透過光で色を表しています。この光の３原色はR（Red：赤色）、G（Green：緑色）、B（Blue：紫色）で、ちょうど減法混色の３原色に対して反対色の関係になっています。下の拡大写真はテレビの画面ですが、RGBの３色で演出されていることがわかります。加法混色では色を混ぜれば混ぜるほど明るくなりやがて白色になるため、加法昆色といいます。

昼光の波長分布
赤色、黄色、青色まで均一なので白色に感じる

白熱電球の波長分布
赤色にかたよっているので赤みがかって見える

テレビの色はRGBでつくられている

テレビの画面を拡大すると、走査線《そうさせん》と呼ばれる棒状の光の集まりが見えます。その色はRGBと呼び、コンピュータで色みを出す時に使われている3色です。R（レッド：赤色）、G（グリーン：緑色）B（ブルー：紫色）の3色です。この光の3原色による混色は加法混色と併置加法混色《へいちかほうこんしょく》を組み合わせたしくみです。併置混色とは小さな色の点を並べて、遠く離れて見ると色が混ざって見える効果のことをいいます。

テレビの色調は透過光によって表現されています

テレビの色はRGBの3色で表現されています

青空と夕焼けの色の違い

青空は可視光線の中の短波長（青色）の部分が空気中のチリや水蒸気などにぶつかっていろいろな方向に散らばることで青く見えます。夕焼けは太陽が地平に近く、光が大気中を横切る距離が長くなります。短波長（青色）の部分は散乱して届かず、散乱しにくい長波長（赤色）だけが私たちの目に届きます。

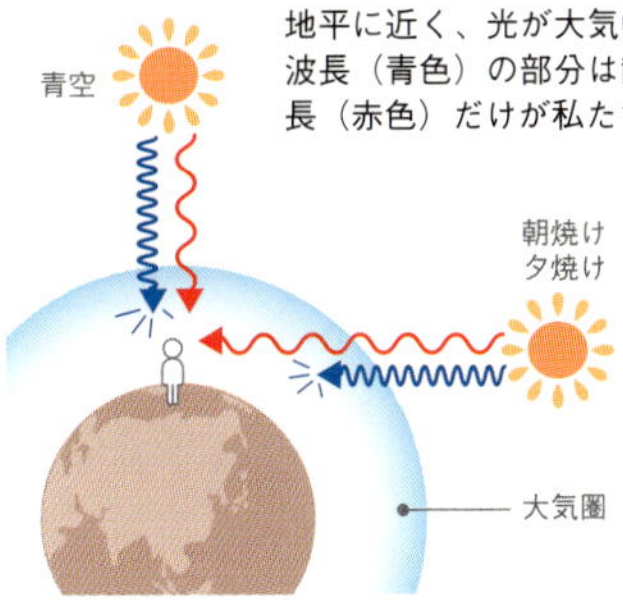

明所視と暗所視：プルキンエ現象

明るいところでは主に錐体が働いて（明所《めいしょ》視《し》）、暗い場所では主に杆体が働きます（暗所視《あんしょし》）。錐体と杆体ではとらえる波長の感度が違い、杆体は全体的に短波長側に寄っています。このため、暗い場所では相対的に青色が明るく、赤色は暗く見えます。

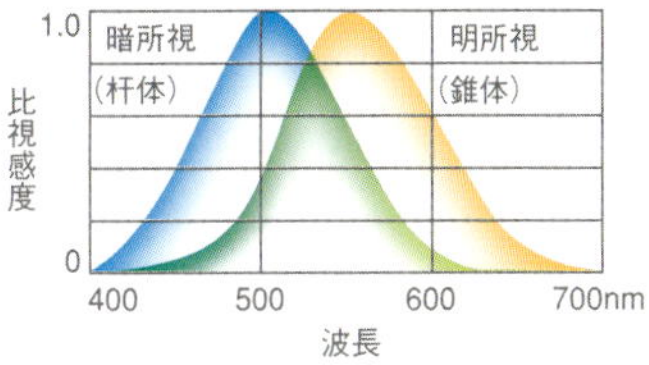

0-1 色相・明度・彩度

1つの色を客観的に表すには3つの位置関係で表します。これを色の3属性と呼びます。3属性とは、色相、明度、彩度のことで、その色の3属性を数値や記号で示すと客観的に表示されます。この3属性を理解すれば、目指す色が簡単に選び出せるようになります。

3属性を色立体に置きかえると色の住所がわかる

色の3属性はみかんに例えてみるとわかりやすくなります。色相はみかんを水平に切った切り口になります。一方、垂直に切ると明度と彩度の関係が表れ、トーンの位置がわかります

色相 Hue

赤色、青色、黄色といった色みのことを色相といいます。この色相を円の上に順番で並べたものを色《しき》相《そう》環《かん》といいます。色相環を描くには、円を3等分して色料の3原色、M（Magenta：紅色）、Y（Yellow：黄色）、C（Cyan：青色）を置きます。次に、3色のそれぞれの中間に色光の3原色、R（Red：赤色）、G（Green：緑色）、B（Blue：紫色）を置きます。この6色をさらに4等分して、間に色を埋めていくと24色の色相環が完成します。

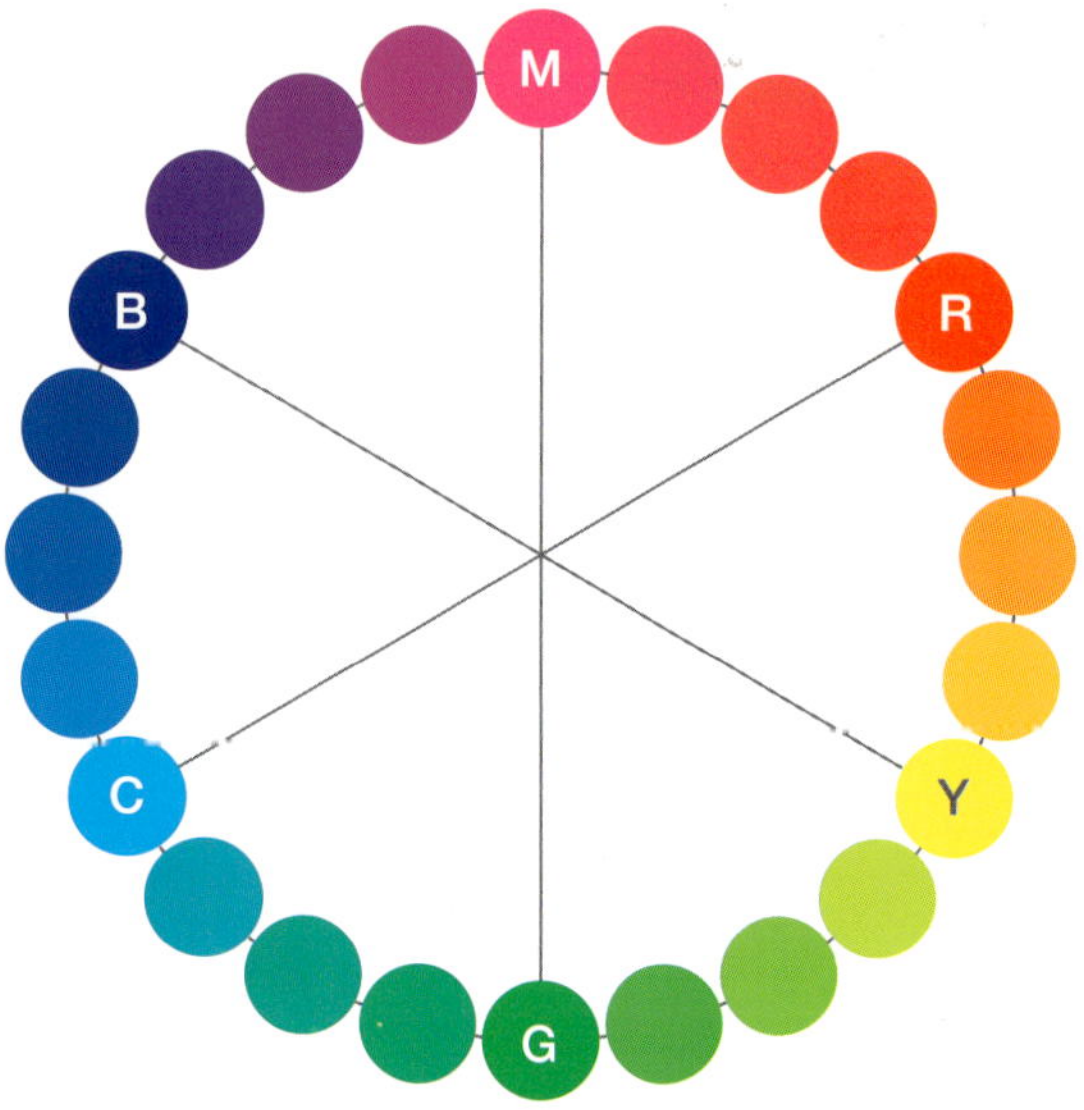

明度 Lightness

色の明るさの度合いのことを明度といいます。明るい色は明度が高い、暗い色は明度が低いといいます。最も明度の高い色は白色で、最も明度の低い色は黒色です。みかんで例えると垂直に切ったときの縦の軸が明度の高低です。一番上が白色、一番下が黒色になり、その中間は灰色で白色から黒色へだんだんと暗くなります。

彩度 Chroma

色みの鮮やかさの度合いのことを彩度といいます。鮮やかな赤色に灰色を加えると渋くなり茶色になります。最も彩度の高い色が純色です。最も彩度の低い色は白色、黒色、灰色といった無彩色の色みのない色です。みかんで例えると垂直に切った形の、水平の軸が彩度の高低になります。中心は無彩色、先端が純色になります。

トーン Tone（明度×彩度）

明度と彩度を掛け合わせたものがトーンです。少しわかりにくい概念ですが、配色には欠かせない重要な要素です。この本ではトーン全体を三角形で表しています。一番先端に最も鮮やかな純色のトーンを置き、頂点に白色を、低点に黒色を置いて三角形をつくります。

白色に近づくほど明るいトーンになります。反対に黒色に近づくほど暗いトーンになります。明るいトーンと暗いトーンの間にあるトーンが濁色のトーンになります。

0-2 CMYKとRGB

現実的で最も使いやすい表色方法はCMYK方式とRGB方式です。従来からはマンセル表色系やオストワルト表色系、JIS、PCCSなどがありますが、使いやすい色見本が入手しにくく、指定しにくいのが現状です。

印刷の表色—CMYK

色彩表示の中でもっとも現実的な方式がCMYKの%表示です。カラー印刷をルーペで拡大して見るとM（紅色）、Y（黄色）、C（青色）とK（黒色）のわずか4色しかありません。この4色の%だけですべての色が表現されています。この4色はジャパンカラーとして統一されていて、全国のどの印刷会社で印刷しても、同じ色調のカラー印刷が刷り上がります。

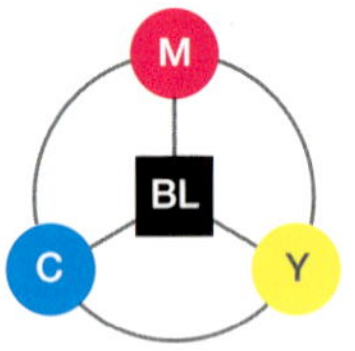

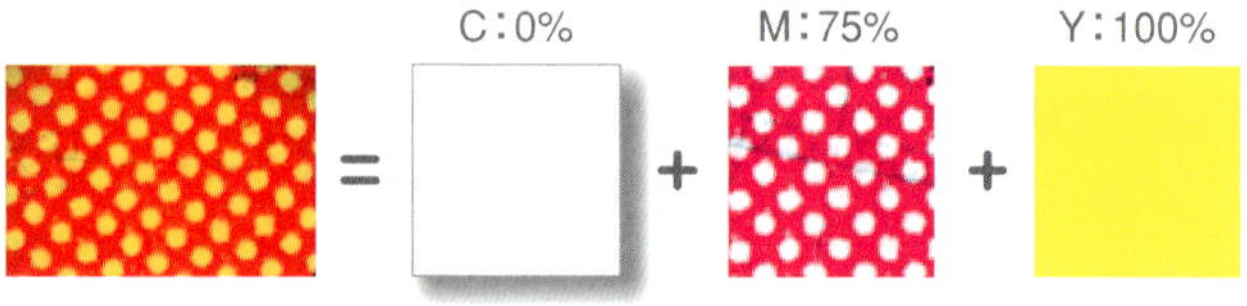

カラーモニターの表色—RGB

パソコンやテレビの色はRGB（赤色、緑色、紫色）で表します。3色それぞれの強さを数値で表すと、その色が再現できます。

マンセル表色系

色相、明度、彩度の3属性の強弱を、感覚で判定します。すると下図のような、かなりゆがんだ色立体になります。例えば黄色の純色はかなり明るいので白色に近い高さに置きます。反対に紫色は黒色に近い低さになります。このため、崩れた形になりますが実感に近いという長所があります。

マンセル表色系は、アメリカ人の画家マンセル（1858-1918）が考察し、1940年にアメリカ光学会の改善によって体系づけられました。

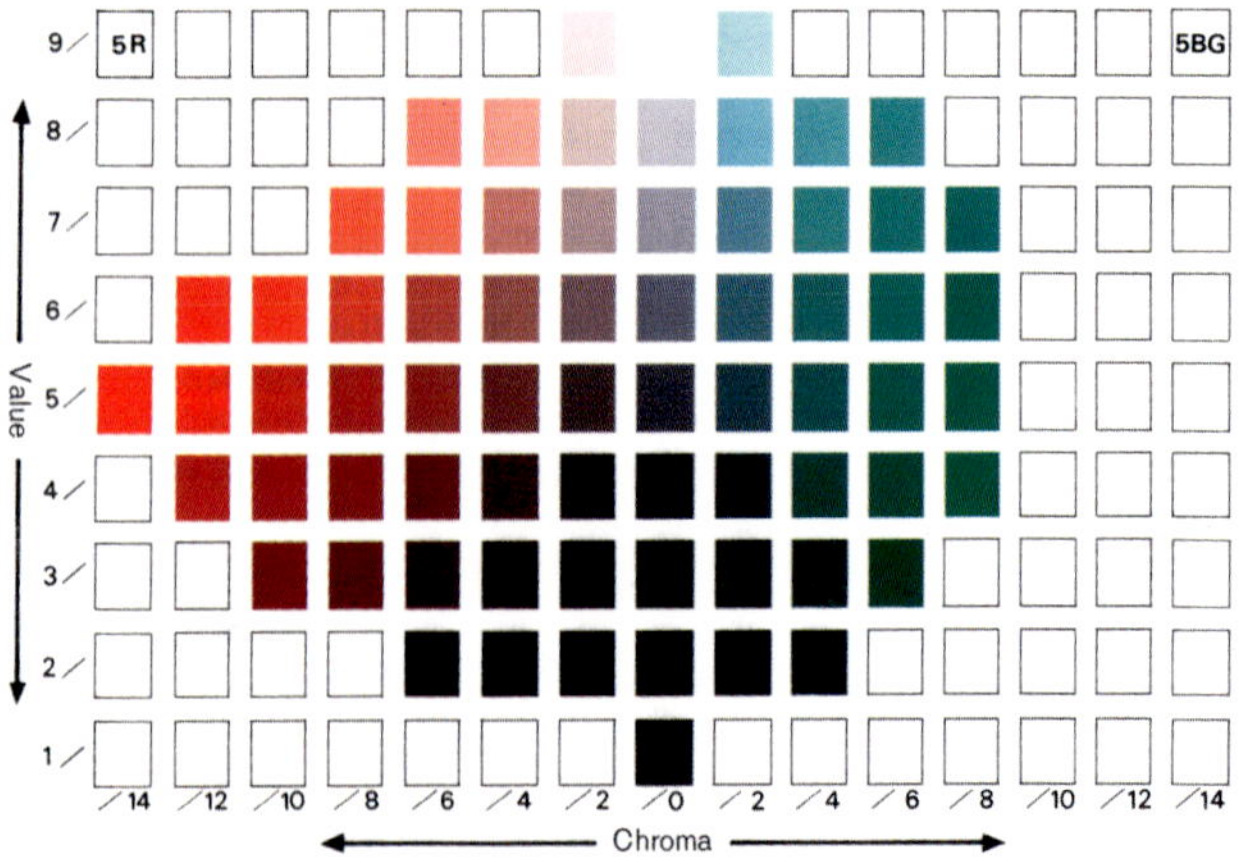

色相は基本になる10色を決め、その間を10分割して合計100色相に分けています。明度は白を10、黒を0とします。その間を10等分して合計11段階の明度を設定しています。彩度は無彩色（黒、白、灰色）を0として、無彩色の軸から離れるほど彩度が高くなり数値が増えます。一番鮮やかな色の数値は色相によって違い、赤色は10、黄色や青色は6としています。

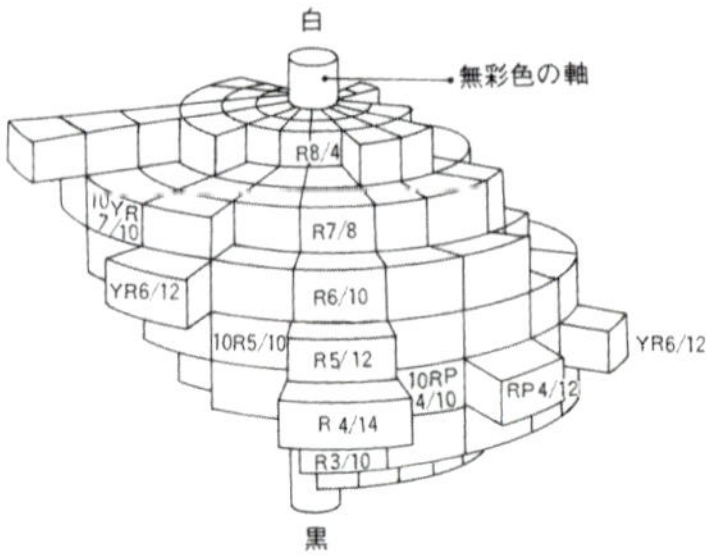

マンセルの色相環　オストワルトの色相環　CMYの色相環

オストワルト表色系

オストワルト表色系は概念上で色を組み立てた整然とした形です。2つの円錐形を重ねた整った形で、理想的な現実には存在しない、光を100%反射する白色と光を100%吸収する黒色を天地に置き、最先端に置いた純色も計算上の色です。しかし現在ではカラー印刷が発達した結果、この体系とほぼ一致してきました。

この体系はドイツのノーベル賞科学者オストワルト(1853-1932)が考察したものです。

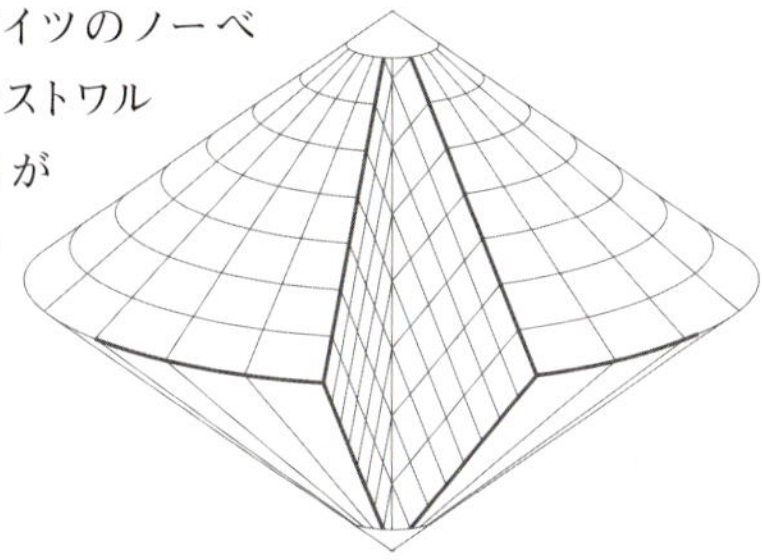

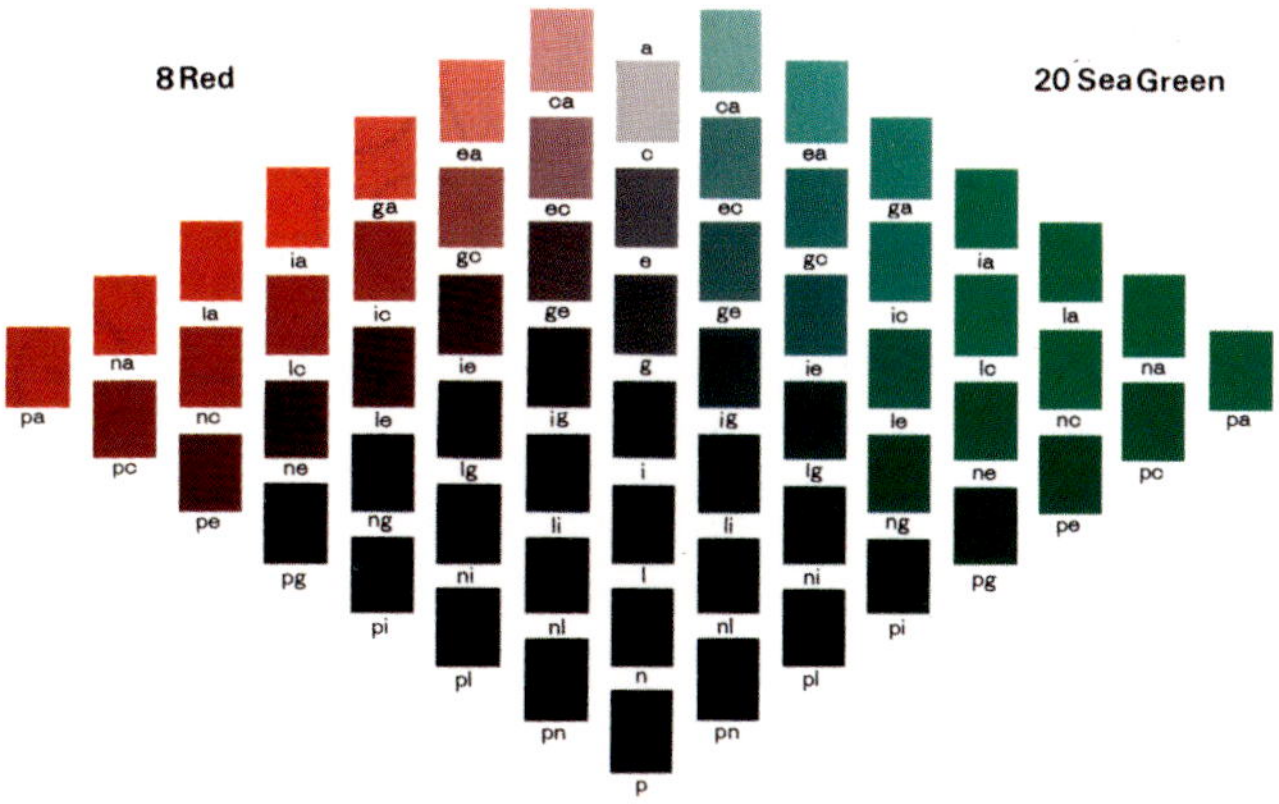

色相は基本になる8色を決め、その間を3分割して合計24色相に分けています。理想の白、黒、純色が頂点となる3角形をつくり、各辺を8分割しています。マンセルの色立体では現存する鮮やかな色よりもっと鮮やかな色ができた場合は、その段階を増やすことができると考えます。これに対し、オストワルトの色立体は最初に白色と黒色と完全な色相の位置が決まり、外側の形が決まっているのでシンメトリーの形は崩れません。このため、オストワルト表色系の形はシンプルですが、明暗の位置は実感とずれがあります。

PCCS(Practical Color Coordinate System):日本色研配色体系

財団法人日本色彩研究所が1964年に配色調和を主な目的として開発しました。

その中で右図のようなトーン分類を発表しています。しかし、印刷インキやコンピュータによる表色などの数値に置き換えるのは大変です。

色相は心理4原色と心理補色の8色相を基本に、さらに3分割して合計24色相に分けられています。

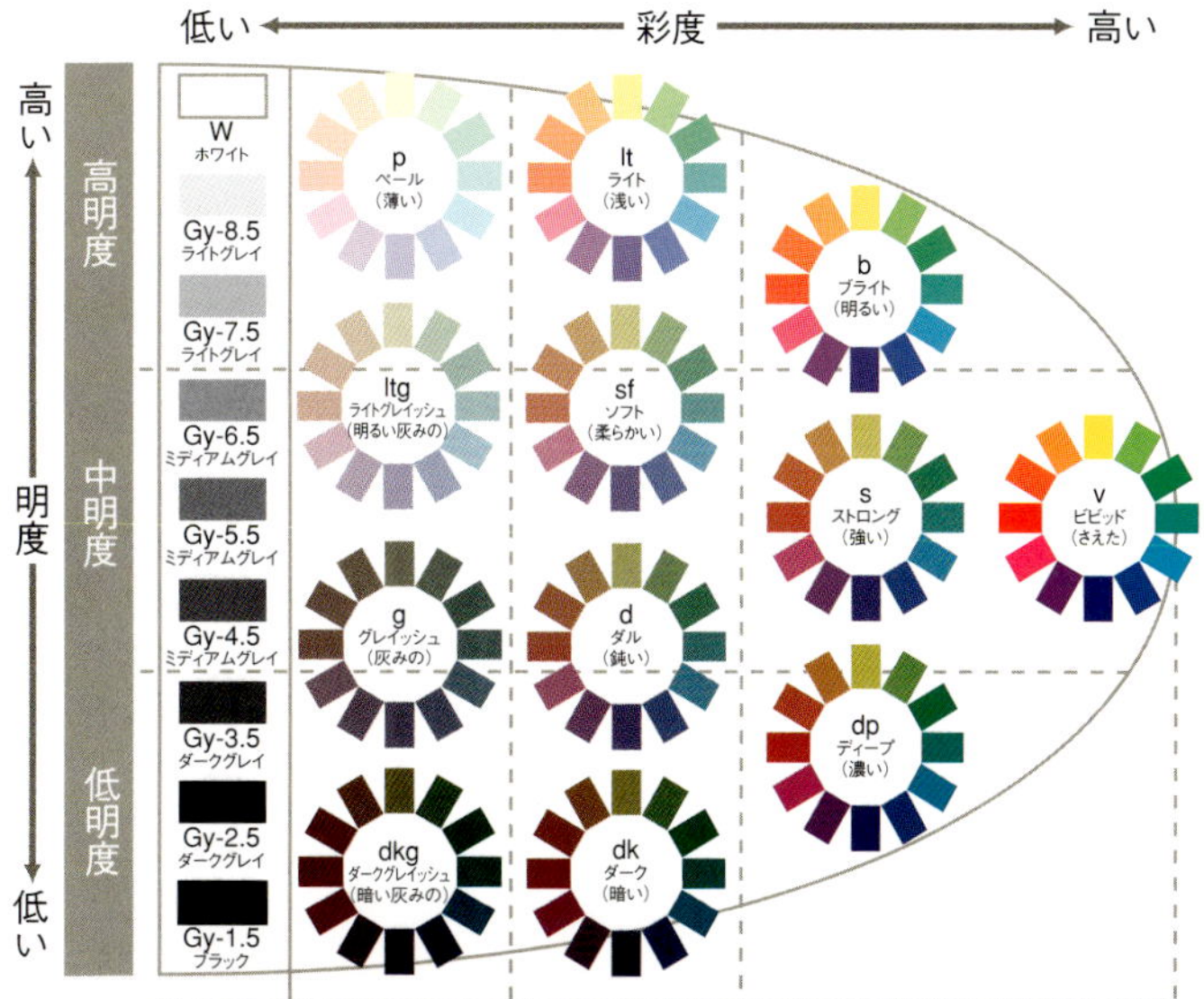

無彩色	低彩度	中彩度	高彩度
彩度	1s, 2s, 3s	4s, 5s, 6s	7s, 8s, 9s
トーンの名称	ペール(p) ライトグレイッシュ(ltg) グレイッシュ(g) ダークグレイッシュ(dkg)	ライト(lt) ソフト(sf) ダル(d) ダーク(dk)	ビビッド(v) ブライト(b) ストロング(s) ディープ(dp)

JIS:日本工業規格

日本工業規格で決めたしくみで、ペンキや塗料、染料などの工業製品の色の管理などさまざまな場面で利用されています。これはマンセル表色系をベースにつくられました。

JISの色見本は販売されていますが、とても高価で諧調が大まかです。

0-3 錯視

色は周りに影響されて錯視現象が起きます。色の電気信号が大脳で読みとられ、最後に前頭葉と側頭葉で統合されます。その間の調整で実際と違って見える現象を錯視といいます。

残像

赤い色をじっと見つめたあと、白い紙に目を移すと、赤色の補色の青緑色がぼんやりと見えます。これを補色残像といいます。赤色以外の色を白紙でかくして赤色に十分な光を当てて、10秒間目を見開いて見続けて他の面に移すと現れます。

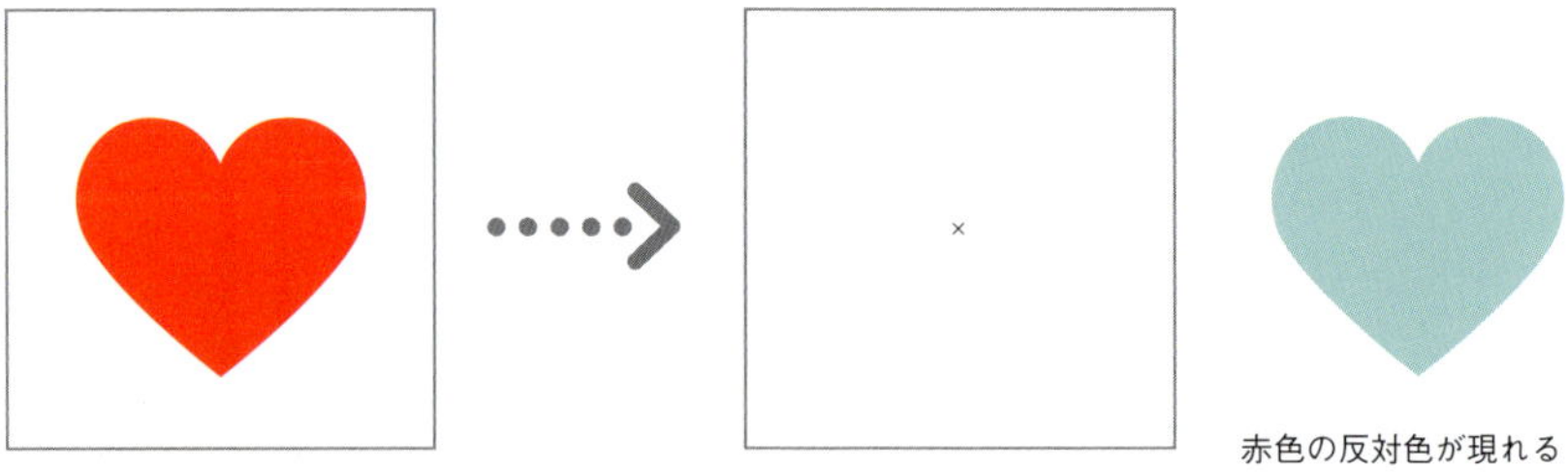

赤色の反対色が現れる

色相対比

ある色がその周りの色に影響を受けて、2色がより対比して見える現象をいいます。2色を同時に見るには、地色（背景色）と図色（背景の上にある色）という風に重なっている場合と、隣接している場合があります。地色と図柄による対比の方が隣接の対比よりも強くなります。また、面積比が大きいほど小さい面への影響が強くなります。

同じ橙色ですが、緑色の背景に置くとより鮮やかになって浮き上がって見えます

明度対比

ある色とその周辺の色の明度の差がより大きく感じる現象をいいます。明るい色と暗い色を並べたときに明るい色はより明るく、暗い色はより暗く見えます。

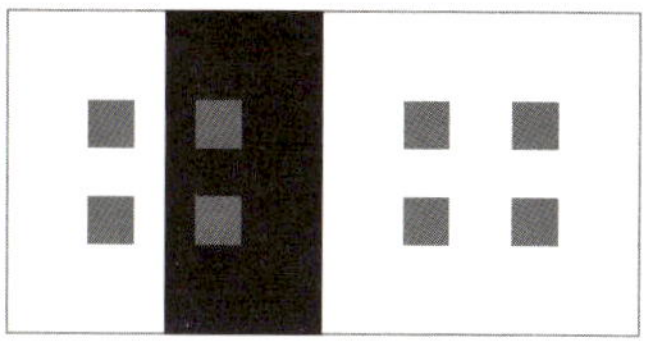

同じ明るさの灰色ですが、白地の上に置くと暗く感じます

背景の薄茶色は同じ明度ですが、図柄の明度が変わると右端と左端が違った色に見えます

彩度対比

ある色とその周りの色との彩度の差がより大きく感じる現象をいいます。地色（背景色）の方が図色（背景の上にある色）より彩度が高い場合、図色の彩度は実際よりも低く見えます。反対に地色が図色より彩度が低い場合、図色の彩度は高く見えます。

同じ明るさの橙色ですが灰色の背景に置くと鮮やかに見えます

視認性

同じ文字も、下に敷いた色によって見やすかったり見づらかったりします。これを視認性といいます。文字と背景色の明度が近いと見づらくなります。

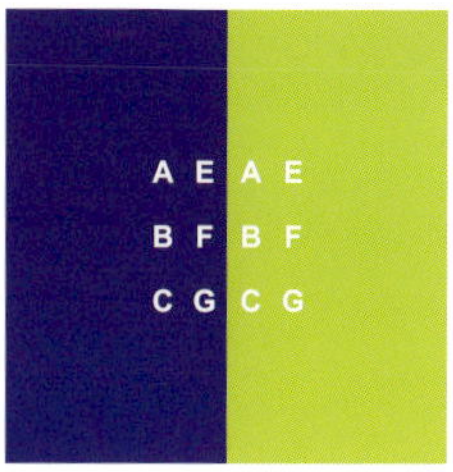

明度差が少ないと読みづらくなる

色彩の錯視現象 OPTICAL ILLUSION

色陰現象

灰色に、その周りの色の補色が重なり、色みが変わって見える現象をいいます。これは色相対比と同じ原理です。

同じ灰色ですが、緑色の背景の上に置くと反対色の赤みが加わって茶色がかって見えます

縁辺対比

隣の色との境がより強調されて見える現象をいいます。均一な色面なのに波打って見えます。

まったく同じ明るさの面なのに、波打って見えます

ハーマングリッド格子

タテとヨコに線が伸びて、その線が交わるところにぼんやり影が見えることをハーマングリッド格子といいます。点になって見えたり、線が切り込んで見えたりします。交点ではタテの対比とヨコの対比が重なって線の部分の対比より強くなったため、反対の色が見えると考えられます。

白線が交差するところが切り込んで見えます

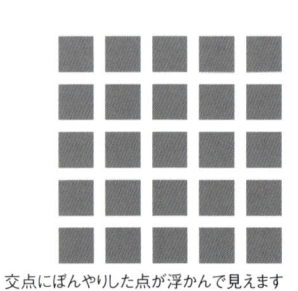

交点にぼんやりした点が浮かんで見えます

透過

ガラスのように下の色が透けて見える効果を透過といいます。透けているように見せるには、重なる部分に背景の色と上に乗せた色を混ぜてできる中間の色を置きます。

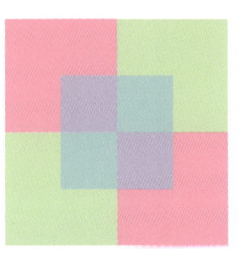

図柄の太さを変えると同化と対比が 同時に起きる

同化

ある色がその周りの色と近づいて見えることを同化といいます。パレットで絵具を混ぜ合わせたように2色が混じり合って見えます。紅色と白色を同化させると淡いピンク色になります。同化には色相、明度、彩度の同化があります。図柄や線が細かいほど同化して見え、逆に大きな柄や太い線は同化せず、対比して見えます。同じ配色でも目を近づけて見ると〈対比〉が見え、離して見ると〈同化〉になって見えるのです。

細い線の左側は背景と図柄が同化し、線の太い右側は対比して見える

進出色、後退色

進出色は前に飛び出して見える色、後退色は後ろへ下がって見える色のことです。一般に、暖色系が進出色、寒色系が後退色といわれます。また、明るい色が進出色、暗い色が後退色になります。

明るいオレンジ色が飛び出して見える

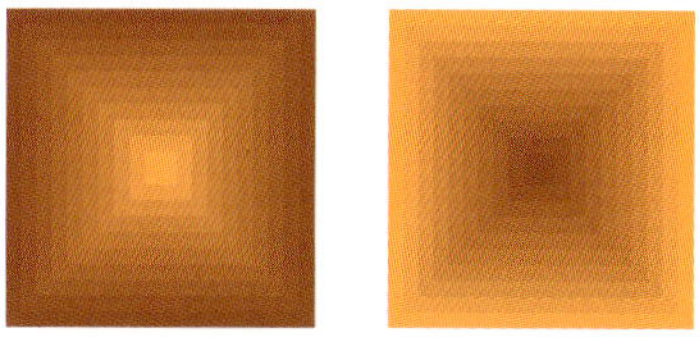

色の面積効果

同じ色でも大きさが違うと色の感じ方が変わります。大きな面は周辺にある色の影響が小さく、小さな面は左右されます。白紙に置かれた小さな色面はかなり暗く見えたり、あっさりした印象になったりします。

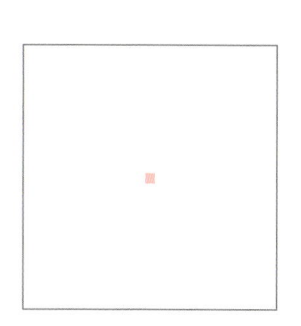

0-4 演習 色相

配色を始める前に、まず色の3属性をしっかり身につけましょう。3属性の区別ができていないと自己流になります。ちょうど登山するときに、地図もコンパスも登山靴も用意しないようなものです。しかし、きちんと準備すればすいすいと安心して登ることができます。

CMY（色み）の量を変えると24段階の色相ができました。さらに変えると何段階もの色相がつくれます

色々な色相をつくってみよう

カラーインキを薄めて紅色と黄色、青色の3色をつくってみました。これを混ぜ合わせると24色相ができます。黄色の中に少しだけ紅色を注ぐと山吹色になり、さらに注ぐとオレンジ色、赤色と変わっていきます。水彩絵具や色えんぴつ、マーカーでも色相をつくれます。

減法混色の3原色

C―青色―シアンCyan
M―紅色―マゼンタMagenta
Y―黄色―イエローYellow

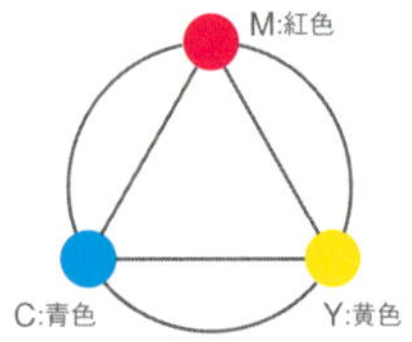

加法混色の3原色

R―赤色―レッドRed
G―緑色―グリーンGreen
B―紫色―ブルーBlue

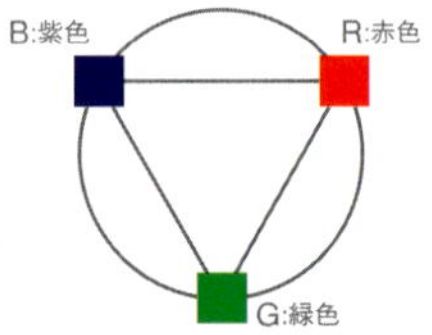

CMYとRGBの6色から始める

色相の関係はCMYとRGBの6色が基本です。円を描き、色相環をつくってみましょう。円の中に三角形を描き、その各点にM（紅色）とY（黄色）とC（青色）の減法混色の3原色を置きます。次に逆向きの三角形を描き、R（赤色）G（緑色）B（紫色）の加法混色の3原色を置きます。この6色で、色相環の骨組みができました。実は色相環図で覚えることはこれだけで十分です。あとは各色の中間を4等分して3色ずつ並べると、24等分した色相環図が完成します。

基本色名はCMYとRGB

網膜と脳の研究が進んだ結果、色彩を感じとるしくみがわかってきました。光は網膜で3種の錐体（cone）によってRGB3種のデジタルデータに変換されて色彩が読みとられていることがわかりました。また、カラー印刷ではRGBのフィルターでCMYを取り出し、すべての色彩を再現しています。こうして色彩の基本はRGBとCMYだということが確かめられてきました。

従来の表示ではC（シアン）は黄みの青色、R（レッド）は黄みの赤色としますが、本書では単純にCは青色、Rは赤色とします。また、RGBのB（ブルー）は紫色と表示し、Cの青色との混同を避けています。

CMYを色相環上に置いて見比べると
色相がよくわかる

明色と濁色、暗色を区別する

鮮やかな純色に白色を加えると明るい色（明色）になり、灰色を加えると濁った色（濁色）になり、黒色を加えると暗く濃い色（暗色）になります。この色相環の中心の円は明色で、2列目の円は濁色になります。それぞれの色がどの色相に属しているかがわかります。

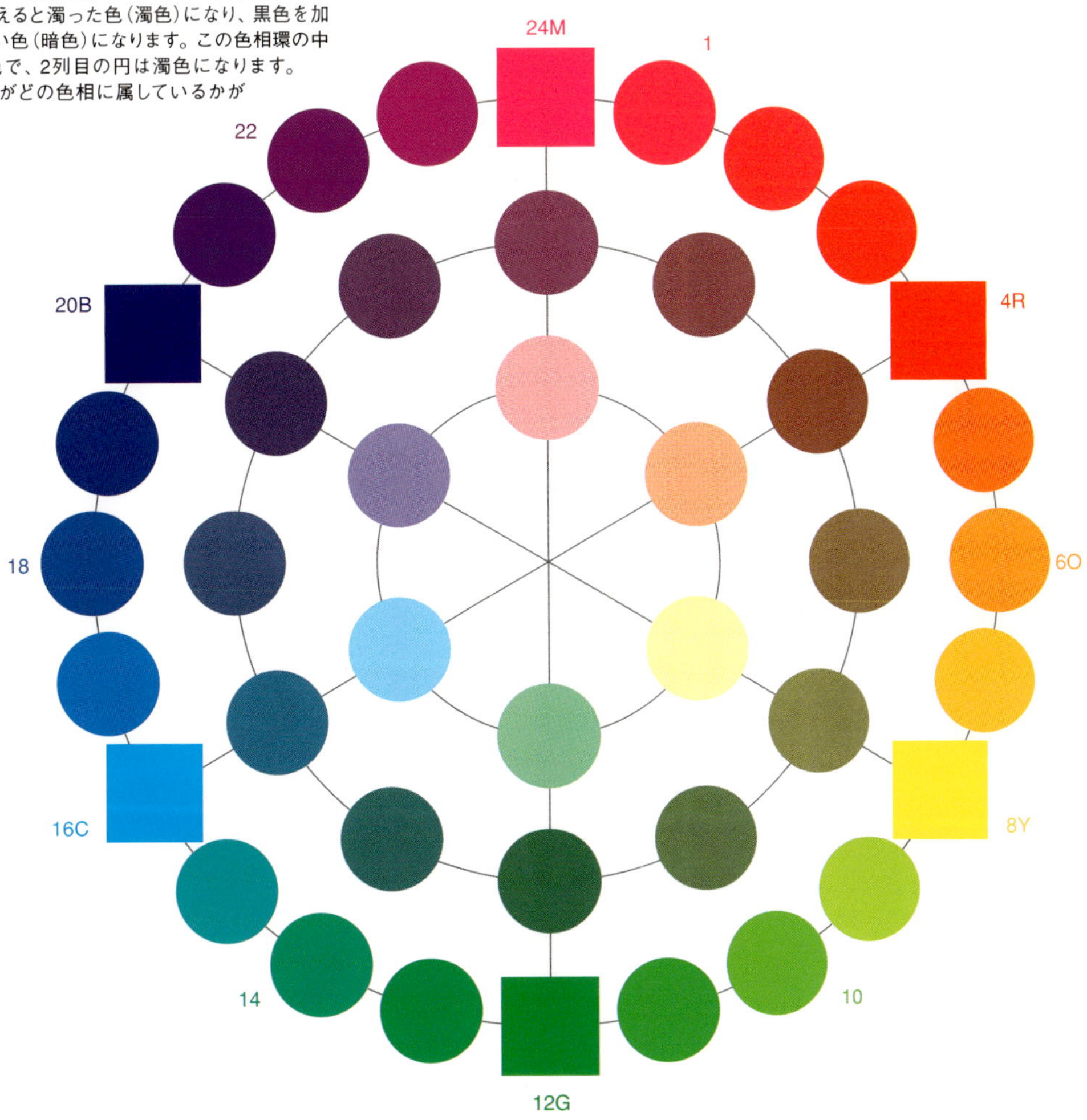

0-5 色相

このページでは色相の関係を確かめます。下の色票をカラーコピーして、右ページの色相環の上に配置してみましょう。まず一番上に紅色を置き、次に黄色と青色を3等分して置きます。この中間に赤色、緑色、紫色を置きます。

純色のトーン　下の色票を切り分けて、右ページの色相環にあてはめてみましょう。まず、紅色（24）を色相環の最上部に置いてから、他の色を並べてみましょう。

明色のトーン　純色に白色を加えると、この明るいトーンになります。トーンは変わっても色相の位置関係は変わりません。まず明るい紅色を最上部に置いてから始めます。

濁色のトーン　純色に灰色を混ぜるとこの濁色のトーンになります。複雑な色に見えますが落ち着いて色相関係を整理してみましょう。

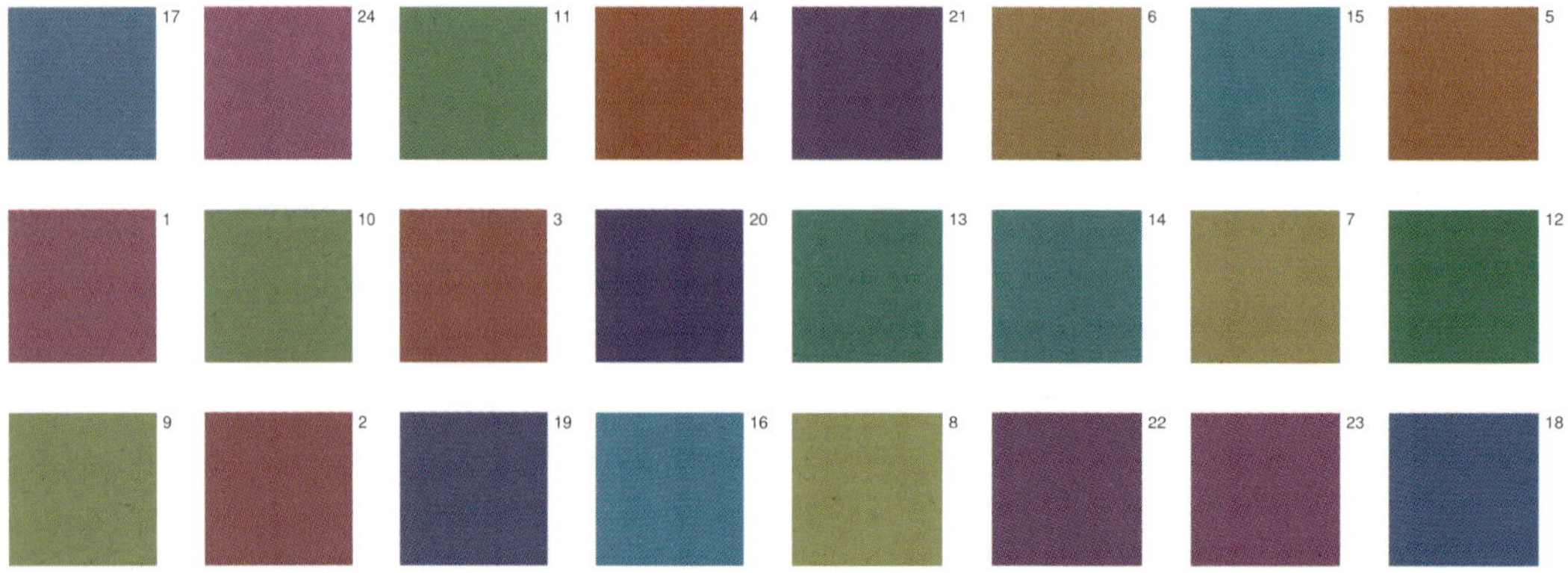

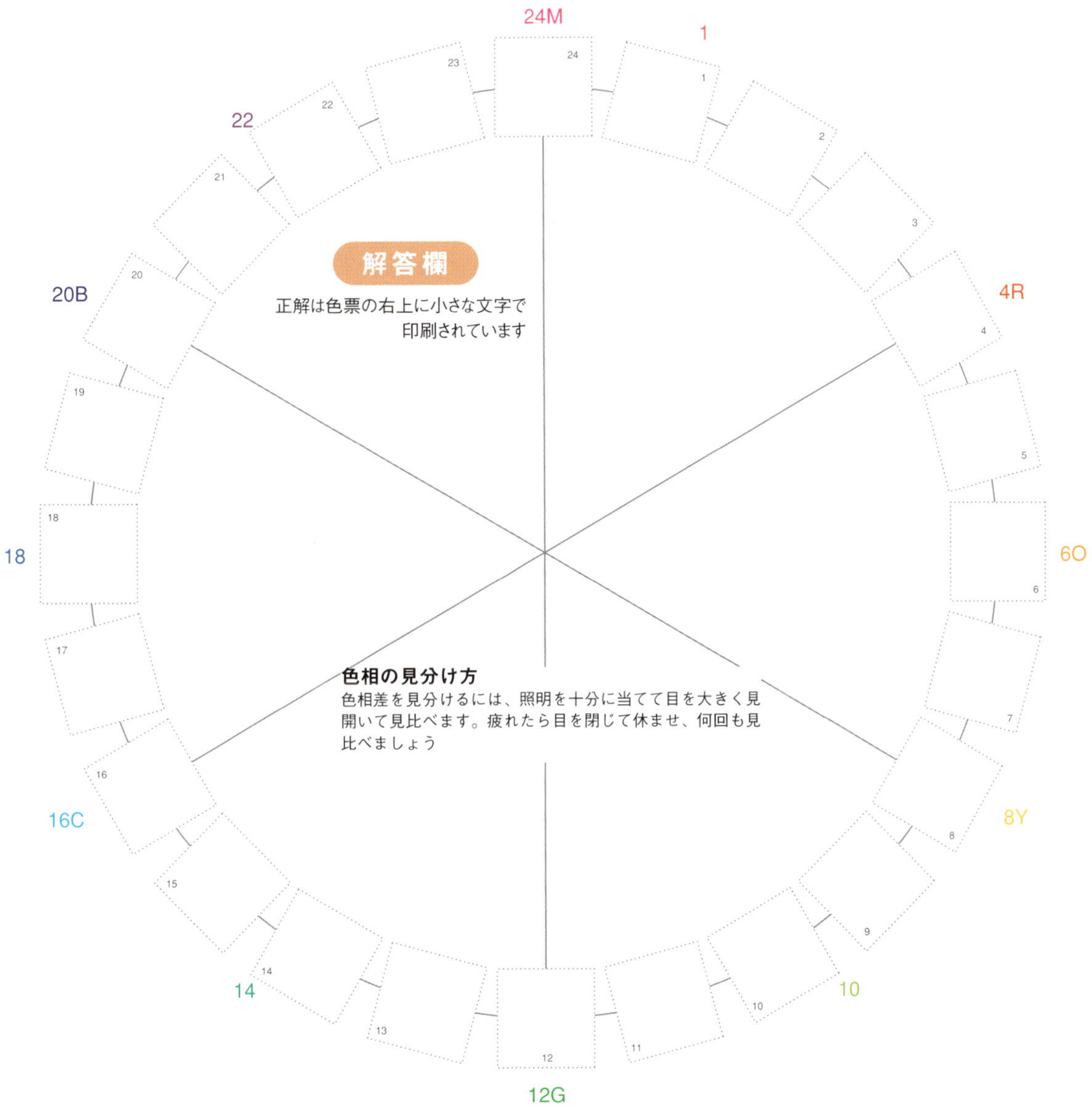

暗色のトーン　純色に黒色を混ぜると暗いトーンになり、赤色やオレンジ色に黒味が混じると茶色になることがわかります。まず紅色(24)から始めます。

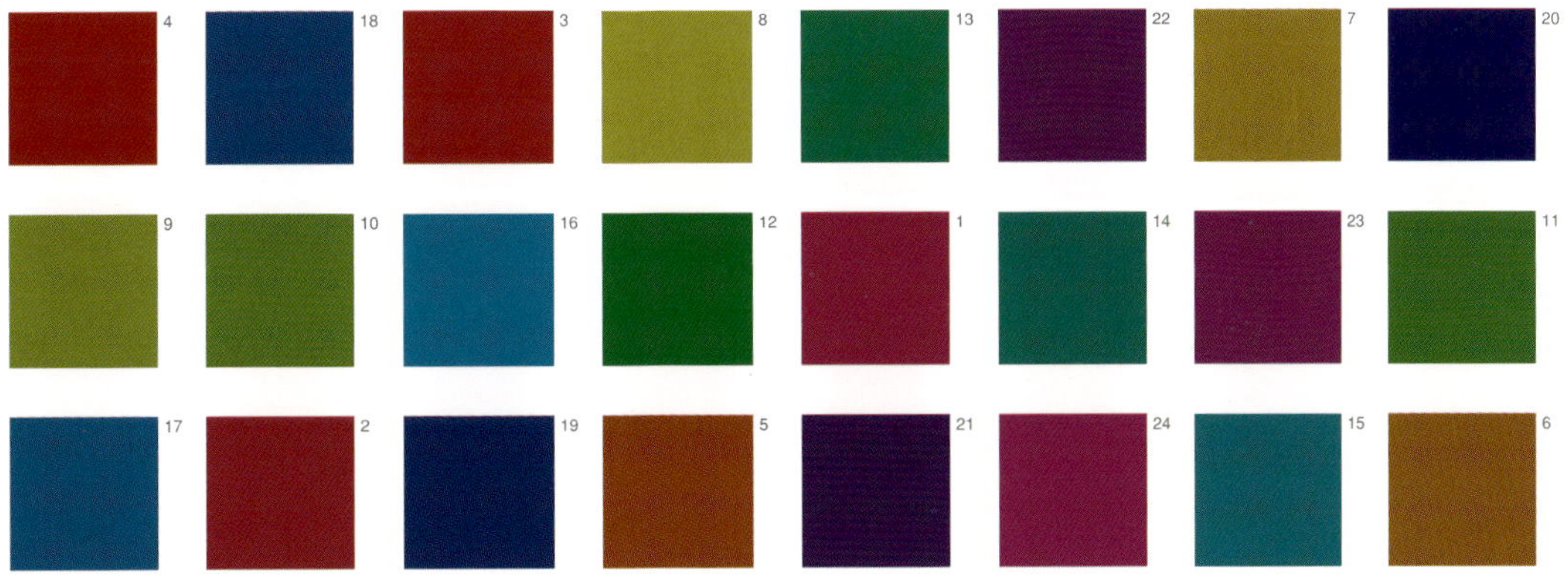

0-6 明度

明度とは、明るさ、暗さのことで、もっとも暗い色が黒色で、もっとも明るい色は白色です。同じ純色でも色相によって明度が違います。例えば黄色は白色に近い明るさで、反対に紫色は黒色に近くなります。

白色を加えると明るくなり、さらに加えると淡くなり、白色に近づきます

明るさと暗さをつくり出す方法

白色を加えると明るくなり、多いほどより明るくなります。反対に黒色を加えると暗くなり、多く加えるとより黒色に近くなります。

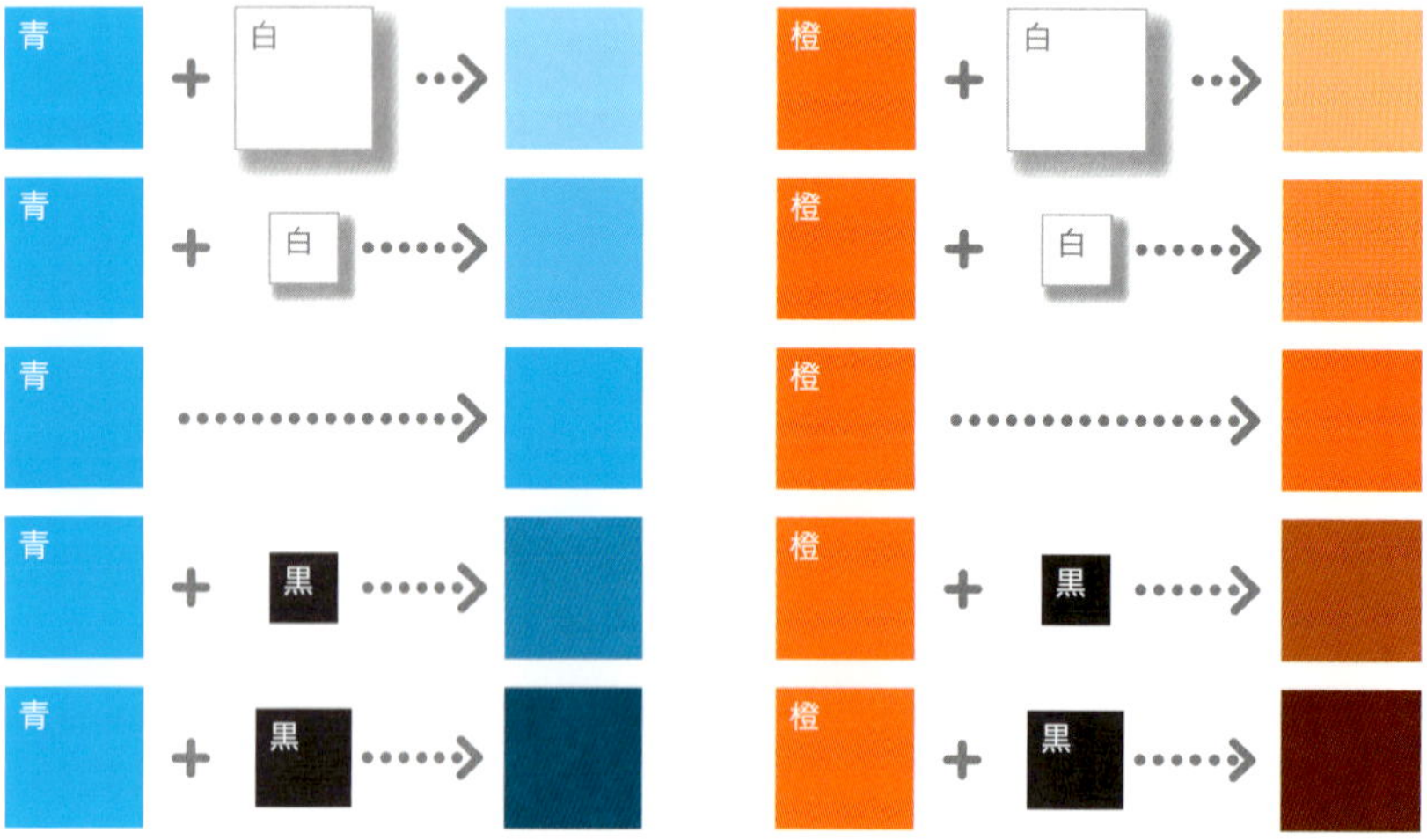

明度の見分け方

明るさを見分けるには目を細めて見ます。迷ったら、2色を重ね合わせると楽に見分けられます。網膜で明暗差を判定する杆体の数は、色相や彩度を見分ける錐体に比べ20倍近くあります(P.120参照)。目を細めることで色相や彩度の要素が抑えられ、明暗判定が楽にできます。

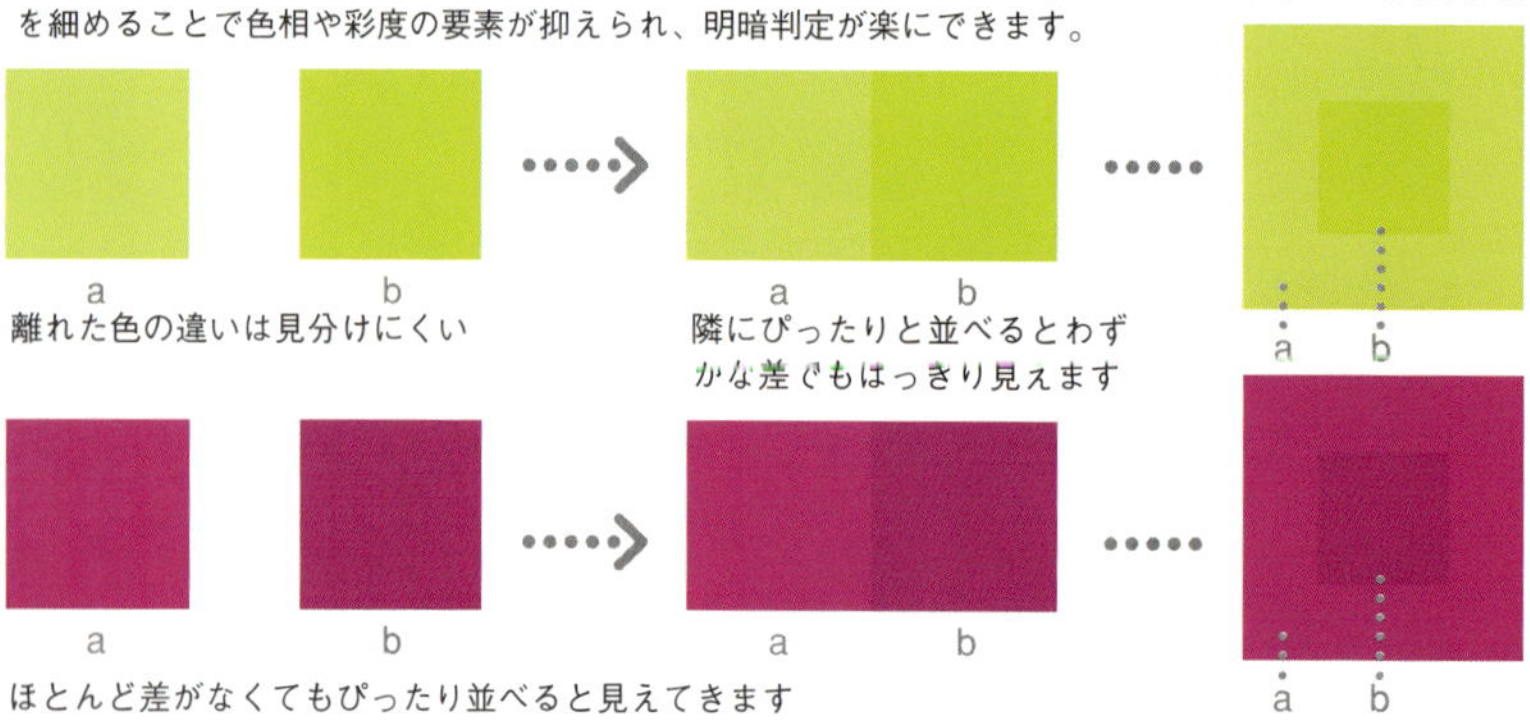

離れた色の違いは見分けにくい

隣にぴったりと並べるとわずかな差でもはっきり見えます

ほとんど差がなくてもぴったり並べると見えてきます

演習問題　明度の高い順番に並べてみましょう

このページをカラーコピーして下の色票を切り抜き、右の解答欄の台紙に置いてみましょう。

明度の高い色を上に、明度の低い色を下に置きます。右のスケールは黒色で明度段階を10段階に分けています。色相によっては明るい段階に集中したり、暗いところに集中したりしますが、より明るい色から並べてみましょう。この演習を通して、明暗のかたよりを認識できます。正解は色票の右上に小さく印刷してあります。

解答欄

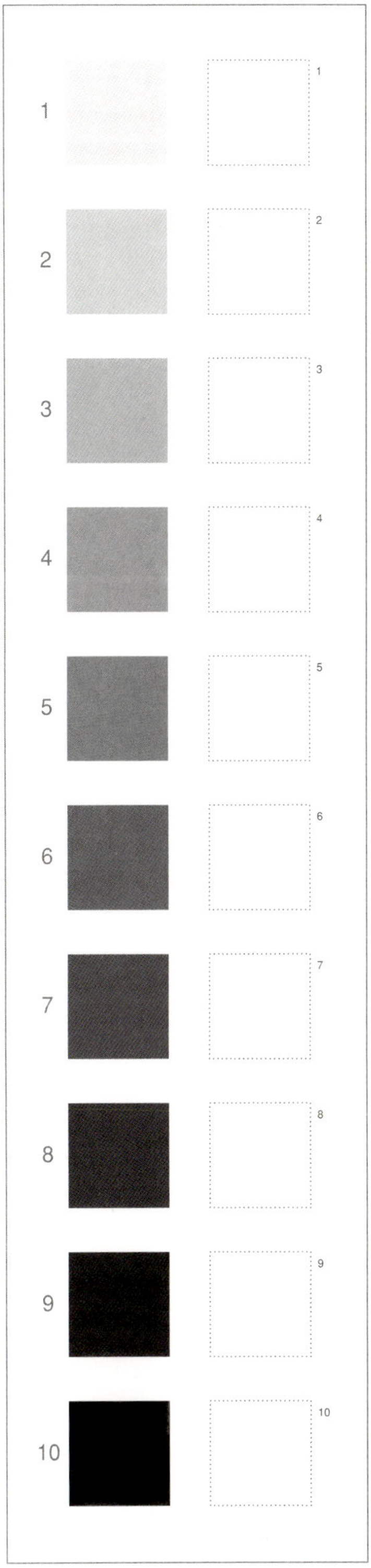

0-7

彩度

彩度とは色の鮮やかさのことです。最も鮮やかな色は純色で、白色も黒色も灰色も混じっていない純粋な色です。反対に彩度ゼロの色は白色、灰色、黒色です。純色に白色や黒色、灰色を加えると彩度が下がります。

中心の彩度は低く、左右の端に近づくほど高くなります

彩度を下げる方法

鮮やかな色に灰色を混ぜると渋いトーンになり、彩度が下がります。白色を混ぜると明るくなり、黒色を混ぜると暗くなり、いずれも彩度が下がります

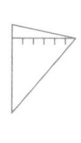

彩度の段階

黄色の純色はかなり明るくなります。同じ明るさの彩度ゼロの灰色との間に6段階つくってみました。紫色の純色はかなり暗く黒色に近くなります。彩度ゼロの暗い灰色との間に6段階つくってみました

彩度の見分け方

彩度を見分けるときも色相の見分けと同じように目を大きく見開きます。網膜にある錐体に光が届きやすくなり、見分けやすくなります。迷ったら隣合わせて並べたり重ねてみましょう。

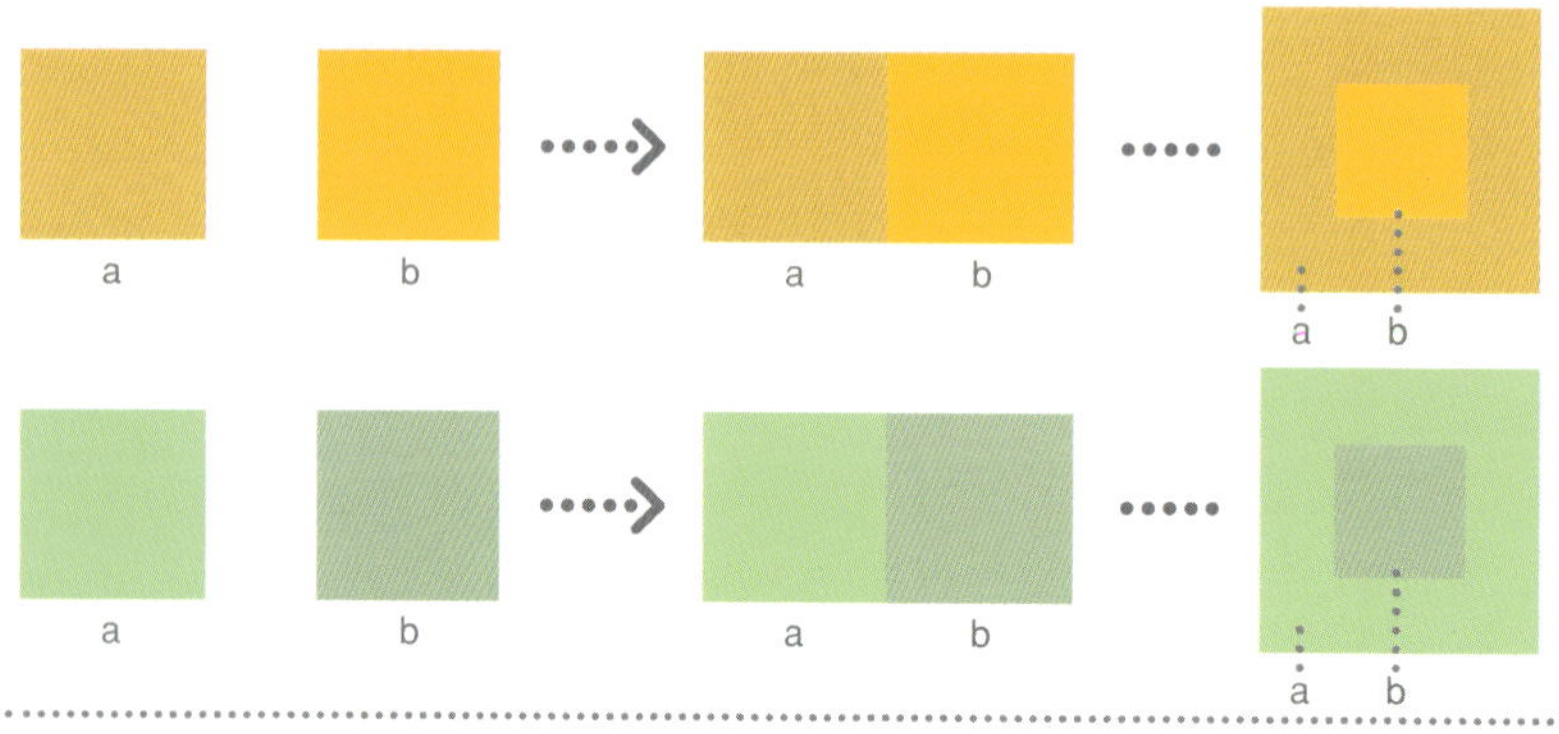

演習問題　彩度の高い順番に並べてみましょう

このページをカラーコピーして上の色票を切り抜き、下辺の解答欄の台紙に置いてみましょう。明暗の順ではありません。鮮やかさの順です。もっとも灰色に近い色を左端に置き、鮮やかな色を右端に置くと、彩度のスケールができます。

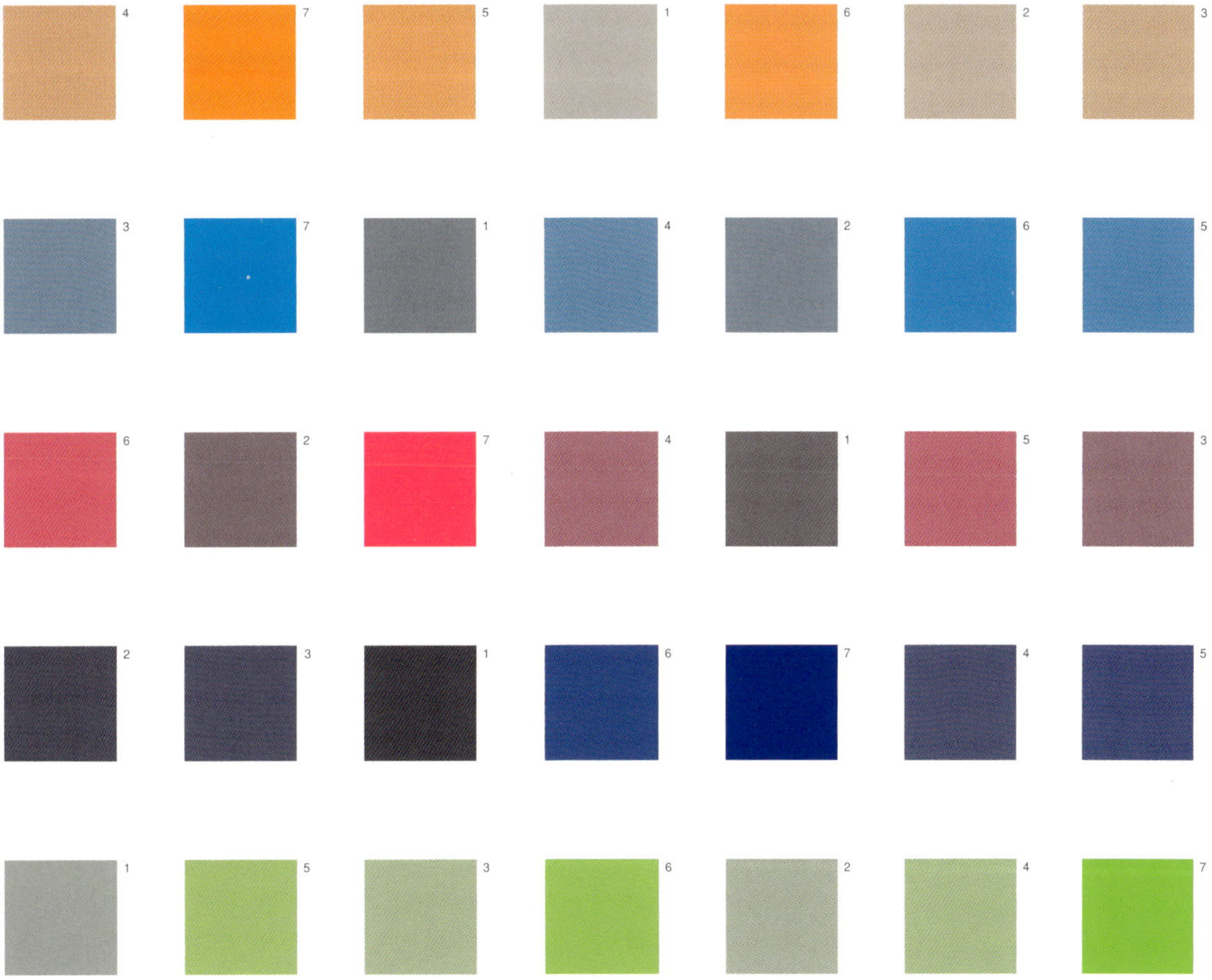

解答欄　正解は色票の右上に小さく印刷してあります

0-8 トーン

トーンは明度と彩度を合わせたものです。前ページまででチェックしてきた3属性よりも一段階難しくなります。しかし、配色をコントロールする上では、トーンがもっとも大切な要素になるので必ずマスターしましょう。

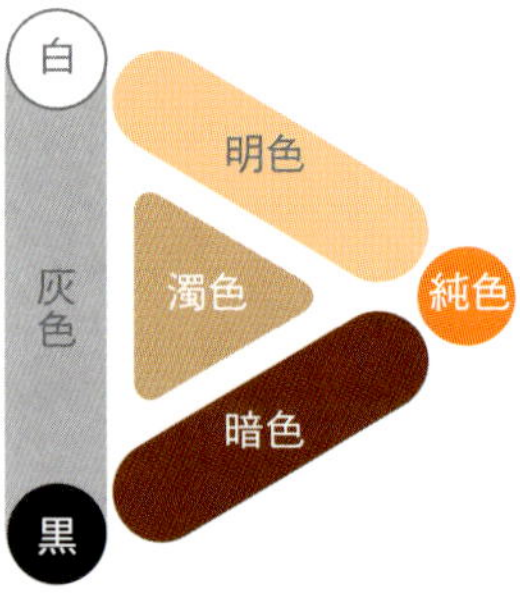

トーンのしくみ

色は無彩色と有彩色に分けることができます。無彩色とは色みのない色で、白色、黒色、灰色を指します。有彩色は色みのある色で、白色、黒色、灰色以外の色を指します

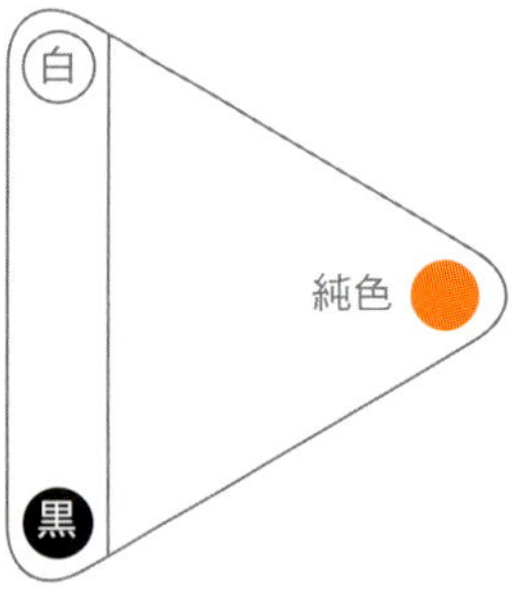

トーン図の形

トーン図をつくるにはまず三角形を描き、その縦軸に白色から黒色に変わる無彩色の軸、横軸に純色から灰色に変わる彩度の軸を置きます。上の頂点に白色、下に黒色、右端に純色を置きます

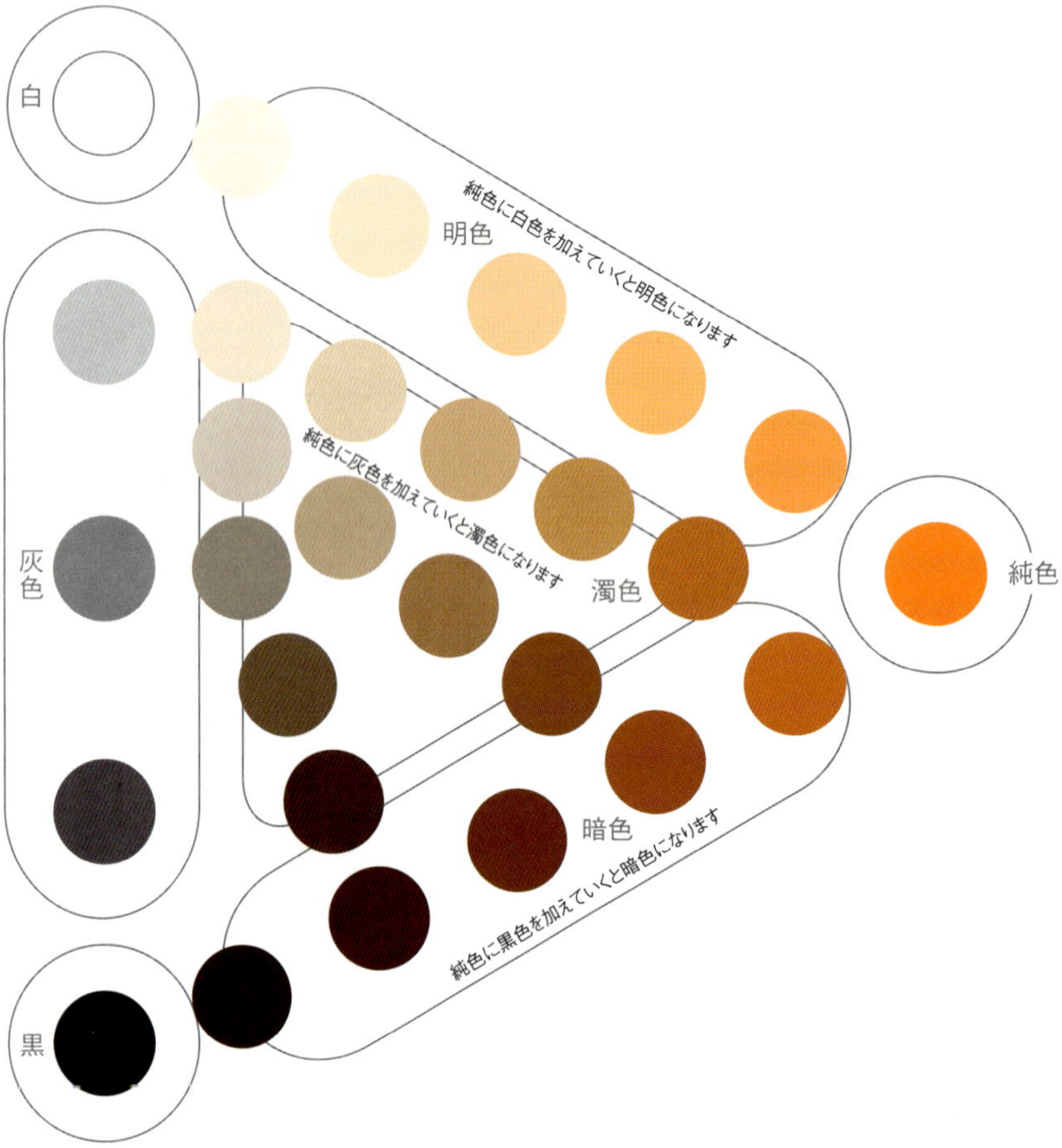

トーンの見分け方

トーンは目を思い切り見開いて見比べます。これは色相、彩度と同じです。迷った2色、3色を並べて何回も見比べてみましょう

演習問題　トーン図に並べてみましょう

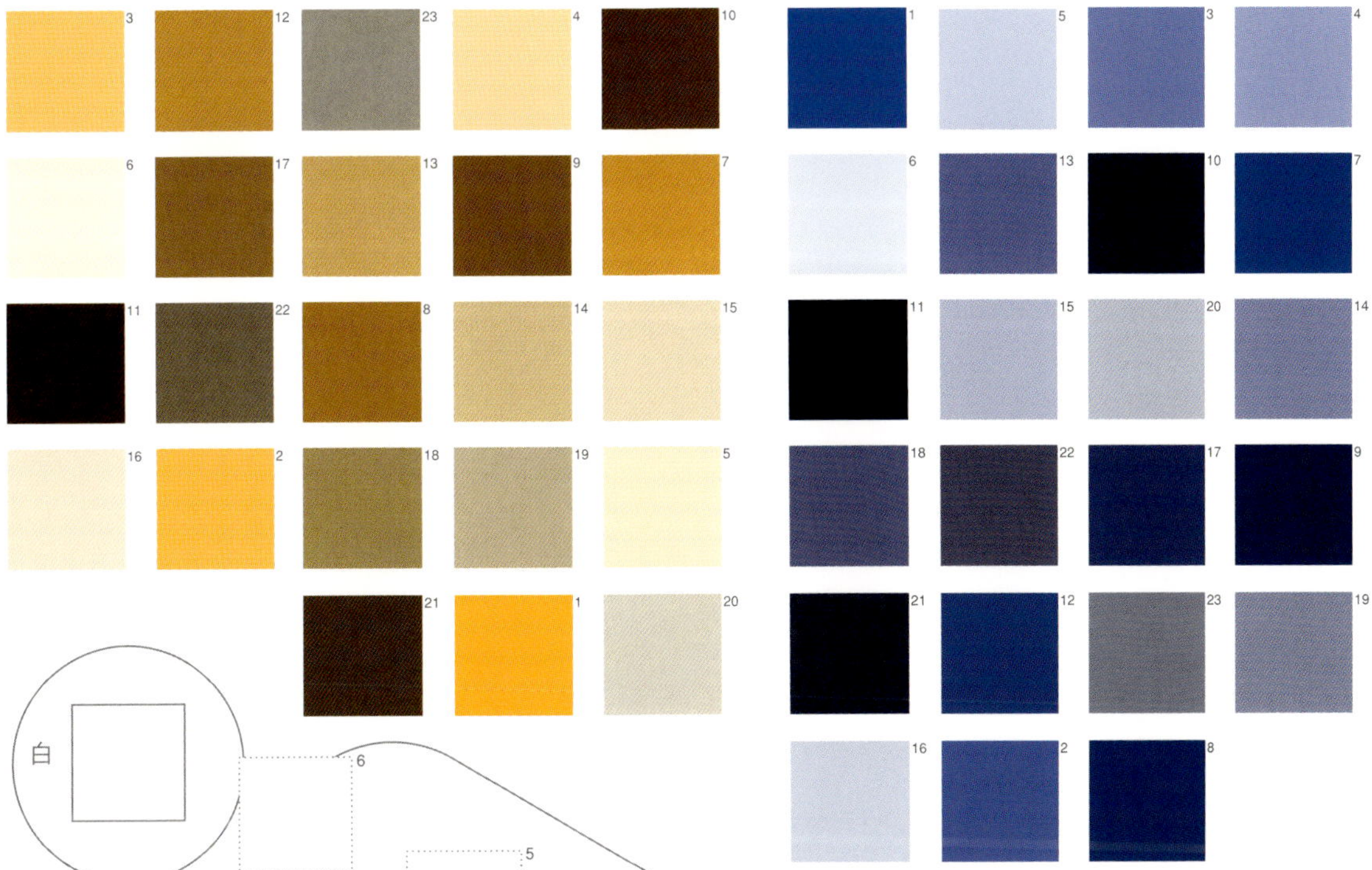

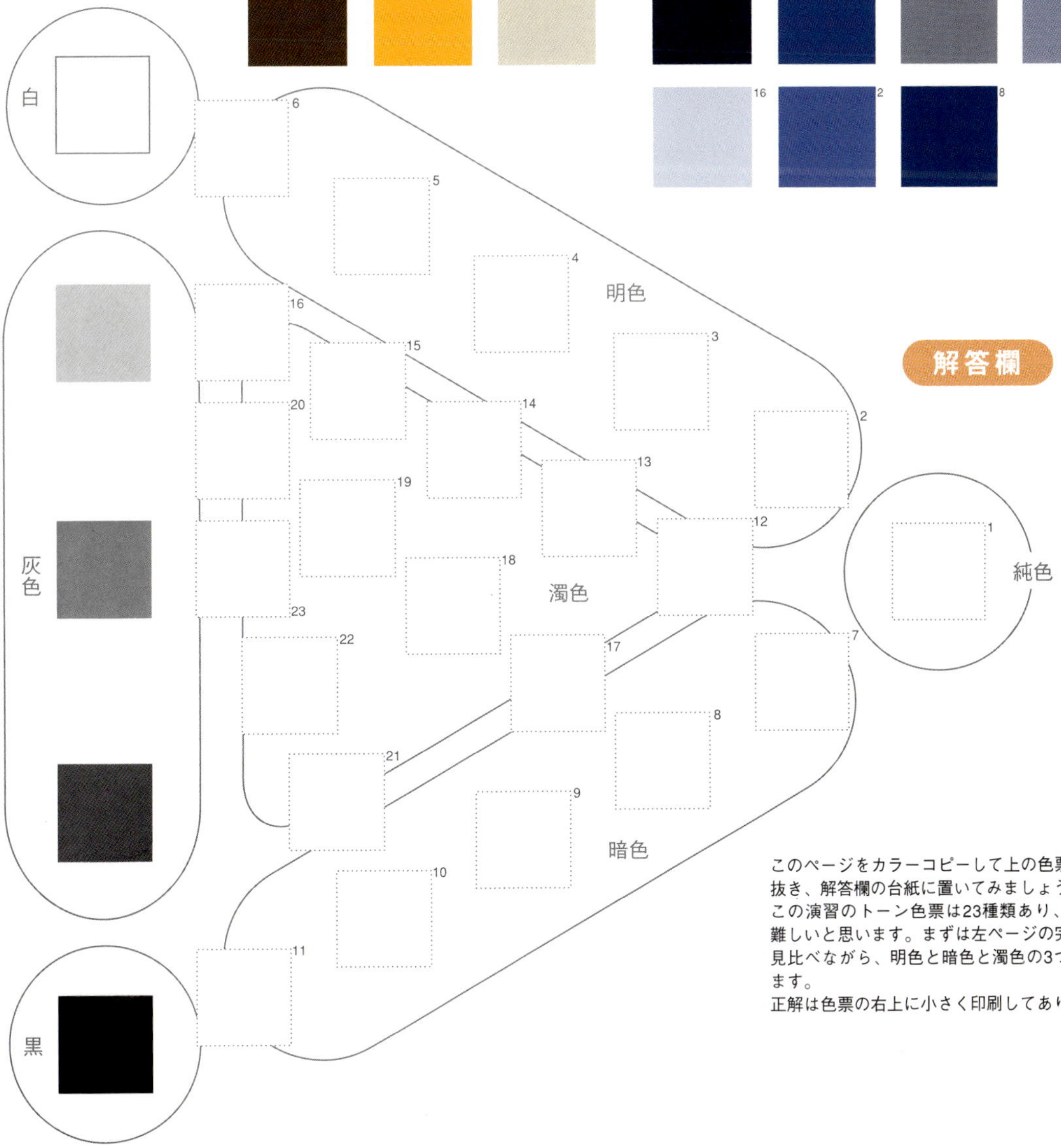

このページをカラーコピーして上の色票を切り抜き、解答欄の台紙に置いてみましょう。
この演習のトーン色票は23種類あり、かなり難しいと思います。まずは左ページの完成図と見比べながら、明色と暗色と濁色の3つに分けます。
正解は色票の右上に小さく印刷してあります

■編集後記

この本の配色例は、私たちの日常で目に触れる中から魅力的な配色を選び出しました。改めて見ると実に個性的で生き生きしています。そして、その美しさには、どれもが9つの原則で裏打ちされていることに驚かされます。美しいと感じていた配色が、単なる偶然ではないことが分かります。
この本には聞きなれない用語が多く、読みづらいかもしれません。しかし、できれば1項目だけでも実際の配色で確かめてほしいと思います。必ず役立つと思います。1項目でも使いこなせば、配色全体のしくみが見えてきます。配色は直感と経験だけが頼りではなく、はっきりした原理でつくられていることが実感できると思います。

（企画　内田広由紀）

パソコンで配色をいろいろと試してみる。ちょっと数字を動かすだけで、色やトーンが変わってまったく別物になる。簡単に何パターンもシミュレーション出来てしまう、この本になくてはならない便利な道具です。こんなふうに簡単に配色を試せると、試しが膨大な数になって収集がつかなくなってしまいます。思い切って1つに決めるのですが、その時に登場するのがこの本。となって欲しいです。

（編集　池上薫）

■出典表示のお願い
当所では視覚伝達のしくみを解く概念やキーワードを開発し公表しています。引用を歓迎しますが、出典の表示をお願いします。
〈配色のキーワード〉
・色相型―全相型、微全相型、微対決型など
・色量率　・配置3様式　・背景3型
〈レイアウトのキーワード〉
・版面率　・ジャンプ率　・グリッド拘束率
・情報率　・静動率　・図文率
・レイアウト様式―ハードグリッド型、均等型、角版市場型、流水型、衛星型など
・3テイスト―U・C・S

基本はかんたん配色のルール

発　行　平成18年（2006）11月1日　第1版
　　　　平成19年（2007）10月1日　第5版
著　者　内田広由紀
編集人　早坂優子
発行人　内田広由紀
発行所　株式会社視覚デザイン研究所
　　　　〒101-0051
　　　　東京都千代田区神田神保町1-36吉野ビル
　　　　ＴＥＬ 03-5280-1067（代）ＦＡＸ 03-5280-1069
　　　　振替／00120-0-39478
協　力　光村印刷株式会社／DADGADdesign
製　本　株式会社難波製本

ISBN978-4-88108-194-5 C2370

７日間でマスターする 配色基礎講座

視覚デザイン研究所 編　Ｂ５ 144Ｐ　定価（本体2500円＋税）

美しい配色には理由があります。その原理と方法を押さえれば、誰にでも思い通りの配色ができます。配色の正体を解析し、Ｑ＆Ａでポイントも確認できる、配色センスアップに役立つ一冊。

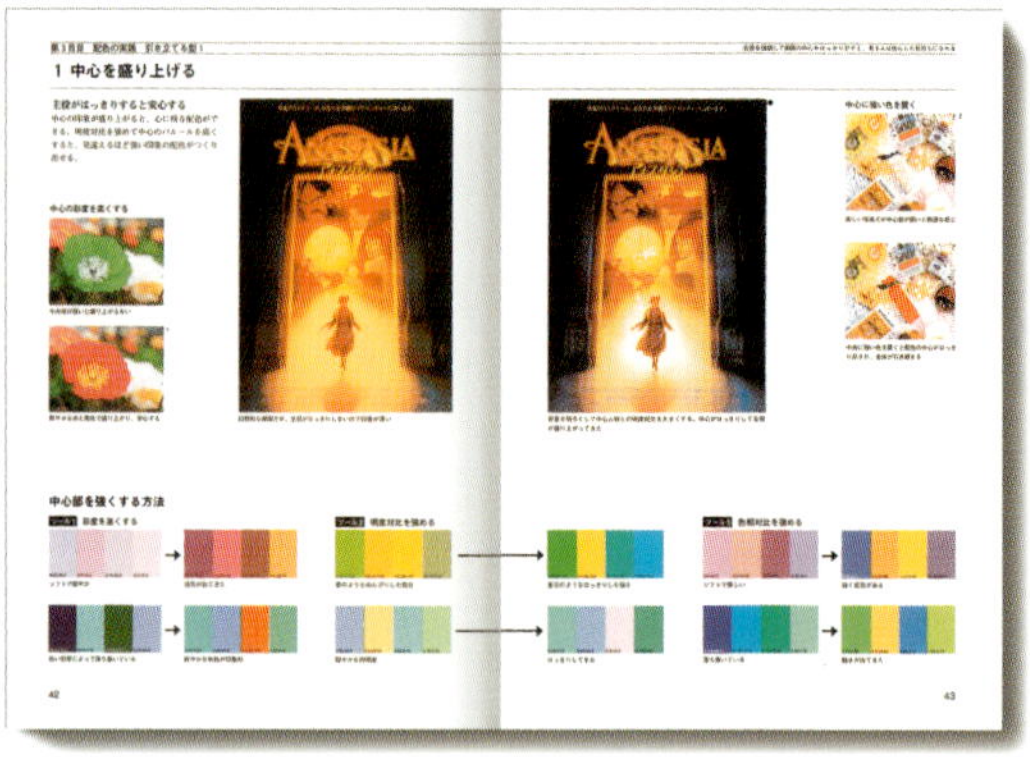

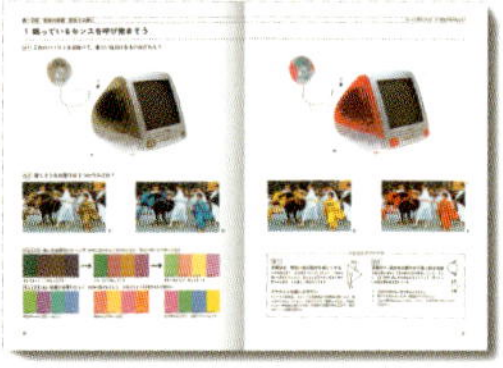

７日間でマスターする レイアウト基礎講座

視覚デザイン研究所 編　Ｂ５ 144Ｐ　定価（本体1800円＋税）

レイアウトはセンスでやるものと思われがち。でも実は、誰にでもできるのです。目的に合ったレイアウト様式を選んで、あとは形を整えるだけ。その方法を、図を通して詳しく説明します。

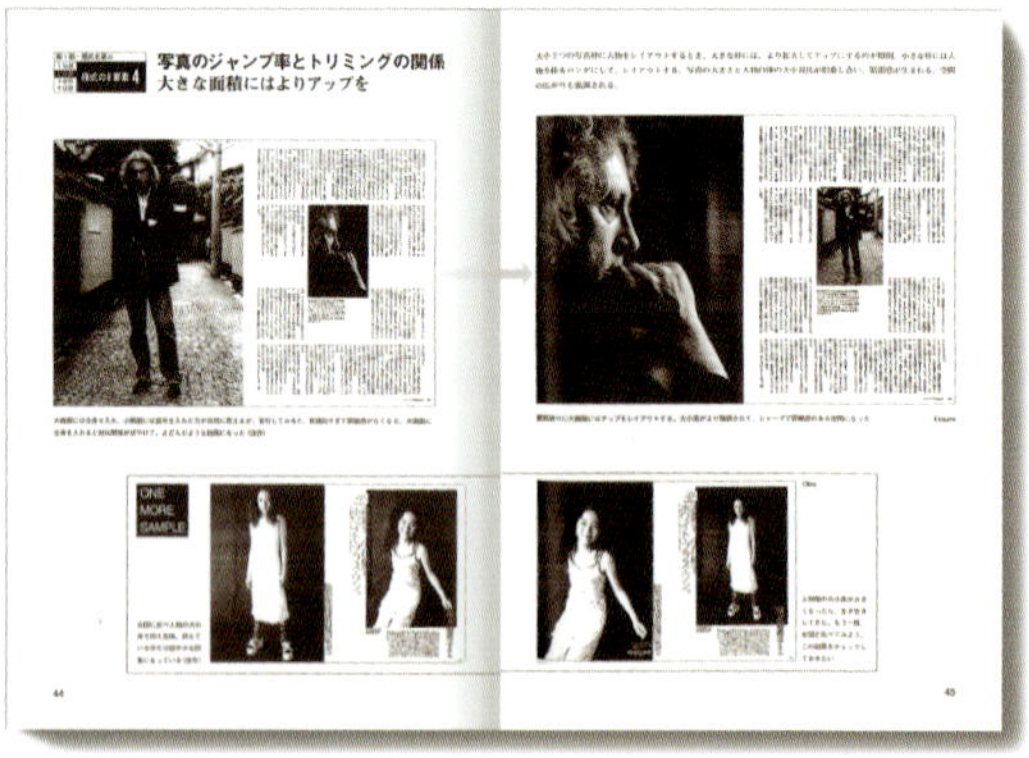

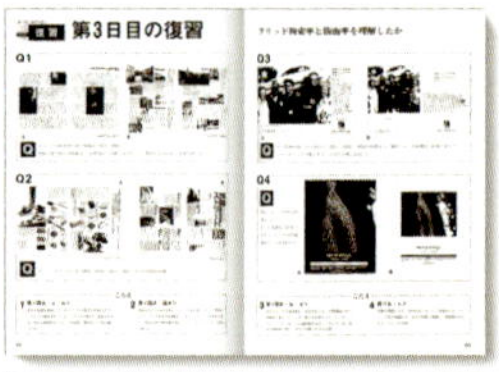

配色バイブル コンパクト版

早坂優子 著　Ｂ６ 160Ｐ　定価（本体1400円＋税）

美しい配色のための配色の基礎と、配色見本を豊富な図版で並べた２部構成。見本は約1100パターン。その色を実際にあてはめた使用例を写真で見ることができる画期的な本です。